오늘도 2명이 퇴근하지 못했다

신다은

사회적 참사와 재난, 안전할 권리 등을 주제로 현장을 취재하는 기자. 2014년 세월호 참사 때 한국 사회의 열악한 안전 실태에 처음 눈떴다. 이후 한 명의 시민으로, 사회부 기자로 크고 작은 재난 현장을 찾아갔다. 재난이 반복되는 근본 원인과 대안을 알고 싶었지만 속 시원한 답을 얻진 못했다.
《한겨레》에서 노동 분야를 담당하며 일터에서도 매일 재난이 일어난다는 걸 알게 됐다. 산재사고를 접할 때마다 자괴감이 들어 자꾸만 헤맸다. 여러 사람을 만나고 이야기를 들으며 '애초부터 안전에는 또렷하고 쉬운 답이 없을지도 모른다'는 생각이 들었다. 손쉬운 길을 찾고픈 유혹을 버리고 그 난해한 문제 풀이에 진지하게 임하는 것이 어쩌면 우리 사회가 해야 할 일이 아닐까 생각했다.
자기 삶을 깎아 그 일을 먼저 시작한 유가족과 활동가, 연구자들이 있다. 이 책은 그들이 발견한 진실의 조각들을 모으고 기록한 것이다. 사회 곳곳이 안전해지는 여정에 앞으로도 기록자로 참여할 수 있기를 바란다.

오늘도 2명이 퇴근하지 못했다

초판 1쇄 발행 2023년 9월 27일
초판 2쇄 발행 2023년 11월 8일

지은이 신다은
펴낸이 이상훈
인문사회팀 김경훈 최진우
마케팅 김한성 조재성 박신영 김효진 김애린 오민정

펴낸곳 ㈜한겨레엔 www.hanibook.co.kr
등록 2006년 1월 4일 제313-2006-00003호
주소 서울시 마포구 창전로 70(신수동) 화수목빌딩 5층
전화 02) 6383-1602~3 **팩스** 02) 6383-1610
대표메일 book@hanien.co.kr

ISBN 979-11-6040-579-8 03300

◦ 책값은 뒤표지에 있습니다.
◦ 파본은 구입하신 서점에서 바꾸어 드립니다.

◦ 이 책은 관훈클럽정신영기금의 도움을 받아 저술 출판되었습니다.

오늘도 2명이 퇴근하지 못했다

신다은 지음

일터의 죽음을
사회적 기억으로
만드는 법

한겨레출판

일러두기

1. 맞춤법, 띄어쓰기 등 교정·교열은 원칙적으로 국립국어원을 따르되 '안전관리' 등 핵심적인 용어들은 붙여 썼다.

2. 유족들의 의견서나 인터뷰, 책 등을 인용한 부분은 사투리나 문법적으로 다소 어색한 표현도 최대한 원문 그대로 실었다. 단, 독자의 이해를 돕기 위해 생략된 표현이나 구체적인 일시 등의 정보는 () 안에 따로 표기했다.

프롤로그

일터에서 사람이 죽는 이유

지금 이 글을 읽는 독자가 어떤 마음으로, 누구를 생각하며 책을 펼쳤을까 가늠해 본다. 예전에 읽은 산업재해(산재) 기사를 떠올렸거나 직장의 과거 산재사고를 마음 한켠에 품었을까? 혹은 가까운 이를 산재사고로 잃었거나 위험천만한 일터에서 살아남은 '산재 생존자'일지도 모르겠다. 어떤 식으로든 산재와 연결된 사람들이 이 책을 골랐을 것이다.

삶을 위해 일이 존재한다. 산재는 그 관계를 뒤집는다. 일을 하다 삶을 빼앗긴다. 산재사고로 사람이 죽을 때마다 '노동자의 실수'라거나 '사업주가 안전조치를 제대로 하지 않았다'는 기사가 나온다. 하지만 충분히 납득되진 않는다. 누군가의 실수만으로 죽음에 이르는 일터는 정상적인가? 안전조치는 왜 이뤄지지 않는가? '안전 개선에 관한 건의사항이 받아들여지지 않았다' '예산이 모자랐다'는 내용의 기사도 있다. 하지만 사고를 낸 기업 중 상당수는 흑자를 낸다. 다시 의문이 인다. 도대체 왜?

안타깝게도 각 산재사고의 구조적 원인을 알려주는 정보는 많지 않다. 재해 발생 즉시 수사가 시작되며 많은 정보가 감춰지고 정부의 재해조사 보고서도 시민들에게 따로 공개되지 않기 때문이다. 하루에 두 명꼴로 노동자가 일터에서 사고를 당해 목숨을 잃지만 죽음의 배경이 언론에 자세히 보도되는 경우는 손에 꼽는다. 구의역 김군, 태안화력발전 김용균 등 1년에 1~2명의 산재사고만이 수면 위로 올라온다.

그나마 알려진 사고라도 죽음의 이유를 알고 싶었다. 한두 사람의 과실을 지목하거나 기계 결함을 탓하는 것을 넘어 왜 그 과실이 죽음으로 이어졌고 결함이 방치됐는지 궁금했다. 말하자면 '누가 잘못했는가'보다는 '그 조직의 안전관리가 어느 지점에서 실패했는가'를 알고자 했다. 다행히 기자로서 여러 산재사고를 취재할 기회가 있었다. 지나간 산재 사망 사례를 들여다보고 기업 안전관리자와 노동청 감독관, 노동안전 활동가들을 만났다. 그들의 설명을 들으며 각 사고를 촉발한 배경을 조금이나마 이해할 수 있었다.

안전을 경영의 중심에 놓아본 적 없는 기업이 생산효율을 최우선으로 추구할 때 아주 '자연스럽게' 노동자가 죽는다. 일부러 위험한 일을 하청에 전가하거나 이윤을 위해 노동자의 건강을 희생시키기 때문만은 아니다. 그저 안전을 잊어버려서 사고가 나기도 한다. 하청 노동자가 거기 있는지 몰라서, 원-하청 간 무전기 채널이 달라서, 작업에 대해 충분히 소통하지 않아서 등 아주 사소하고 황당한 이유로도 사람이 죽는다.

산재 현장을 취재하며 모은 지식을 이 책에 담으면서 두 가지 목표를 세웠다. 첫째는 그나마 알려진 산재 사망사고의 구조적 원인을 파악해 그 기저에 기업 조직의 어떤 관습과 인식이 있는지 탐구하는 것이다. 둘째는 연간 800여 명[1]에 달하는 산재 사고 사망자의 조사자료가 왜 공개되지 않으며 이를 드러내려면 어떤 조치가 필요한지 알아보는 것이다. 1~2부는 첫째에 관한 이야기, 3~4부는 둘째에 관한 이야기다.

1부는 2021년 평택항에서 명을 달리한 20대 노동자 이선호 씨 사고를 중심으로 어떻게 '안전을 방치한 기업 구조'가 노동자 죽음으로 이어지는지 짚었다. 2부는 2015년~2022년 사이에 언론보도로 알려진 여러 제조업 산재 사망사고를 유형별로 분류했다. 3부는 산재의 원인이 겉으로 드러나지 못하게 하는 사회구조적 배경을 기업과 정부, 노조, 언론의 4가지 영역으로 알아봤다. 4부는 앞으로 산재사고에 관해 더 많은 정보가 드러나려면 무엇을 해야 하는지 갈무리했다.

누군가 일터에서 죽고 다친 이야기를 읽는 것은 쉬운 일이 아니다. 내용이 어둡고 슬플 뿐만 아니라 공장마다 일하는 방식이 다양하고 복잡해 양상을 이해하기가 만만찮다. 최대한 쉽게 쓰고자 했으나 그래도 소화하기 어려운 내용이 있을 것이다. 그 길을 가고자 하는 독자에게 미리 감사를 전한다.

길잡이를 위해 책의 핵심 주제를 미리 요약해 둔다. 앞서 안전을 중심에 두지 않는 기업의 노동자는 '자연스럽게' 죽는다고 했다. 뒤집으면 기업이 안전해진다는 것은 부자연스러워진다는 것이다. 자본 축적이 최우선 순위인 일터에서 자본 축적과 무관하고 때로는 자본 축적에 역행하는 선택도 감수해야 하기 때문이다. 안전을 택한다는 것은 시중에 널린 값싼 유해물질 대신 비싸고 무해한 물질을 부러 찾아 나서는 것이다. 하청업체들끼리 알아서 소통하길 기대하지 않고 총괄 소통 담당자를 따로 뽑는 것이다. 생산과 안전이 대립할 때, 적극적으로 개입해 대책을 찾고 생산에 차질이 생기는 상황도 감수하는 것이다. 노동자의 몸과 목숨을 지키기 위해서 말이다. 각 사건·사고를 파악할 때 '생산이 아닌 안전을 중심으로 놓았다면 어떻게 달랐을까' 생각해 보면 사고의 본질을 이해하기가 더 쉬울 것이다.

책을 쓰며 수많은 노동자의 죽음에 빚졌다. 어떤 추모의 말도 그들의 소중한 삶을 되돌릴 수 없고 어떤 위로의 말도 남겨진 이들의 아픔을 덜 수 없을 것이다. 그럼에도 비극이 반복되는 것을 막으려 고통스러운 기억을 꺼내고 사건 기록을 발로 뛰며 모은 산재 유가족들과 노동조합(노조), 시민사회단체 활동가들에게 더할 수 없이 감사하다. 이 책에 수록된 내용은 모두 그들이 땀과 눈물로 일군 것이다. 나를 비롯해 오늘도 산재를 피한 모든 이들이 그들의 노력에 빚지고 산다.

끝으로 이 책은 다양한 산재 중에서도 '사고 산재'에 집중한

책이다. 대부분의 예시도 제조업 일터의 산재를 들었다. 질병 산재나 비제조업 산재도 중요한 화두지만, 자료 조사와 취재 역량의 한계로 많이 다루지 못했다. 이런 내용을 기대한 독자께 사과드린다. 다만 기업 조직 관리의 실패가 꼭 제조업 산재사고에만 국한되는 이야기는 아니리라 믿는다.

덧붙여 이 책에서는 '근면히 일하는 자'라는 의미의 '근로자'라는 표현 대신 '노동력을 제공하고 그 대가로 생활을 유지하는 사람'이라는 의미의 '노동자'라는 표현을 주로 사용했다. 노동은 누군가의 평가와 무관하게 존중받아야 한다고 생각하기 때문이다. 일터에서 노동자들의 생명이 더없이 존중받는 사회를 기다린다.

차례

3. 은폐하거나 외면받거나 혹은 실패하거나: 산재를 둘러싼 소통의 부재

4. 공장 안 사고가 우리의 이야기가 될 때: 산재를 더 깊이 이해하는 방법

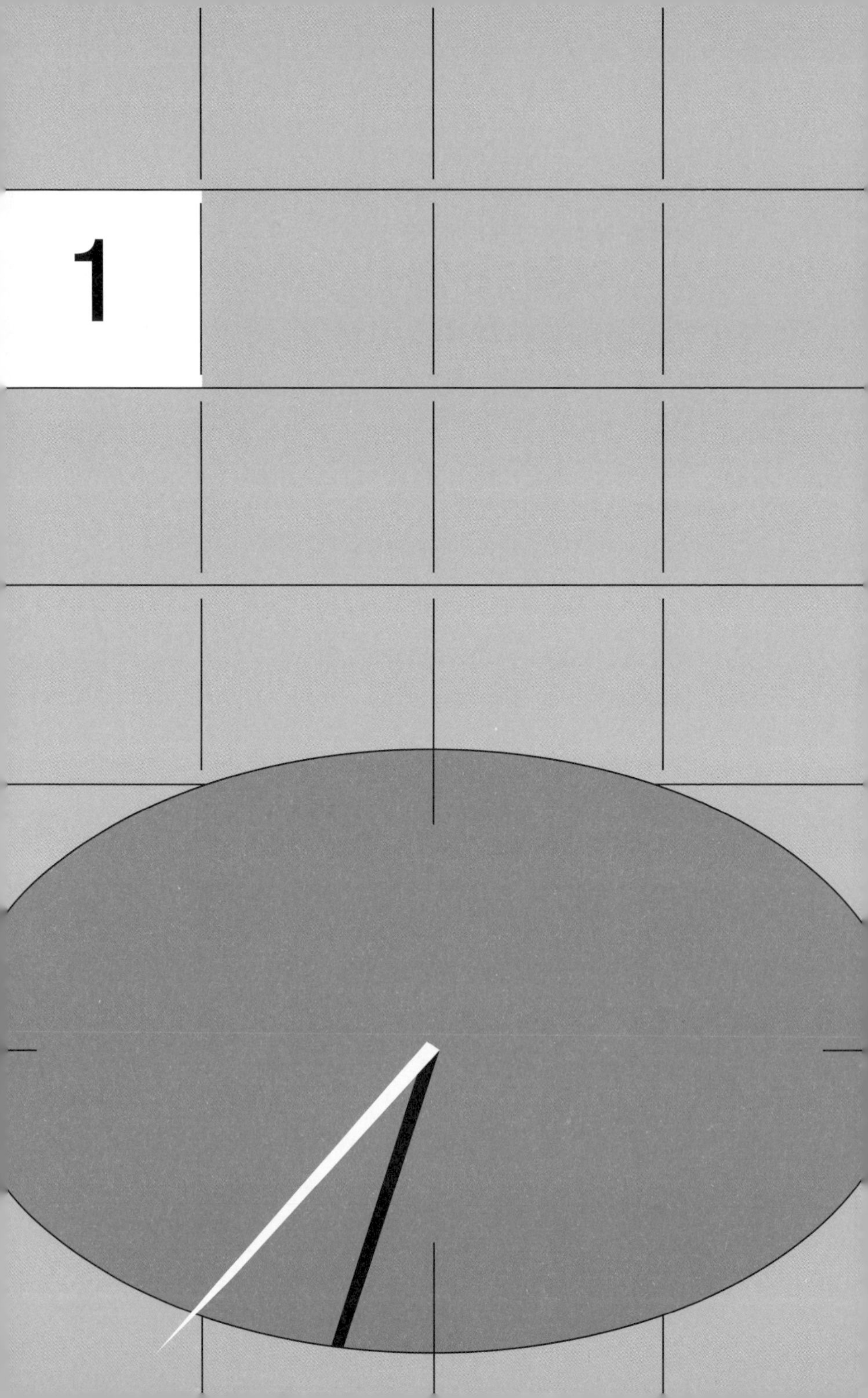
1

부둣가에서 스러진 ‘삶의 희망’:

평택항 이선호 씨 사고

지가 내를 용서는 해 줄란지*

선호가 토요일은 친구들하고 놀러 나가고 일요일은 낮 12시까지 잔단 말입니다. 아침에 일어나서 꼭 짬뽕을 무러 가요. 내가 '야 이 자슥아, 아침부터 무슨 짬뽕을 먹노' 그래도 꼭 짬뽕 먹고 싶다고 그래요. 그럼 같이 먹으러 가 주죠. 기숙사 들어가기 전에도 먹고 주말에도 먹고. 짬뽕을 그래 좋아했어요.

지하고 내하고 나눴던 추억들이 너무 많아요. 옛날에 (선호) 어릴 때 같이 다니던, 초량에 있는 목욕탕을 내가 아직까지 갑니다. 내가 가 어릴 때 사우나실 데리고 들어가서 애국가 4절까지 부르고 나오고 그랬거든요. 가는 목욕 끝나면 꼭 요만한 거, 입술 파래지는 팬돌이 음료수 먹고.

* 이재훈 씨는 2021년 4월 22일 평택항에서 하역노동을 하다 300킬로그램 무게의 컨테이너 날개에 깔려 숨진 이선호 씨의 부친이다. 그는 사고 당시 선호 씨와 함께 평택항에서 작업반장으로 일했다. 이 글은 2023년 3월 그와 나눈 대화를 옮긴 것이다.

지금 사는 집 근처에도 좋은 목욕탕 많아요. 근데 일부러 그까지 갑니다. 거기 목욕탕이 아직 리모델링이 안 돼서 옛날 모습 그대로거든요.

선호 생각은 수시로 납니다. 내가 사고 나고서 불면증이 심해가지고요, 잠을 잘 못 잡니다. (거실에) 멍청하니 앉아가지고 밖에 쳐다보고. 잠 깨면 그만입니다. 다시 못 자요. 출근해서 일해야 하는데 잠을 못 자니까. 환청도 들리고. (선호가) 이야기하는 거죠. 나도 '선호야 어데 있노' 부르고요. 지금도 선호가 중간 문 열고 '다녀왔습니다' 하고 들어올 것 같고 그렇습니다.

가를 생각하면 항상 미안해요. 내가 죽어서 저세상 가서 만날지 모르겠지만, 만나면 지가 내를 용서해 줄란지, 용서 안 해줘도 할 수 없는 기고. 용서를 빌 수도 없고. 내가 지를 거길(평택항) 델고 가지 않았으면, 지 군대 안 가려는 걸 좀 늦게 보냈으면 코로나 시기에 (평택항에 안 가서) 사고하고 연관도 없었을 거고. 희한하게 그래 됐어요. 내가 미안하죠.

항간에서는 우리 아가 가정형편이 어려워서 살림 보탤라고 평택항 가서 일하다가 사고 당했다 그런 얘기 하는데 그건 아니었고요. 내가 넉넉하지는 못했지만 그렇게 짜치게도 생활 안 했어요. 투잡하면서, 내 나름대로 취미 생활도 하면서 항상 아들내미한테 '네가 벌어서 네가 써야 된다' 하고 돈의 소중함, 노동의 중요성 이런 거 가르치려고 했던 거지, 지 벌어 갖고 가계 보태고 그런 건 전혀 없습니다.

(선호 죽고) 엄마가 통장 열어보니까는 돈이 600만 원인가 나왔다대요. 친구들 얘기 들어보니까 중고차 살라 그랬대. 전에 내 차 갖고 연습시키니까 운전을 잘하더라고. 그래서 내 차 하루 이틀 보험 넣어서 친구들이랑 충주도 갔다 오고 했었어요.

내가 물론 태어난 데가 부산이지만 2004년도에 평택 올라가서 17년 있었거든요. 돈 벌라고 갔다가 결국 내 자식 거기다가 버리고 왔는데. 그래서 (사고 후에) 부산에 오기 싫었어요. 근데 딸내미가 갑자기 여기로 이사를 오게 된 거예요. 아내도 심리적 안정을 취하려면 아무래도 손녀딸 봐주면서 신경을 쏟아붓고 해야 슬픔을 조금 잊지 않겠어요. 그래서 우리도 같이 부산에 왔지요.

이재훈 씨가 집에 따로 마련해 둔 선호 씨의 방. 선호 씨가 생전에 쓰던 물건과 옷이 그대로 보관돼 있다. 이재훈 씨 제공.

선호 방은 우리가 부산 내려오면서 지가 쓰던 유품이랑 옷이랑 해서 넣어놓기는 했어요. 근데 죄짓고 미안한 마음이 있어가지고 잘 못 들어갑니다.

이거는 선호가 잘 입던 옷인데 날도 더운데 맨날 이거를 입고 댕겼어요. 내가 '니 비니루(비닐) 그런 거 와 입고 다니노' 놀리고 그랬지요. 지 쓰던 전공책이랑 어릴 때 불던 리코더도 있고요. 이거 선호가 부두 갈 때 쓰던 시계는 아직도 아침 7시 20분에 알람 울려요. 항상 마음이 그렇죠. 아들놈이, 있던 놈이 없어졌는데. 그것도 다 커 갖고.

사고 나기 전에는 내도 솔직히 산재에 대해서 신경 많이 못 썼습니다. 대한민국 어느 부모가 '내 자식이 일하는 데서 죽거나 다쳐서 오면 내가 어떻게 대처해야 되겠다' 이런 생각하고 살겠어요. 뉴스 나오면 남의 일이죠. 그러다가 이게 어느 날 갑자기 내 가족이 피해를 당하면 내 일이 되더라는 거죠.

다음 주 토요일에 서울에 가요. '다시는'(산재 피해자 유가족 모임)에 가입을 했는데 거기서 한 달에 한 번씩 모임을 하거든요. 평일에 하는 거는 내가 직장생활 때문에 참석을 못 하는데 토요일에 하는 거는 내가 미안해서라도 가지요.

피곤하다, 멀다 그렇게는 생각을 안 합니다. 절대 우리와 같은 아픔을 가지는 가족들이 다시는 이 세상에 생겨나지 않았으면 좋겠다는 생각을 하지요. 선호 사고 때 정말로 내 얼굴도 모르는 사람들이 나를 도와주지 않았겠어요. 정말로 그 사람들이 아니었으면 내가 어떻게 이렇게 우리 자식 이름을 사회에다 알렸을까 싶어요. 그게 너무 고마워서 정말로 그때 나처럼 이런 일을 당해서 실의에 빠진 사람들 있으면, 내가 조금이나마 도움이 될 수 있다면 기꺼이 가려고 합니다.

선호 1주기(2022년 4월 22일) 때 납골당 갔다가 장례식장에 들렀어요. 그때 염하시던 분하고 주방 일 보시던 분하고 다 불러 가지고 감사 인사를 전했는데 그분들이 안 그래도 선호 생각이 나셨다는 거예요. '오늘 걔 일 년째 되는 날인데' 하고 말입니다. 그래서 내가 그 장례식장 사장님한테 내 번호를 주면서 '혹시라도 산재사고로 장례식장 와서 어쩔 줄 몰라 하는 사람이 있으면 내 연락처 주이소, 내가 그 사람들 도와주고 싶습니다' 그랬어요.

내는요, 아무 때나 어느 매체 기자가 됐든 간에 인터뷰에 응할 용의가 있습니다. 부산에 온다 카믄 시간을 내고요. 그 사람이 필요하다꼬 하면 내가 서울 올라가서라도 응할 용의가 있습니다.

물론 그래요. 우리 아 산재 사망사고 이후에 최초라는 수식어란 수식어는 다 달았어요. 제대로 된 진상규명도 하고 회사 사측이 100퍼센트 자기들 잘못 인정했고요. 장례식장에 고용노동부(노동부) 장관, 법무부 장관, 심지어는 대통령까지도 왔었고요. 그래서 '내 새끼 죽고 나서 애비로서 내가 할 건 다 했다' 그랬어요. 그렇다고 해서 죽은 놈 살아오는 건 아니지만은.

그런데 다른 사고들 보면 정말 너무하더라고요. 아직도 김용균 같은 경우는 사측이 잘못이 없다고 하고 어떤 회사는 심지어 유가족들한테 '지 잘못으로 죽어놓고 우리한테 뭐라고 하냐' 이런 식으로 말을 하는 겁니다. 어떤 건설사는 형사조정안으로 1억 원으로 합의 보라고 하니까 그것도 안 하겠다고 소송을 걸고요. 그리고 대한민국 공무원들은 사업주보다 더 나쁜 놈들이에요. 그 사람들이 일 똑바로 했으면 사업주들이 저래 얼렁뚱땅 했겠냐고.

내 같은 경우는 (작업반장으로서) 사고 현장을 너무 잘 알았기 때문에 사측이 하는 말도 안 되는 소리를 다 반박했죠. 사측이 처음에 우리 아들 '안전모 안 썼다' 그러더라고요. 그래서 내가 그랬죠.

"그래, 우리 아들 안전모 안 썼다, 그래서 우째라꼬. 너거 CCTV 한 번 돌려봐라, 어디 안전모 쓰는 놈이 한 놈이라도 있나. 너거 안전관리하는 직원들도 안전모 안 쓰고 댕긴다. 안전모 안 쓴 놈 회사에서 일해도 좋다꼬 들여보내놓고 사고 나니까 안전모 안 썼다 카는 거, 그거 너거가 할 소리가 아니다."

그러니까 이번엔 사측이 또 '안전관리자가 사고 현장에 있었다' 그러더라고요. 선호한테 사고 당시에 일 시킨 그 젊은 직원 누군지 내가 알거든요. 내가 가보다 현장 더 오래 있었는데 가는 안전관리자 아니에요. 정진기업(동방의 하청업체) 직원이지. "가가 무슨 안전관리자고, 가는 그냥 잡부다" 그랬어요.

그라고 또 본사 안전과장이라는 사람이 내한테 와 가지고

'재해자의 잘못이 있는지 따져봐야 한다' 그러더라고요. 그래서 내가 그랬죠. "너거 입장에선 있어야 되겠지, 근데 우리 아들한텐 (잘못) 요만치도 없었다."

내가 동방(원청기업)하고 합의서 쓸 때 딱 한 사람만은 용서를 못하겠다, 그 사람만 아니었으면 이 사고도 안 났다, 그러니까 중징계 해 달라고 했어요. 근데 아직까지 그 사람 그 직책 그대로 멀쩡하게 회사 잘 다녀요. 내가 '그 사람 왜 징계 안 하노' 물으면 뭐라는지 알아요? '아직까지 재판 중이라서 그렇다' 그럽니다.*

그 사람요? 동방 평택지사 운영팀장요. 그 사람이 사고 나기 직전에 3개 부서가 하던 일을 하나로 합쳐버렸다 아입니까. 원래 각자 다른 일 맡아서 하던 사람들인데 그 사람이 싹 합치면서 직원들한테 '이 일 모자라면 여기 가서 일하고 저 일 모자라면 저기 가서 일하고 그래라' 했어요. 그래서 컨테이너 작업 전문성도 없는 우리 아가 그날 거길(사고 현장을) 가서 일을 한 거 아입니까.

그동안에 사고의 위험이 계속 내재돼 있었는데 다행히 사고가 안 났던 거는 작업을 '하던 놈이 해서' 그런 겁니다. 거기 현장에 선호랑 같이 간 러시아 사람은 이 일을 많이 해 본 사람이에요. 그 사람은 현장 직원이 컨테이너 안에 들어가서 나뭇조각

* 선호 씨 사건 관련 형사재판은 2023년 5월 17일 항소기각으로 판결이 최종 확정됐다. 그러나 이재훈 씨는 운영팀장이 그 이후로도 관련 직위를 유지하고 있다고 말한다.

주우라고 시키니까 선호한테 '그냥 가자' 그랬대요. 자기 일이 아닌 건 더 이상 손댈 필요가 없고 그냥 철수하면 된다는 걸 아는 거예요.

근데 그 직원이 아무것도 모르는 우리 아한테 그걸 또 시켰어요. 동료가 '그냥 가자' 그랬는데 선호가 '그래도 저 사람이 시켰는데 해야 된다 아닙니까' 그러더래요. 우리 아가 뺀질뺀질 말 안 듣고 그런 아였으면 사고 안 났죠.

안전핀 빼놔서 날개가 언제 쓰러질지도 모르는 그런 위험한 컨테이너 안에, 세상 아무것도 모르는 애를 왜 집어넣어서, 줍지도 않아도 되는 나뭇조각을 주우라고 합니까. 내한테 그거 시켰잖아요? 나는 시킨 놈한테 거기 기어들어 가라고 밀어 넣었을 겁니다.

사고 나고서 내가 산업안전보건법을 뒤져보니까 현장에 딱 두 명을 두게 돼 있더라고요. 안전관리자랑 지게차 신호수. 그래서 내가 회사에다 이래 말했습니다.

"둘도 필요 없다. 안전관리자 한 사람만 있었어도 된다. 그 사람들 일당 10만 원이다. 안전관리자가 딱 현장 통제하고 앞뒤 확인만 했어도 됐던 거를, 니들 10만 원 아낀다고 우리 아 죽었다."

산업안전보건법 보니까 디테일하게 잘 만들어놨어요. 근데 사업주들이 왜 법대로 안 하냐고. 왜 법대로 안 해서 사람을 이렇게 만드느냐는 말이에요. 사람 하나 죽어도 벌금이 500만 원밖에 안 되잖아요. 지금 중대재해처벌법(중대재해 처벌 등에 관한 법률) 만들어 놓은 거 경영자들 사업 위축된다고 손 본다던데, 가진 놈 돈 더 벌게 하려면 흙수저 애들 다치고 죽어도 된다는 말입니까.

내가요, 한참 중대재해처벌법 개정 논의 나올 때 이런 제안을 했습니다. '재해현장 보존에 관한 법률'을 제정하자고요. 산재사고 현장을 훼손한 자는 민형사상으로 책임을 지게 하자고요. 이게 왜 필요하냐면요, 피해자 가족들은 피해자가 일하러 갔던 정확한 근무형태도 몰라요. 동료들은 사고 발생 후부터는 집에 찾아가도 안 만나주고요. 왜 그러겠어요. 회사에서 입단속 하는 겁니다. 그런 상황에서 유일하게 사고의 단서를 제공해 줄 현장까지 훼손되면 가족들은 진짜 답답해서 미치는 겁니다.*

노동자가 잘못해서 죽을 수도 있어요. 정말이에요. 회사가 다 잘못했다는 게 아닙니다. 그러면 전문가들 와서 면밀하게 보고 노동자가 잘못했으면 그렇게 결론 내믄 됩니다. 노동자든 회사든 산재사건에 대해서 어느 한쪽이든 억울한 피해자가 나와선 안 된단 말입니다. 근데 왜 현장을 훼손합니까. 뭔가 구리고 숨겨야 될 게 있는 놈이 그렇게 하는 거 아니에요.

정말 죽을 사람이 죽었다 칩시다. 사고가 노동자 잘못이면 회사가 그걸 치우라고 하겠어요? 그대로 두라고, 절대로 건들지

* 현재도 산업안전보건법은 '누구든지 중대재해 발생 현장을 훼손하거나 노동부의 원인조사를 방해해서는 안 된다'고 규정한다. 그러나 실상은 훼손을 입증할 증거가 부족하거나 조사에 방해가 되지 않았다는 이유로 재판에 가지 않는 경우가 많다. 회사가 사고 후 근로감독관이 도착하기 전 안전상의 잘못을 슬쩍 바로잡거나 현장 주변을 치워버리는 일이 비일비재한 이유다.

말라고 하겠지. 즈그들이 잘못한 게 없는데. 구린 놈이 현장을 손대는 법이란 말입니다.

요즘요, 얼마나 과학수사 잘 돼 있습니까. 살인사건 나면 현장에서 범인 다 잡아버리죠. 근데 산재는 왜 그 중요한 현장을 그냥 훼손하도록 두냔 말입니다.

절대 우리와 같은 아픔을 갖는 가족들이 생겨나지 않았으면 좋겠어요. 우리 3D 업종서 일하는 분들이 가정형편이 넉넉지 못한 분들이에요. 법적으로 대처할 만한 사람이 주변에 있는 것도 아니고요. 그러니깐 사측이 피해자 가정을 싹 훑어보고 이 정도 (합의금) 주면 되겠다 생각해서 합의하라고 공갈 협박하지 않겠어요.

자식이 죽은 고통은 내가 죽기 전까지 안 끝나요. 누가 '간 놈은 잊어라, 보내라' 그런 말을 하는데 그렇게 안 됩니다. 이태원 참사 유가족들한테 그랬어요. "내 감히 당신 마음 안다. 1년, 2년 지나면 지금보다 더 힘들어진다. 그래도 절대 약해지지 마라. 부모가 약해지고 포기해 버리면 내 자식 억울한 죽음 밝힐 수 있는 사람이 아무도 없다. 국회의원들 믿지 말고, '내 아니면 밝힐 사람이 없다'고 생각해야 된다"고요.

‘자는 듯이 엎드린’ 아들의 모습

아버지와 아들이 같은 일을 하게 된 건 2020년 1월부터였다. 스물세 살 아들 이선호 씨는 군 제대 후 아버지 이재훈 씨를 따라 틈틈이 평택항에 갔다. 용돈벌이 겸, 세상 공부 겸이었다. “친구처럼 같이 아침밥 먹고 차 타고 다닐 수 있어서” 아버지는 기뻤다.

2021년 4월 22일 오후 3시 52분, 선호 씨는 아침 7시 40분부터 시작된 고된 하루 일과를 마치고 퇴근을 앞두고 있었다. 선호 씨가 입사 이후 1년간 줄곧 맡았던 업무는 컨테이너로 옮긴 물건들 가운데 동식물을 검역하고 창고를 정리하는 작업이었다.

그 시각 동방 평택지사 통제실은 컨테이너 소유주로부터 ‘FR 컨테이너 정리 작업을 해 달라’는 요청을 받았다. 흔히 볼 수 있는 직사각형 모양의 폐쇄형 컨테이너와 달리 FR 컨테이너는 좌우 양쪽에 커다란 날개가 달려 있고 위에는 따로 접는 면이 없는 개방형 컨테이너다. 평소엔 날개를 접어서 보관하다 화물을 옮겨야 할 때 날개를 펴서 사용한다. 화주(화물 주인)들은 굴삭기처럼 일반 컨테이너로 못 옮기는 대형 기계 등을 FR 컨테이너로 옮긴다.

선호 씨를 죽음에 이르게 한 평택항 FR 컨테이너의 모습. 가운데 컨테이너 본체가 있고 양쪽에 날개가 달려 있다. 이재훈 씨 제공.

그날 컨테이너 소유주의 요청은 동방 평택지사의 관리감독자인 김 아무개 대리가 전달받았다. 그러나 그는 "다른 일로 바쁜 관계로" 하청 노동자 전 아무개 사원에게 그 작업을 넘겼다. 그리고 일용 노동자를 그때그때 부두로 보내주는 인력소개소 '우리인력'의 이재훈 반장에게 전화를 걸었다.[2]

"컨테이너에서 뭘 좀 뽑아야 하니 한 사람 보내주십시오."

FR 컨테이너는 날개 하나의 무게가 약 300킬로그램에 달하기 때문에 접는 방법이 까다롭다. 날개를 지탱하는 고정핀을 먼저 제거하고 벽을 지게차로 받친 뒤 조금씩 각도를 낮춰가며 접어야 한다. 마침 재훈 씨가 속한 인력소개소에 FR 컨테이너 작업 경험이 있는 외국인 노동자 U 씨가 있었다. 전화를 받은 재훈 씨는 그를 보내야겠다 마음 먹고 "하필 눈앞에 있던" 아들에게 그 사실을 전했다.

"가서 U 아저씨한테 16번 야적장 쪽으로 좀 가 보라 해라. 도구 챙겨가라고 하고."

선호 씨는 U 씨와 평소 일도 같이하고 친하게 지냈던 사이다. U 씨에게 얘기를 전달한 선호 씨는 그 작업과 관련은 없었지만 U 씨와 함께 현장에 갔다.

두 사람이 도착한 현장엔 평택지사의 하청업체 직원 전 아무개 사원과 지게차 기사가 있었다. 전 사원도 마침 김 대리로부터 지시를 전달받은 터였다. 그는 현장에 온 세 사람(선호 씨, U 씨, 지게차 기사)에게 일을 각각 나눠서 지시했다. U 씨에겐 컨테이너 날개의 고정핀을 빼도록 지시했고 지게차 기사에겐 고정핀이 빠진 컨테이너 날개를 지게차로 접으라고 지시했다. 그리고 선호 씨에겐 '컨테이너 바닥에 있는 나뭇조각을 주워라'는, 예정에도 없던 지시를 내렸다.

지게차가 작업을 할 때는 사람이 다칠 수 있어 접근 금지 표지판을 둬야 하고 사람의 출입 여부도 신호수가 지게차 기사에게 알려줘야 한다. 하지만 현장엔 신호수도, 표지판도, 안전관리자도 없었다.

U 씨가 접어야 하는 컨테이너는 제작된 지 20년이 넘은 노후 컨테이너다. 바닷물과 바람에 심하게 녹슬어 잘 접히지도 않았다. 컨테이너 날개가 접힐 때 속도를 서서히 줄이도록 만들어진 완충장치는 어딜 갔는지 아예 보이지 않았다.

세 사람은 각자 지시받은 대로 움직였다. U 씨가 컨테이너 날개를 고정하는 고정핀을 제거했고 선호 씨가 컨테이너 안으로 들어가 왼쪽 날개 아래서 나뭇조각을 줍기 시작했다. 그 시각 지게차 기사는 오른쪽 날개를 접으러 이동했다.

오후 4시 8분, 비극이 시작되었다. 선호 씨가 아직 컨테이너 왼쪽 날개 아래서 나뭇조각을 줍고 있는데 지게차 기사가 컨테이너의 오른쪽 날개를 접기 시작했다. 지게차로 컨테이너 오른쪽 날개를 밀어 충격을 주자 '쾅' 소리와 함께 날개가 접혔다. 한쪽이 300킬로그램에 달하는 컨테이너 날개가 완충장치도 없는 상태에서 쓰러지니 큰 진동이 일어났다. 정상적인 컨테이너라면 한쪽 날개가 쓰러진다고 해서 다른 쪽 날개가 함께 쓰러져선 안 되지만, 사고가 발생한 컨테이너는 구조적 결함으로 오른쪽 날개가 쓰러지자 왼쪽 날개가 함께 쓰러졌다. 그 컨테이너의 왼쪽 날개는 사고 전 안전핀이 꽂혀 있을 때도 이미 아래로 기울어 있었다.

오른쪽 날개가 '쾅' 하고 접힌 직후 왼쪽 날개도 함께 접혔다. 왼쪽 날개 아래서 나뭇조각을 줍던 선호 씨가 그대로 깔렸다. 이를 보고 놀란 U 씨가 뛰어가 날개를 들어 올리려 했으나 허리만 다칠 뿐이었다. 왼쪽 날개는 꿈쩍도 하지 않았다. 그날 날개에 깔려 숨진 선호 씨는 다시 일어나지 못했다.

한국산업안전보건공단의 '플랫랙컨테이너FRC 적재작업 가이드'에 수록된 선호 씨 사고 개요도. 다만 이 개요도는 우측과 좌측이 잘못 적혀 있다. 재해조사의견서와 판결문은 모두 지게차가 우측 날개를 접은 것으로 적고 있어 본문도 이를 따른다.

그 시각, 아버지 재훈 씨는 그날 일을 마치고 현장을 돌아보고 있었다. 퇴근 시간이 다 되도록 직원들이 집에 갈 기미가 안 보이자 '오늘 일 참 심하게 시키네' 하며 현장을 돌아보고 있었다. 먼발치의 FR 컨테이너 주위에 사람들이 모여 있었다.

재훈 씨는 가까이 다가갔다. 눈앞에 보이는 컨테이너가 바닥 가까이 기울어 있었고 그 밑엔 "자는 듯이 엎드린 아들 모습"이 보였다. 재훈 씨는 잠시 '아들이 뭘 줍고 있나' 생각했다. 곧 그런 모습으로 물건을 줍고 있어서는 안 된다는 생각이 들었다. 가까이 다가가려던 그가 말했다. "이거 뭐고. 죽은 기가. 죽었나." 재훈 씨는 그대로 정신을 잃었다.

선호 씨는 119구급차를 타고 인근 병원으로 옮겨졌지만 끝내 숨졌다. 의사는 "이 정도면 현장에서 즉사했다고 보는 게 맞다"라고 했다.

"저는예, 죽겠더라고요. 애 엄마한테 가서 이 믿기지 않는 상황을 어떻게 얘기를 해야 될지, 뭘 어떻게 해야 될지를 모르겠더라고요." 그는 집으로 가서 아내 앞에 꿇어앉아서 '선호 죽었다'고 말했다. "거짓말하지 말라면서, 아내가 미치더라고요."

재훈 씨가 말했다.

내가 사랑했던 동생

가족마다 부르는 별명이 달랐다. 엄마에겐 '선호 왕자님', 아빠에겐 '주꾸미', 작은 누나 은정 씨에겐 '짱구'였다. 큰누나는 그냥 '선호야' 하고 불렀다. 선호 씨에겐 31살 큰누나와 29살 작은 누나가 있는데, 은정 씨는 선호 씨의 작은 누나다. 선호 씨는 지적 장애가 있는 큰누나를 보호자처럼 챙기는 듬직한 동생이었다.

"큰누나를 남들이 놀리거나 그러면 선호가 가만히 있지 않았어요. 누가 말하지 않아도 누나 먹을 걸 챙기고 길 건널 때 자기가 바깥에 서고, 그런 모습이 기특해서 많이 예뻐했어요. 최근에 큰누나가 많이 아팠는데 우리 선호가 '요즘에는 치료가 잘 되니까 너무 안 좋은 쪽으로 생각하지 말자' 그러면서 가족들을 많이 달래줬어요. 그런데 나중에 친구들 얘기 들으니까 걔가 친구들한테 가족 얘기하면서 많이 울었다 하더라고요." 은정 씨가 말했다.

“선호가 막내여서 그런지 가족들이랑 친구처럼 지냈어요. 다 자라서도 엄마를 맨날 안아주고, 엄마가 선호에게 ‘아빠 볼에 뽀뽀해 주라’ 그러면 뽀뽀해 주고요. 그러면 아빠가 좋으면서도 ‘징그럽다’면서 웃고 장난치고 그랬지요. 선호야 춤 한번 춰 봐라, 그러면 춤도 춰 주고 그랬어요.”

스물세 살 동생은 가족들과 주말에 하는 식사를 좋아했다. 특히 부모님과 누나 둘을 데리고 집 앞 중국집에 가 땀 흘리며 후후 불어먹는 짬뽕을 즐겼다. 주말이면 그는 늘 작은누나에게 전화를 걸어 ‘짬뽕 먹으러 가자’고 말하곤 했다.

선호 씨는 조금이라도 돈을 벌어 제 앞가림을 하고 싶어 했다. “대학에 갔는데 부모님께 매번 용돈 받기도 죄송하다”면서, 선호 씨는 2020년 1월부터 아버지를 따라 평택항에서 아르바이트를 했다. 선호 씨는 그 돈으로 친구들과 함께 지내던 자취방 월세도 내고 주변 사람들에게 간식도 샀다.

“선호가 조카들 맛있는 거 사 주라고 제 손에 5만 원씩 쥐여 주고 그랬어요. 제가 ‘네가 무슨 돈이 있다고’ 그러면, ‘누나, 나 이번에 평택항에서 일해서 돈 많다’고 그러더라고요. 걔는 돈을 벌면 늘 주변에 주고 싶어 했어요. 엄마가 식당을 하시는데, 단골손님인 동네 삼촌들한테 선호가 치킨도 사고요. 제가 한 번은 ‘그래서 너는 언제 돈 모을래’ 그러면 선호가 ‘누나, 돈은 또 벌면 되는 거다’ 그러더라고요.”

선호 씨는 노래를 좋아하고 기타를 잘 쳤다. 고등학교 땐 학교에서 콘트라베이스도 배웠다. 은정 씨는 "선호가 학교 축제 때마다 장기자랑에 나가서 1~2등을 하곤 했다"고 떠올렸다.

학과목 중에선 수학을 특히 잘했다. "우리 선호가요, 학교 다닐 때 수학 선생님도 몰랐던 거를 칠판에다 풀어서 선생님이 놀라고 그랬어요." 수학과로 대학에 진학해서 성적 장학금을 받을 만큼 열심히 했다. 선호 씨는 집안에서 "유일하게 공부하는 아이"였다.

대학교에서 수학을 전공해 수학 교사에 도전해 볼까 하면서도, 취업난을 생각하면 기술을 배우는 게 낫지 않을까 고민하곤 했다. 아버지는 공부를 권했다. '기술직은 위험하고 힘드니 하던 공부를 쭉 하면 좋겠다'고 했다. 평택항에서 작업반장으로 오래 일한 자신의 경험을 생각한 것이었다. 가족들은 선호 씨가 수학 선생님이나 회계사, 은행원을 하면 잘 어울리겠다고 생각했다.

사고 당일에도 선호 씨는 시험공부를 한다며 사고 현장에 노트북과 공책, 연필을 챙겨서 평택항에 갔다. 그가 수업 시간에 필기하던 공책엔 수학 공식이 빼곡했다. 이런 소지품은 며칠이 지나 주인이 아닌 아버지 손에 들려 집으로 돌아왔다.

"그날(22일)도 낮에 선호가 영상 통화를 걸어 왔어요. 그래서 조카들 얼굴 보여주고 대화하다가 제가 애들 봐야 해서 '선호야, 나중에 통화하자' 그랬어요. 왜냐면 걔는 언제든지 통화할 수 있으니까, 그때는 그렇게 생각했어요." 은정 씨가 말했다.

저녁 때 어머니는 "선호가 좋아하는 시금치나물을 무쳐 놓고" 귀가를 기다리고 있었다. 은정 씨가 어머니와 이런저런 얘기를 나누고 전화를 끊었는데 얼마 지나지 않아 은정 씨의 전화가 다시 울렸다. 어머니의 목소리는 아까와는 완전히 달랐다. '선호가 죽었다'며 울부짖는 어머니 목소리를 은정 씨는 지금도 잊을 수 없다. "너무 말이 안 돼서 엄마가 왜 거짓말을 하지, 왜 그러지, 그렇게 생각했어요."

선호 씨와 애틋한 사이였던 지적 장애인 큰 누나인 은지 씨는 사고 후에도 한동안 선호 씨의 귀가를 기다렸다. 큰누나가 말버릇처럼 "선호 언제 오지?" 하고 물으면 가족들은 "선호 공부하러 갔다" "학기 끝나면 올 거다"라고 둘러댔다. 그러다 장례를 앞두고 선호 씨 가족이 결국 사실을 실토했을 때 큰 누나는 울면서 말했다. 사실 뉴스 기사를 봤다고, 알고 있었는데 엄마 아빠가 힘들어할까 봐 차마 말하지 못했다고 말이다.

"우리 선호뿐만 아니라 앞으로 누구에게도 이런 일이 안 일어났음 좋겠어요. 너무 어리잖아요. 인제 대학 가서 진짜 앞으로 해야 할 것도, 하고 싶은 것도 많을 거잖아요. 이제 꽃 피울 앤데 너무 아깝잖아요. 누구든 이런 일이 두 번 다시 안 일어났으면 좋겠어요." 은정 씨가 말했다.

아들 잃은 아버지, 외치다

평택항은 평택 시내에서 택시로 30분은 가야 한다. 2021년 5월 5일 저녁, 선호 씨의 친구가 선호 씨 죽음과 관련해 기자회견을 연다며 기자들에게 SNS 게시글을 뿌렸다. 밤 10시께 그것을 뒤늦게 전달받고 급하게 평택행 출장이 결정됐다.

기자회견 장소는 평택항 한쪽에 있는 구석진 공터였다. 정확한 위치를 찾지 못해 택시에서 일단 내리고 보니 기자회견장에서 3킬로미터나 떨어진 곳이다. 노트북 가방을 메고 헉헉대며 뜀박질하기를 15분, 저 멀리 부둣가에서 한 나이 든 남자의 쩌렁쩌렁한 목소리가 들려왔다. 아들을 잃고 투사가 된 재훈 씨의 목소리였다. 우렁차게 울리는 그 목소리를 따라가니 공터에 사람들이 모여 있었고 기자회견이 막 시작되고 있었다. 허겁지겁 바닥에 앉아 노트북을 펼쳤다.

"나는 오늘 중대한 결심을 하고 힘들고 어려운 길을 가고자 한다. 쓸쓸히 죽어간 내 아들의 죽음을 한낱 개죽음으로 만들지 않기 위하여 기나긴 투쟁의 길로 나선다. 때로는 큰 산이 막아서고 거친 바다가 나를 망설이게 할지언정, 목숨을 버릴 각오로 추잡한 놈들의 비열한 행위를 만천하에 알리고자 힘든 몸을 일으켜 세우며 투쟁의 길로 나선다. 나는 내 아들 이름 석 자를 대한민국에다 각인시키고자 내 남은 삶을 길거리에서 죽을 각오로 싸울 것이다."

재훈 씨가 소리쳤다. 울지는 않았다. 대신 기자회견에 온 기자들을 향해 '고맙다' '나 이제 정말 싸워볼 수 있을 것 같다'고 연신 소리쳤다. 아들이 숨진 것은 4월 22일이지만 언론사들이 평택항을 찾은 날은 5월 6일. 보름이 넘는 기간 동안 재훈 씨는 원청인 주식회사 동방과 인력소개소 우리인력을 상대로 홀로 싸우고 있었다.

당시 그는 아들 죽음의 진실을 밝히고 회사의 인정과 사과를 받아낼 때까지 장례를 치르지 않겠다며 버티고 있었는데, 회사로부터 뚜렷한 답이 오지 않아 고립되던 참이었다. 그러다 선호 씨 친구의 도움으로 민주노총 평택안성지역노동조합과 연이 닿아 김기홍 평택안성지역노동조합 위원장이 적극적으로 나서면서 늦게나마 기자회견이 열리게 됐다.

그날 재훈 씨가 눈물을 흘린 것은 기자회견이 끝나고 아들의 빈소로 돌아가 취재진과 인터뷰할 때였다. 선호 씨를 '삶의 희망'으로 저장한 연락처 화면을 기자들에게 보여주다 그는 끝내 울었다. "말썽 한 번 피운 적 없고 올바르게 커 줬던, 친구처럼 지냈던" 아들이었고 "저녁에 집 갈 때면 아버지한테 똥침을 놓던" "누나들에게 살갑고 장난기 가득했던" 아들이었다.

"내 아들, 얼굴도, 이름도 가리지 말아주십시오. 우리 아들의 허망한 죽음이 다시는 반복되어서는 안 되고, 자식을 둔 대한민국의 부모는 이 일을 다 알아야 합니다."

재훈 씨가 소리쳤다.

준비된 일정이 다 끝난 뒤에도 재훈 씨는 바삐 움직였다. 가만히 앉아있으면 아들의 죽음이 그대로 잊힐까 두렵다며, 그는 기자들의 쏟아지는 질문에 적극적으로 응했다. 노을이 질 때까지 전화기가 울리고 사람들이 찾아오자 그도 지쳐 보였다. 재훈 씨는 유족으로서 취해야 할 심신의 안정을 거의 취할 수 없었다. 단신 기사로 묻혀버린 아들의 죽음을 다시 언론 앞에 꺼내려면 마음 놓고 슬퍼할 여유도 허락되지 않았던 것이다.

나는 장례식장 구석에 앉아 있다가 이선호 씨 친구들과 이야기를 나누거나 르포 작가들의 만남에 양해를 구하고 동석해 선호 씨의 이야기를 듣는 것으로 취재를 대신했다. 진이 다 빠진 듯한 재훈 씨에게 또다시 아들 이야기를 꺼내달라고 요구하기가 어려웠다.

선호 씨 친구들은 4월 22일 이후 보름째 빈소를 지키고 있었다. 선호 씨 친구들은 내게 선호 씨와의 추억을 이것저것 꺼냈다. 선호 씨는 친구들과 평택항에서 아르바이트하며 간간이 용돈을 벌었다고 한다. 고된 일이 끝나면 친구들과 PC방도 가곤 했다. "선호가 삐지기도 잘 삐지는데, 풀리기도 금방 풀렸어요. 정도 많고요." 선호 씨의 대학교 친구가 말해준 선호 씨 모습이다.

해가 뉘엿뉘엿 지기 시작했다. 기사를 마무리하고 평택에서 서울로 올라가는 기차를 탔다. 선호 씨 친구들과 재훈 씨, 민주노총 활동가들을 모두 빈소에 남겨둔 채 홀로 떠나는 발걸음이 무거웠다. SNS로 보낸 조의금을 김기홍 위원장은 이튿날 새벽 2시에야 확인했다. '장례식장 일이 너무 바빴다, 지금도 빈소에서 밤을 지새우는 중'이라는 답장이 왔다.

보름, 죽음이 알려지는 데 필요했던 시간

기자회견 이튿날, 선호 씨를 다룬 기사의 파급력은 컸다. 여러 신문과 방송사가 붙은 탓인지 정치인들이 줄지어 방문했고 문재인 전 대통령도 고인을 만나러 평택에 갔다. 취재진이 방문할 때만 해도 썰렁했던 장례식장은 이튿날 정치인들로 꽉꽉 들어찼다.

"사고가 난 게 4월 22일인데 왜 5월 초까지 아무도 안 온 거예요?"

선호 씨 장례식장에서 취재할 때 선호 씨의 친구들이 원망 섞인 목소리로 이런 질문을 한 적이 있다. 4월 말까지 썰렁했던 장례식장이 5월 초 갑자기 북적이기 시작한 게 이해가 되질 않는다는 말이었다.

선호 씨 사고는 4월 말에 났지만 기자들이 현장을 방문한 것은 기자회견이 열린 5월 6일이다. 그가 숨진 지 보름이 다 돼

서야 종합언론사에 보도된 셈이다. 그 사이 평택시의 지역 매체가 두세 차례 사건을 보도했지만 더 확산되진 못하던 터였다. 선호 씨의 친구들은 그 점을 의아하게 생각했고 또 분노했다. 한 사람의 죽음이 이다지도 사회에서 아무렇지도 않게 받아들여진다는 게 이상하다고 했다.

그들에게 한 해 산재 사고 사망자가 800여 명에 달한다는 둥, 지역 사건·사고가 종합 일간지까지 전달되는 덴 시간이 걸린다는 둥 맥없는 변명을 늘어놓았던 기억이 난다.

그들에게 다 말하지 못한 사실이 있다. 각각의 산재사건이 언론보도를 타기 위해선 두 가지가 반드시 있어야 한다. 재해자를 대신해 싸울 수 있는 동료와 현장의 안전 실태를 외부에 알릴 수 있는 노조다. 이는 단순히 신문과 TV에 사고가 보도되는 것을 넘어 시민들의 공분을 이끌어내고 원청의 재발 방지 약속을 받아내기 위한 중요한 요건이다. 선호 씨 사고는 이 두 가지가 맞아떨어진, 매우 이례적인 경우였다.

우선 선호 씨 죽음의 구조적 원인을 증언할 수 있는 아버지 재훈 씨가 있었다. 작업의 문제점과 위험성을 대중들에게 알기 쉽게 전달한 것도 그다. 재훈 씨는 현장의 모든 탈법을 드러내기를 두려워하지 않았다. 산재 사망사고가 발생하면 회사가 향후 수사에 대비해 재해자 쪽 과실을 부각하거나 책임을 회피하는 경우가 많다. 유족들은 현장의 자세한 사정을 모르니 반박하지도 못하고 속만 앓는다. 반면 재훈 씨는 휴대폰 사진첩에 저장된 현장 사진과 카카오톡 대화를 보여주며 현장의 부실한 안전관리를 구체적으로 드러냈다.

전국에 연결망이 있는 노조도 힘을 보탰다. 사고 직후 선호 아버지는 장례를 미루고 아들 사고의 진상규명을 요구하는 투쟁을 했으나 5월 초까지도 그 소식이 널리 알려지지 않았다. 그러다 민주노총 지역지부 쪽이 선호 씨 사고를 알게 돼 힘을 보태고 기자회견을 계획하면서 사건이 급속도로 전파되기 시작했다. 특히 선호 씨 친구들 중에는 민주노총 지역본부 간부를 아버지로 둔 학생이 있었다. 그 학생이 적극적으로 페이스북을 통해 선호 씨 죽음의 배경을 알린 것이 기자들에게 닿았다. 그 친구가 보낸 호소문에는 사고 소식만이 아니라 그 사고의 원인으로 추정되는 현장의 문제점과 평소 미비했던 안전관리 실태까지 구체적으로 적혀 있었다. 언론이 충분히 움직일 만한 사건이었다.

5월 6일 평택항 주차장 공터에서 진행된 기자회견엔 《JTBC》《KBS》《한겨레》《매일노동뉴스》 등 다양한 언론사들이 왔다. 대부분의 기자들이 항만에서 일해 본 경험이 없어 김기홍 평택안성노동조합 위원장과 현장 활동가들에게 구체적인 설명을 듣고 업무방식을 파악했다. 산재사고는 취재기자가 공정을 얼마나 깊이 이해했느냐에 따라 보도의 파급력이 결정되기 때문에 현장을 잘 아는 이의 도움이 반드시 필요하다. 선호 씨 사고의 경우 FR 컨테이너 날개가 어느 쪽으로 넘어졌는지 등

유가족에게 직접 물을 수 없는 사항을 민주노총 활동가들이 대신 설명하고 도움을 줬다.

이선호 씨를 죽음에 이르게 한 것들

사고가 있은 지 7개월이 흘렀다. 그 사이 수사와 재판이 이어졌다. 봄에 난 사고는 겨울이 시작된 2022년 1월에 1심 판결이 나왔다. 그날 사고는 법원에서 어떻게 결론 났을까. 수사기관이 모으고 법원이 채택한 증거들을 한데 모아보니 그날의 진상이 희미하게나마 드러났다.

"양쪽 단벽의 고정핀이 제거된 상태에서 지게차로 단벽을 접으면서 바닥에 떨어지는 충격에 의하여 반대편 단벽이 접히면서 청소 중이었던 재해자가 깔림."

2021년 4월 22일, 한국산업안전보건공단(안전보건공단)은 선호 씨 사고에 대해 이렇게 썼다. 안전보건공단은 산재사고가 나면 자사 홈페이지에 가장 먼저 속보를 올리는 노동부 산하기관이다. 속보에서 보듯 선호 씨 사고는 아주 간단한 내용으로만 알려졌다.

반면 재훈 씨는 법정에서 선호 씨 사고의 본질을 이렇게 설명했다.

“제 아이가 죽은 가장 큰 이유는 그날 그 작업을 우리 아이가 하지 않아도 되는 일을, 아무 전문성 없는 사람이, 관리감독자도 없는 상황에서 시켰기 때문입니다. 부두 내에서 항상 사고의 위험은 내재돼 있었으나 (그간) 천만다행으로 사고가 발생하지 않았던 것은 작업 인력의 전문성, 즉 다시 말해 해 봤던 사람들이 일을 하니까 누구보다도 작업의 시작과 끝을 잘 알고 있을 뿐더러 어떤 작업이 위험하다는 것을 인지하는 사람들이 해 왔기 때문입니다. (사고 당일에는) 위험한 작업장 내에서의 전문 인력의 중요성을 배제한 채 이 일, 저 일을 시켰습니다.”(이재훈 씨 유족 의견서).

전자의 ‘요약’이 담지 못한 사고의 구조적 정황을 후자는 덧붙인다. 작업의 위험 요인을 아는 이가 현장에 아무도 없었고, 아무런 안전교육 없이 마구잡이로 작업을 시켰다는 것이다. 20대 꽃다운 청년인 선호 씨는 왜 부둣가에서 그렇게 사고를 당해야 했을까. 사고를 일으킨 구조적 원인을 하나씩 뜯어보자.

원인 1
이리저리 건네진 ‘지시’, 빠져나간 안전

항만 부두에는 수많은 사람들이 들고 난다. 정규직 노동자

뿐만 아니라 일용직 노동자와 프리랜서 지게차 기사들이 한데 섞여 일한다. 서로 다른 회사에 소속된 이들이 서로 동선이 겹치거나 소통이 제대로 이뤄지지 않아 다치는 일이 없도록 항만하역사업자가 현장을 관리하고 소통을 조율할 최종 책임을 진다. 평택항의 경우 동방아이포트와 항만 하역 위탁계약을 맺은 '주식회사 동방'이 그 역할을 해야 했다.

그러나 안전을 책임지는 동방의 직원은 사고 현장에 없었다. 작업자가 아직 컨테이너 안에 있으니 날개 접기 작업을 멈추고 대기하라거나, 컨테이너 날개를 지탱하는 고정핀이 빠져서 위험하니 작업자 출입을 금지하라는 등 현장의 위험 요인을 파악하고 작업 순서를 조율하는 이가 부재했다. 동방은 도리어 위험 작업을 하청 노동자이자 해당 작업 경험이 없는 전 아무개 사원 한 명에게 모두 떠밀었다. 현장엔 지게차에 신호를 주는 신호수도, 현장 안전을 점검하는 안전관리자도 없었다.

사고 당일 FR 컨테이너 정리 작업이 지시된 흐름을 보면 동방 통제실→김 아무개 관리감독자→전 아무개 하청업체 사원 순으로 해당 작업을 잘 모르는 이들에게 작업이 이리저리 떠넘겨졌다. 평소 FR 컨테이너 유지관리 업무는 컨테이너 유지관리업체인 동방TS가 주로 맡았는데, 그날은 "정리할 컨테이너가 CFS창고 가까이에 있다"는 이유로 손 아무개 동방 통제실 직원이 CFS창고장인 김 아무개 대리에게 작업을 넘겼다. 김 대리는 맡은 일이 많다며 지시를 다시 하청 노동자인 전 아무개 사원에게 떠넘겼다. 어느 단계에서도 FR 컨테이너를 정리할 때 고려해야 할 유의 사항은 전달되지 않았다.

그날 현장 지시를 총괄한 하청 노동자 전 아무개 사원을 특히 주목해서 볼 필요가 있다. 그는 FR 컨테이너 정리를 해 본 경험이 없었고 작업 시 유의 사항도 전달받지 못했으나 원청의 지시를 받고 임의로 일을 배분했다. 전 사원이 만약 FR 컨테이너 날개 접기 작업의 위험을 구체적으로 알았다면 선호 씨더러 고정핀이 빠진 날개 밑에 들어가 청소하라고 지시하거나, 선호 씨가 아직 안에 있는데 지게차 기사에게 날개를 밀어 쓰러뜨리라는 황당한 지시를 하지는 않았을 것이다. 안전수칙을 제대로 숙지하지 못한 이가 작업지휘자로 투입될 때 어떤 결과가 초래될 수 있는지 보여주는 예다.

전 사원은 자신 역시 하청 노동자로서 김 아무개 대리가 시키는 것을 이행했을 뿐이라는 주장을 법정에서 폈다. 본인은 "원청(주식회사 동방)의 업무 협조 요청에 따라 노무를 제공한 파견노동자일 뿐이므로 피해자를 보호하기 위한 안전조치 의무를 부담하지 않는다"고 주장한 것이다.

하지만 법원은 전 사원의 주장을 받아들이지 않았다. 법원은 전 사원이 김 대리를 대신해 현장 노동자들을 불러다 작업 내용을 알려주고 직접 일을 배분하는 등 사실상 작업 지휘를 했고 그만큼 안전조치를 취할 의무도 진다고 봤다. 주식회사 동방이 애초에 관련 경험도 없는 하청 직원에게 위험 작업을 맡겨서도 안 됐지만, 지시를 받은 이도 해당 작업의 위험성을 주체적으로 따져봤어야 한다고 판단한 것이다.

원인 2
노후화된 설비, 잘못된 작업방식

선호 씨 몸 위로 떨어진 FR 컨테이너의 한쪽 날개 무게는 무려 300킬로그램에 달한다. 이 때문에 컨테이너를 다루는 데는 다양한 안전조치가 필요했다.

이상적인 작업 순서는 이렇다. 다 쓴 FR 컨테이너를 접어서 정리하려면 컨테이너 날개의 고정핀을 뽑지 않은 상태에서 컨테이너 내부의 이물질부터 제거해야 한다. 그리고 접으려는 컨테이너 날개의 고정핀을 뽑은 뒤 날개가 쾅 쓰러지지 않도록 날개 안쪽을 지게차로 지탱한다. 날개가 육중한 중량물이기 때문에 이를 아래로 그대로 떨어뜨리는 방식이 아니라 지게차로 해당 날개를 잡고서 서서히 각도를 낮추며 접어야 한다.[3]

반면 사고 당시 작업자들은 지게차를 날개 안쪽의 고정 용도가 아니라 날개에 직접 힘을 가해 쓰러뜨리는 용도로 사용했다. 지게차 포크로 날개 안쪽으로 받쳐 날개를 서서히 접는 방식이 아니라 충격을 줘서 쓰러뜨리는 방식이었다. 300킬로그램에 달하는 무게의 날개가 바닥으로 꽝 하고 떨어지면서 그 충격이 반대편 컨테이너로 전달됐다. 양쪽 날개의 안전핀을 다 빼놓은 상태여서 충격으로 왼쪽 날개가 함께 쓰러질 위험이 있었다. 오른쪽 날개가 넘어지자 곧 왼쪽 날개가 쓰러지며 나무토막을 줍던 선호 씨를 덮쳤다.

왜 이런 작업방식을 고집했을까. 사고를 낸 컨테이너의 상태를 보면 실마리를 찾을 수 있다. 2002년 제작된 해당 FR 컨테이너는 바닷바람을 맞아 경첩이 심하게 녹슬어 있었고 그 때문에 자연스럽게 접히지도 않았다. 안전보건공단의 중앙사고조사단과 노동부 중부지방청 평택지청 근로감독관이 현장을 조사해서 쓴 '재해조사의견서'를 보면, 컨테이너가 심하게 녹슨 나머지 두 사람이 힘을 줘도 밀 수 없어 3명이서 다 같이 힘을 줘야 했다고 한다. 상황이 이러니 지게차로도 잘 접히지 않았을 가능성이 크고 결국 충격을 줘서 쓰러뜨리는 방식으로 관행이 누적됐을 수 있다.

사고 장비가 얼마나 녹슬어 있었는지는 FR 컨테이너 날개를 고정하는 '고정핀'의 상태를 보면 알 수 있다. 고정핀은 날개가 함부로 쓰러지지 않도록 날개를 잡아주는 역할을 한다. 그러나 사고 컨테이너는 너무 부식돼 있어 다른 도구 없이는 고정핀을 뺄 수조차 없었다. U 씨가 못 등을 빼는 도구를 현장에 들고 간 이유다. 또한 사고 컨테이너에는 양쪽 날개가 바닥에 곧바로 쓰러지지 못하도록 방지하는 완충 장치도 없었다. FR 컨테이너엔 무거운 날개를 접을 때 속도를 서서히 줄일 수 있도록 양쪽 날개 아래쪽에 스프링 모양의 완충 장치가 달려 있다. 그러나

2002년 제작된 사고 컨테이너엔 이 장치가 없었다.

컨테이너의 노후화는 결정적인 사고 원인이었다. 한쪽 날개에 충격이 가더라도 반대편 날개가 접히는 것은 정상이 아니다. 그런데 선호 씨 사고의 경우 설비의 결함 등으로 한쪽 날개를 접자 다른 쪽 날개가 함께 접혔다. 재해조사관들도 사고 설비로 실험한 결과, 6번에 한 번꼴로 한쪽 날개의 접힘이 다른 쪽 날개에 진동을 줘 함께 접혔다고 한다. 조사관은 사고 이전에도 "아차사고(재해로 이어질 뻔했으나 가까스로 피한 사고·Near Miss)가 있었을 것으로 추정된다"고 썼다.

이렇게 낡은 장비가 현장에서 통용될 수 있었던 이유가 뭘까. 일차적인 책임은 컨테이너를 부실 점검한 '안전점검사업자'에 있다. 컨테이너 소유주는 외국으로 자사 컨테이너를 보낼 때 현지의 안전점검사업자에게 안전관리를 위탁하는데, 사고를 낸 컨테이너 소유주인 중국 기업은 안전점검을 '동방TS'라는 기업에 맡겼다. 이 회사는 사고 8일 전인 4월 14일 사고 컨테이너를 점검했으나 '정상S-SOUND'으로 표기했다.[4] 이들의 역할은 컨테이너가 화물을 실을 수 있는지, 외관상 적절한 수리보수가 되었는지, 세척은 잘 됐는지 등만 확인하는 것이었기 때문이다.

이 사고엔 행정 관료들의 안이한 대응 문제도 있다. 사고 후 해양수산부는 안전성이 떨어지는 낡은 컨테이너가 아무런 점검 없이 항만을 돌아다녔다는 비판을 받자 "국제 협약상 컨테이너 상태를 정기점검하는 주체는 외국 컨테이너 소유주"라며 우리 정부가 개입할 수 있는 건 국내 소유주의 컨테이너뿐이라는 취지로 언론에 설명했다. 해양수산부는 국내 주요 항만을 점검하면서 정작 사고가 난 평택항은 뺐는데, 이때도 '내국인이 소유한 컨테이너가 없다'는 이유를 들었다.[5] 해양수산부는 "외국 소유주 컨테이너의 안전 감독을 위해 국제협약 개정 건의를 적극 검토하겠다"고 했다.

국제 컨테이너 안전협약상 컨테이너 안전관리 주체가 컨테이너 소유주인 것은 사실이다. 그러나 컨테이너가 머무르는 지역의 행정당국이 컨테이너의 기본적인 안전 사항을 점검하는 것까지 금지하진 않는다. 전 세계를 옮겨 다니는 컨테이너를 컨테이너 소유주가 일일이 성실하게 안전점검할 리 없다. 컨테이너 소유주의 소속 국가와 무관하게 그것을 실제로 접고 옮기는 이들이 국내 항만하역 노동자들이라는 점을 고려하면, 해양수산부가 노동자 보호를 위해 국내에 반입되는 컨테이너에 대한 최소한의 점검 노력을 기울였어야 했다.

선호 씨 사고의 여파가 두 달이 되도록 가라앉지 않자 정부는 2021년 7월께 부랴부랴 대책을 내놨다. 정기적으로 항만 내 컨테이너를 점검해 불량 컨테이너를 즉시 사용 중지시키는 '정기점검' 제도를 도입하겠다는 내용이다. 또 선사가 국내에 컨테이너를 반입할 때 그 유형을 세분화해 신고하고 연식이 얼마나 되는지에 따라 안전점검도 달리 받도록 했다. 모두 협약을 고치지 않아도 시행할 수 있는 것들이었다.

원인 3

위험에 관한 정보가 공유되지 않다

FR 컨테이너 정리 작업이 익숙지 않은 건 현장 노동자들도 마찬가지였다. FR 컨테이너 정리 작업은 통상 한 달에 한 번꼴로 간헐적으로 이뤄졌다. FR 컨테이너의 비중도 전체 물량의 10퍼센트 수준에 그쳤다. 일상적으로 이뤄지는 작업이 아니라는 뜻이다. 그만큼 FR 컨테이너 정리 작업에 관한 작업 수칙이나 노동자 안전교육도 부실했다. 동방의 안전관리 업무는 '대한산업안전협회'라는 민간기관이 외주를 받아 수행하고 있었는데, 한 달에 2번 부두를 방문 점검하는 데 그치는 수준이어서 FR 컨테이너의 작업 위험까지 따로 파악하진 않았다.

사고가 있기 두 달 전인 2021년 2월까지만 해도 선호 씨를 포함한 일용직 노동자들은 제각기 다른 일을 맡았고 자기 업무 외의 다른 업무에 투입되는 일은 없었다. 이들은 주식회사 동방이 맡은 평택항 8부두 컨테이너의 동식물 검역과 CFS창고 정리 업무에 나뉘어 투입됐다. 검역을 맡은 사람은 검역만, CFS창고 작업을 맡은 사람은 세관검사와 창고 작업만을 수행했다.

그러나 2021년 3월, 새로 부임한 최 아무개 동방 평택지사 터미널사업부장이 업무효율 등을 이유로 두 작업을 담당자 구분 없이 통합해 수행하도록 방침을 바꿨다. 전날 검역을 맡았던 사람이 다음날 창고 정리와 세관검사에도 투입될 수 있는 상황이 된 것이다.

서로 다른 작업을 하던 노동자들을 한 부서로 통합하면 사고의 위험이 커지기 때문에 반드시 새로 바뀐 작업에 대해 안전교육을 실시해야 한다. 익숙하지 않은 일을 당장 맡아서 하면 사고 위험을 알아차리기 어렵고 실수도 생기기 때문이다. 선호 씨도 작업방식이 변경되기 전까진 동식물 검역만 했다. 그러다 부서가 하나로 통합되고 한 달 뒤인 4월, 작업 경험도 안전교육도 없이 당일에 FR 컨테이너 접기 작업에 투입됐다. 만약 선호 씨가 FR 컨테이너 작업을 이전에 해 봤거나 관련 작업의 위험을 알았다면 날개가 접히는 컨테이너의 한복판으로 들어가라는 지시를 거절했을 수도 있다.

평택항 현장 작업자들은 평소에도 자신이 하게 될 일과 그 일의 위험을 제대로 안내받지 못했다고 한다. 원청인 동방은 하루 전날 SNS로 인력소개소인 '우리인력' 쪽에 그때그때 필요한 사람의 숫자만 요청할 뿐, 그들이 하게 될 작업의 내용조차 알리지 않았다. 동방과 우리인력이 맺은 계약서를 보면 우리인력은 작업자들의 시급만 적고 그들이 하게 될 작업 내용을 아예 계약서에 적지도 않았다.[6] 심지어 그 명칭은 근로기준법이 금지하는 '인력공급계약서'다. 노동자들이 각자 맡게 될 업무를 미리 정하지 않고 되는대로 사람을 부르던 관행이 선호 씨 사고로 이어진 것이다.

"우리인력(선호 씨를 소개한 인력소개소) 노동자들은 파견 전에 자신이 무슨 일을 하게 될지 알지 못하며 현장에서 필요한 상황에 따라 작업 내용이 수시로 변경되어 파견 근로자에 대한 교육의 실효성이 떨어진다." 재해조사의견서를 쓴 조사관은 이렇게 판단했다.

최 아무개 터미널사업부장도 "작업계획서상 분류는 형식상 해 놓은 것이고 실제로는 유동적으로 일용노동자들을 배치하며 작업했다. 그때그때 상황마다 인력 배치를 한다"고 경찰에 설명했다. 노동자 안전을 위해선 작업을 시키기 전 위험 요소를 미리 파악해 노동자들에게 안내하고 가급적 숙련된 노동자를 투입해야 하는데 이러한 원칙이 일상적으로 무시됐던 것이다.

동방 평택지사는 상습적으로 인력 지원을 받는 업체였다. 재해조사의견서를 보면 동방평택지사는 우리인력만이 아니라 타 인력 공급업체와도 계약을 맺고 하루에 4~15명의 인력을 지원받았다.[7] 필요한 곳에 그때그때 사람을 채워 넣는 구조는 일을 시키는 입장에선 편리하지만 노동자의 안전을 보호하는 데는 매우 취약하다. 작업마다 위험 요인이 다 다른데 맡는 작업이 자꾸 바뀌면 작업자가 일에 익숙해지지 않는다. 회사 쪽에서도 매번 안전교육을 제공하는 것을 번거롭게 느껴 형식적으로만 안전관리할 가능성이 커진다.

원인 4
형식적 안전관리

원청 동방이 안전관리를 부실하게 한 정황은 노동부의 특별감독에서도 대거 드러났다. 노동부가 사고 후 5월 24일부터 6월 11일까지 2주간 동방 본사와 전국 14개 지사, 동방 평택지사의 도급인인 동방아이포트에 대해 특별감독을 실시한 결과 산업안전보건법 위반 사항을 197건 적발한 것이다.

적발 내용을 살펴보면 이 회사의 평소 안전관리가 어땠는지 알 수 있다. 동방 각 지사에선 기구가 떨어질 위험이 있는 크레인 아래 구역에 사람 출입을 허용한다거나, 부두와 가까워 사람이 추락할 위험이 큰 장소에 안전난간을 설치하지 않은 사례가 적발됐다.[8] 폐수 정화통 등 질식 우려가 있는 장소에서 작업을 하게 시키면서도 안전대책은 세우지 않거나 노동자에게 안전모 등 보호장구를 지급하지 않은 지사도 있었다. 노동부는 적발된 197건 중 108건(동방 105건, 동방아이포트 3건)에 대해서는 사법 조치하고 89건(동방 88건, 동방아이포트 1건)에는 과태료 1억 8050만 원을 부과했다.

원청도 사정이 이러니 하청의 안전점검은 기대도 하기 어려웠다. 동방에 평택항의 화물 하역작업을 위탁한 동방아이포트는 하청업체 노동자 산재 예방 업무를 총괄하는 책임자를 지정하지도, 하청업체와 합동 안전보건 점검을 하지도 않았다.

특히 동방의 매출액 대비 안전보건 투자 예산은 미미한 수준이었다. 동방의 2021년 안전보건 투자 예산은 2억 7000만 원으로 2020년 매출액(5921억 원)의 0.04퍼센트 수준에 그쳤다. 노동자 안전에 투자하는 돈이 전체 매출의 1퍼센트도 되지 않은 것이다.

안전관리가 형식적으로 이뤄졌음을 보여주는 증거도 있었다. 피해자 대리인단이 확보한 CCTV 자료를 보면, 사고 전 2021년 2월 15일부터 사고 당일인 2021년 4월 22일까지 작업자들은 보호구를 전혀 착용하지 않은 채 일했고 지게차 주변엔 위험을 알리는 신호수도 없었다. 작업 순서도 그때그때 현장 상황에 맞춰 수시로 변경됐다.

그런데도 위험을 고려해 미리 작업 순서를 계획한 자료인 '중량물취급작업계획서'와 '차량계하역장비투입계획서' '일일안전교육일지' 등에선 모두 안전조치가 정상적으로 이행된 것으로 적혔다. 작업계획서는 작업의 잠재적 위험 요소를 사전에 파악해 작업 순서 등에 반영하는, 안전에 관한 가장 기초적인 계획서다. 작업 환경은 수시로 바뀌고 산재 위험도 그에 맞춰 변화하기 때문에 작업계획서도 작업이 바뀔 때마다 그에 맞게 다시 작성해야 한다. 그러나 최 아무개 평택지사 운영팀장은 "며칠에 걸쳐 작업계획서를 승인했다" "사고가 났을 때도 작업이 이뤄진 뒤에 작업계획서를 승인했다"고 재판에서 밝혔다. 작업 시 발생할 수 있는 산재 위험을 미리 파악하고 관리하는 데 회사가 무관심했고 형식적으로만 대응했음을 알 수 있다.

관리자들 중에선 '사고의 내용을 잘 모른다'면서도 사고 원인이 노동자 과실이라고 추정하는 이도 있었다. 사건 당일 동방 통제실에 근무하며 컨테이너 정리 작업을 CFS창고 정리팀에 맡긴 손 아무개 대리는 경찰 조사에서 "제가 현장 일에 대해서 자세히는 모른다"면서도 "현장에 있던 근로자들이 작업 이해가 많이 부족했고 주의사항을 제대로 숙지하지 못한 안전불감증으로 (사고가) 발생된 것으로 생각한다"고 말했다. 사고 당일 선호 씨는 관리자의 지시를 받고 컨테이너에 들어갔고 주의사항 안내도 받지 못한 상태였는데 이를 '안전불감증'과 '작업 이해 부족' 탓으로 몰아간 것이다. 정작 손 아무개 대리는 단지 지리적으로 가깝다는 이유만으로 평소 FR 컨테이너 정리 작업을 하지 않는 창고정리팀에 일을 맡길 정도로 안전에 무지했다.

사고의 4가지 면면을 들여다보다 보면 선호 씨 사고가 단순히 개인의 실수나 우발적 요인들로 발생하는 결과가 아님을 알 수 있다. 오직 원활한 생산활동을 최우선 목표로 두고 만든 기업의 생산체계와 안전을 뒷전에 둔 업무방식, 작업에 늘 산재 위험 요소가 도사리고 있음을 잊고 마구잡이로 지시를 내리는 등의 관행이 한데 모여 사고를 이룬다.

국내 항만이 운영하는 여러 포털 홈페이지를 보면 컨테이너가 목적지까지 탈 없이 도착하도록 관리하는 체계는 빈틈없이 갖춰져 있다. 컨테이너의 무게와 물건의 종류, 현재 위치를 실시간으로 확인하는 전자 조회 시스템이 갖춰져 있고 포워딩 기업(물류관리기업)들도 컨테이너가 문제없이 출하되도록 수시로 확인한다. 그러나 그 컨테이너가 안전점검을 제대로 통과한 제품인지, 이를 취급하는 노동자는 무엇을 주의해야 하는지에 관한 정보는 찾을 수 없었다. 컨테이너가 무사히 계약에 맞게 목적지에 당도했는지에 관한 정보는 모두에게 중요했지만 그것을 취급하는 항만 노동자의 안전에 관한 정보는 컨테이너 제작사와 운영사, 위탁관리사 등 누구에게도 중요한 정보가 아니었던 것이다.

아쉬운 판결 뒤에 남은 가능성

주식회사 동방과 우리인력의 책임자들은 선호 씨 죽음으로 어떤 형벌을 받았을까. 2022년 1월 3일 수원지방법원 평택지원 형사1단독 정현석 판사는 각 피고인의 공소사실을 인정하면서도 모두에게 집행유예를 선고했다.

먼저 동방 평택지사장이자 안전보건관리총괄책임자인 전 아무개 씨에게는 징역 1년에 집행유예 2년을, 동방 평택지사 운영팀장인 최 아무개 씨에게는 금고 5월에 집행유예 2년을, 동방 평택지사 운영팀원이자 CFS창고장이었던 김 아무개 대리에게는 금고 6월에 집행유예 2년을, 동방의 협력업체 '정진기업' 소속 노동자 전 아무개 사원에게는 금고 4월에 집행유예 2년을, 동방의 요구를 받아 컨테이너 날개를 민 지게차 기사 정 아무개 씨에게는 금고 8월에 집행유예 2년을, 주식회사 동방에는 벌금 2000만 원을 선고했다.

정 판사는 △노후화된 컨테이너 자체에 하자가 있었고 △주식회사 동방과 그 직원들도 그 전에 컨테이너 접기 작업을 제대로 해 본 적이 없었으며 △사고 발생 이후 안전보건의무 위반 사항을 전부 시정한 점 등을 고려해 형을 정했다고 설명했다.

노동자 한 사람이 죽었는데 형벌이 집행유예에 그친 이유가 뭘까. 이는 산재가 고의로 한 살인이 아니라 했어야 할 조치를 다 하지 못한 과실이라는 사회적 시선을 담고 있다. 산업안전보건법이 정하는 법 위반 기업의 최대 형량은 징역 7년 형, 벌금은 최대 1억 원이다. 그러나 실제 법정에서는 산재사고가 과실치사의 범주에 해당하기 때문에 그만큼 무거운 형량을 내리는 경우가 드물다. 사업주가 산업안전보건법을 위반해 노동자를 죽음에 이르게 한 경우 법원 양형위원회가 형량 결정 기준으로 삼는 구간은 기본 1년~2년 6개월이다. 만약 피고가 초범이거나 피해자 유족과 합의하는 등 선처할 요소가 있으면 6개월~1년 6개월로 더 줄어든다. 이마저도 기존에는 더 낮았는데 산재에 대한 경각심이 커지면서 2021년 7월 개편된 것이다.

선호 씨 사건 판결문에도 '관리 감독 의무를 해태했다(게을리했다)'는 말이 10여 차례 등장한다. 피고들끼리 주도적으로 계획한 범죄가 아니라 안전을 방치함으로써 결과적으로 책임을 다하지 않아 발생한 범죄라는 말이다. 초범 기준 평균 형량이 500만 원 선인 기존의 산업안전보건법 체제에서는 지극히 전형적인 판결이었다. 정 판사도 "이 사건은 중대재해처벌법이 제정되기 전에 발생한 사고였다"는 점을 판결문에서 재차 강조했다.

그러나 전국 각지로 선호 씨 사건이 알려진 덕에 사고의 구조적 원인을 파악하는 데는 보다 나은 조건이 마련됐다. 언론사들의 보도가 나간 이후 노동부와 안전보건공단은 선호 씨 사건에 대해 7차례나 재해조사를 벌였다. 통상 3~4차례 현장 방문으로 조사를 마무리하는 다른 사건보다 더 노력을 쏟은 것이다. 선호 씨 사건에 대한 재해조사의견서는 조사자 의견을 합쳐 총 37페이지에 달한다.

판결문 분량도 10쪽에 달했다. 산재사고 판결문 중엔 전체 분량이 3~4쪽에 불과한 사고도 많다. 사업주의 산업안전보건법 위반 사실이 확인되기만 하면 처벌의 요건이 충족되기 때문에 처벌을 넘어서는 질문, 즉 그 기업의 어떤 구조적 실패가 개인을 죽음에 이르도록 했는지는 거의 다뤄지지 않는 것이다. 반면 이 사건의 경우 사회적 관심도를 고려해 재판부가 판결문에 사고의 원인이 되는 사유를 비교적 자세하게 기술했다.

이는 개별 산재사고의 재해조사를 기관들이 심도 있게 수행하는 것만으로도 최소한의 진상규명이 가능하다는 것을 보여준다. 지금은 재해가 발생해도 주로 사업주의 법 위반 위주로 좁게 조사하는 경향이 강하고 법원 판결문도 관련 내용만 짧게 다루지만, 선호 씨 사고처럼 사고 원인을 폭넓게 조사하고 판결문에도 기록하는 사례가 많아지면 유족과 시민들이 사고의 전말을 이해하는 데 큰 도움을 받을 수 있다. 사회적 관심을 받는 일부 사고만이 아니라 모든 사고에 대해 폭넓은 사고 조사가 보장되고 관련 자료가 공개돼야 하는 이유다.

그저 수많은 사망사고 중 하나로 치부되는 사건들이 실은 이렇게 많은 구조적 원인을 품고 있다. 이미 잊힌 다른 사망사고들도 이만한 사회적 관심과 철저한 조사, 시민들의 애도를 받아야 했다. 사실 산재 유가족들이 책임자 처벌보다 더 원하는 것은 재해자에게 닥친 사고를 온전히 이해하는 것이다. 사적으로는 가족의 죽음을 받아들이기 위해, 공적으로는 유사 사고를 막으려면 무엇을 해야 하는지 알기 위해서다. 그것을 보장할 방법에 대해선 3부와 4부에서 더 자세히 다룰 것이다.

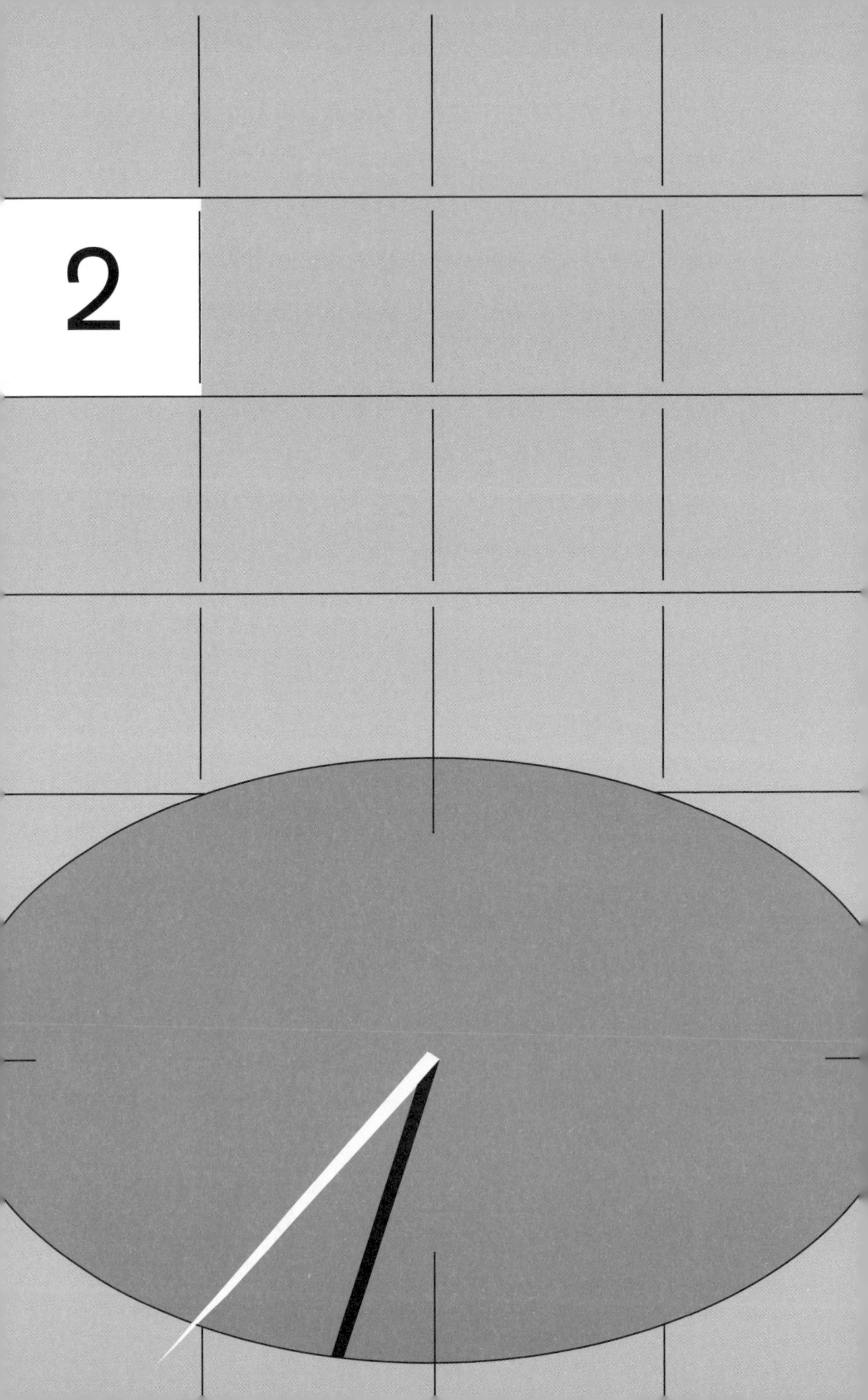
2

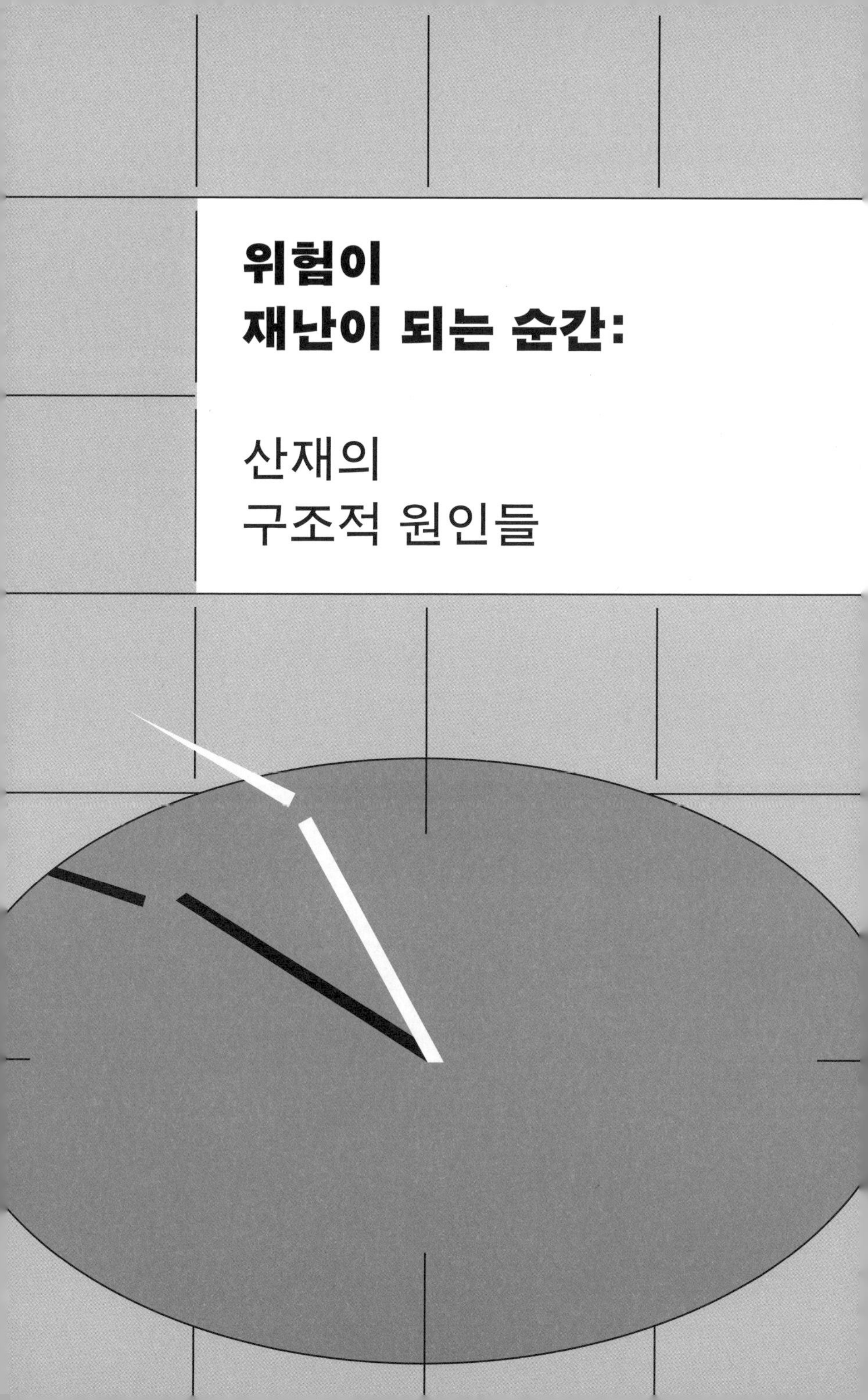

위험이 재난이 되는 순간:

산재의 구조적 원인들

산재는 누군가의 '실수'가 아니다

사람이 일터에서 죽는다는 의미를 그리 체감하지 못할 때였다. 노동 관련 취재를 담당한 지 얼마 지나지 않은 어느 날, 점심을 먹고 오후 업무를 시작하려고 포털 사이트를 열었는데 산재사고 소식이 떴다. 2021년 5월 한 대기업 공장에서 한 노동자가 가동 중인 기계를 점검하다 기계에 끼여 숨졌다는, 두세 줄의 짧은 속보였다.

워낙 이름이 잘 알려진 기업인 데다 산재에 대한 시민들의 관심도 클 때라 한 번 취재해 봄 직하다고 생각했다. 노조가 있는 대기업 공장이어서 취재도 상대적으로 수월했다. 노조 간부에게 전화를 걸어 간단한 사고 경위를 들었다. 공장 설비 유지보수를 하러 온 하청 직원이 가동 중인 설비를 혼자 점검하려다 설비에 몸이 끼어 사고를 당했다는 내용이었다. 위기 시 동료가 기계를 멈출 수 있도록 둘이 함께 일하는, 소위 '2인 1조' 원칙도 지켜지지 않았다고 했다.

상식적으로 봐도 회사의 관리상 잘못이 큰 사고였다. 나는 변명이나 들을 요량으로 회사 쪽에 연락을 취했다. 가동 중인 설비를 왜 점검하게 하는지, 왜 2인 1조가 지켜지지 않았는지 듣기 위함이었다.

전화를 받은 기업 관계자의 답변은 예상 밖이었다. 그는 그런 질문을 하는 나를 도리어 나무랐다.

“생각을 해 보세요. 그럼 기계 점검을 가동할 때 하지 멈춰놓고 합니까? 기계 돌아가는 내부도 들여다보고 소리도 들어보고 해야지요. 기계를 멈춰놓고 점검하면 어느 부분이 문젠지 어떻게 알겠습니까?”

당황스러워 금방 전화를 끊었던 기억이 난다. 그의 답변을 여러 번 곱씹었다. ‘그럼 설비 점검의 효율을 위해 사람이 죽어도 된다는 말인가’라는 반발심도 들었으나, 동시에 수긍하는 마음도 들었다. ‘그렇지, 설비가 멈춰 있으면 점검을 제대로 하기 어렵겠지.’

지금은 그 발언의 문제점을 안다. 공장을 제때 돌아가게 하는 것만이 최우선 순위이고 노동자 안전은 안중에도 없는 기업의 관계자들이 그런 말을 한다. ‘가동을 해도 안전하게 점검할 수 있게 설비 개선을 해야죠. 그렇게 못하면 가동을 멈추고 점검하더라도 비효율을 감수하고요.’ 그때 그렇게 반박하지 못했던 건 은연중에 나 역시도 ‘공정의 효율은 어떠한 경우라도 지켜져야 하는 것'이라는 산업현장의 견고한 신화를 학습했기 때문일 것이다.

한 사람의 목숨을 지키려면 훨씬 더 적극적인 고민과 연구가 필요하다는 것, 나아가 생산의 비효율까지도 감수할 수 있어야 한다는 것을 이해하기까지 오래 걸렸다. 예산과 인력을 쥐똥만큼 배정하고서 '생산효율과 안전 두 마리 토끼를 잡는 방법'을 기대하는 것이 안일하고 염치없는 일이라는 것도 한참 후에야 알았다.

정반대처럼 보이는 경험도 했다. 2022년 여름을 앞두고 가전용 에어컨 수리 기사가 사다리차 없이 맨몸으로 건물의 실외기를 수리하다 낡은 난간이 뜯어지며 바닥으로 추락했다. 사망한 기사가 소속된 회사는 평소 '1시간에 1건 수리'라는 원칙을 토대로 업무 일정표를 촘촘히 짰다. 실제로는 부품이 모자라거나 고객의 추가 문의를 받는 등 1시간 내에 일을 마치기 어려운 여러 변수가 있었지만 이런 사정이 잘 반영되진 않았다. 회사가 짜 놓은 일정표를 기사가 소화하지 못하면 고객 항의를 받고 인사 고과도 안 좋게 받을 위험이 있었다.

정작 기사들이 높은 곳에서 작업할 때 필요한 사다리차는 배차되는 데 며칠씩 걸리곤 했다. 일은 밀려 있고 안전 인프라는 안 따라주니 어떡하랴. 결국 사다리차가 오기 전에 맨몸으로 작업하다 사고를 당하는 것이다.

이 일과 관련해서도 기업 쪽과 통화를 했다. '이렇게 빡빡하게 일정표를 짜면 어떻게 사다리차가 올 때까지 기다릴 수 있겠느냐'고 물었다. 기업 관계자는 근엄하게 말했다.

"하지만 어떤 것도 안전보다 중요한 것은 없습니다."

당황스러운 감정이 밀려왔다. 그렇다면 숨진 노동자는 안전이 중요한지 모르고 그런 선택을 했다는 말인가? 나는 그것을 몰라서 지금 물어보고 있다는 것인가? 그러나 동시에 수긍이 되기도 했다. '그렇지, 어떤 것도 안전보다 중요하지 않은 건 없지. 그 사람이 타협하지 않았어야 하는 일인지도 모르지.'

지금이라면 이렇게 대답할 것 같다. 그 중요한 안전을 지키게 만드는 것이 사업주의 의무라고, 안전을 지킬 수 없는 환경을 만들고서 '안전이 중요하다'고 말하는 것은 사업주가 노동자에게 그 의무를 떠넘기는 행위라고 말이다.

이런 경험을 독자들과 나누는 것은 당시 그런 답변을 한 기업 직원들을 탓하려는 것이 아니다. 일터의 안전이 아무런 투자 없이 당연하게 얻어지는 것이 아니며, 안전이 중요하다고 외치는 것만으로는 해결할 수 없는 복잡다단한 현실이 있음을 이야기하려는 것이다.

노동자의 몸과 목숨은 소중하다. 그것을 부정하는 사람은 없다. 하지만 그것을 지키는 과정이 얼마나 어렵고 복잡하며 여러 이해관계자들의 치열한 협상과 양보가 필요한 일인지 체감하는 사람은 많지 않다. 그렇기에 사고가 났을 때 '안전이 중요하다'는 말은 도리어 노동자를 공격하는 무기가 된다. 스스로 지켰어야 하는 안전을 손쉽게 내버린 사람이라고 말이다.

앞선 두 사건은 언뜻 정반대 현상처럼 보인다. 한 기업은 '안전보다 생산이 중요하다'고 했고 다른 기업은 '생산보다 안전이 중요하다'고 했으니 말이다. 하지만 실제로는 두 기업 모두 생산이 안전을 앞지르는 체제를 구축하고 유지했다는 점에서 본질은 같다. 정말로 안전을 생산보다 우선순위에 놓고자 한다면 기업 조직 전체가 그 목표에 투자하고 도달 여부를 점검해야 한다. 안전은 노동자나 안전관리자 한두 사람의 의식 변화로 이룰 수 있는 목표가 아니기 때문이다. 안전은 개인이 아니라 조직의 목표여야 한다.

사고는 견고한 체계의 결과물이다

한 가지 질문을 건네본다.

거실을 지나가다 탁자에 부딪혀서 넘어지는 사고와 공사장 안을 이동하다가 자재에 발이 걸려서 넘어지는 사고의 차이점은 뭘까?

잠시 생각해 본 뒤 아래의 답변을 살펴보자. 아래 답변은 실제로 여러 사람에게 들었던 답이다.

철수: "탁자는 끝이 둥글고 목재로 만들어서 심하게 다치

지 않지만 공사장 자재는 뾰족하거나 단단해서 크게 다칠 수 있다. 탁자는 일상생활을 염두에 두고 만들었지만 공사장 자재는 그렇지 않다."(안전성 검증의 문제)

영희: "탁자는 집주인이 그 자리에 일부러 놓아둔 거지만 공사장 자재는 딱히 신경 쓰지 않고 아무렇게나 놓아둔 것이다."(우발적 위험의 문제)

맹구: "집 안의 이동 동선은 자기가 자유롭게 정할 수 있지만 공사장의 이동 동선은 일하는 방식에 따라 어느 정도 정해져 있다."(선택권의 문제)

훈이: "둘 다 개인 부주의의 문제다. 집 안에서도 다치는데 공사장에서 안 다치길 바랄 수 없다."(차이가 없음)

이들 답변은 모두 나름의 일리가 있다. 위험은 일터가 아니라도 존재한다. 그러나 일터의 위험은 일상생활보다 개인이 통제할 수 있는 범위가 더 좁고 더 우발적이며 더 가혹한 결과를 가져온다. 여기서 한발 더 나아가, 일상생활과 일터의 위험을 근본적으로 구분하는 인상적인 답변이 있다.

"'집에서 탁자에 부딪히거나 화장실에서 넘어져도 사고는 발생한다'고들 말한다. (그러나) 발전소의 위험은 자연스러운 것도 고정불변한 전제도 아니다. 다만 오랜 기간 발전소의 위험이 반복적인 사고의 발생으로 이어져 위험이 '구조화'되었다는 점이 우리가 직면한 문제이다. 발전소의 위험은 비정규직 등 특정한 구조의 효과로서 나타나지만 일상생활에서의 위험은 자연스러운 행위의 산물이다. 이 둘을 혼동하는 순간, 혹은 의도적으로 일반화하는 순간 발전소의 위험은 시야에서 사라지게 된다."[9]

2018년 태안화력발전 하청 노동자 김용균 씨 사망사고를 조사한 특별노동안전조사위원회(김용균 특조위)의 민간 위원들이 종합보고서에 쓴 내용이다. 이들은 '일상생활의 사고'와 '산업현장의 위험'을 구분하는 기준으로 '구조'를 제시한다. 생활 속에서 발생하는 사고는 사물(탁자)과 개인이 아무런 관계 없이 별개로 존재하는 반면에, 산업현장 위험에는 사물과 개인이 필연적으로 엮일 수밖에 없는 '구조'가 존재한다는 것이다.

여기서 '구조'란 노동자 개개인의 성향을 넘어서는 견고한 체계다. 비정규직 노동자에게 쏠리는 위험한 작업, 원-하청의 번거로운 소통, 2인 1조 원칙을 무시하는 관행 등이 산재를 유발하는 '구조'가 될 수 있다. 김용균 특조위의 한 조사위원은 구조란 "사고를 유발하는 위험한 환경이 바뀌지 않은 채 축적되는 것"이라고 정의 내리기도 했다.

이런 관점에서 보면 산재사고를 이해한다는 것은 '누가 어떤 실수를 했는가'가 아니라 '사고를 촉발한 구조가 무엇이었는가'를 이해하는 것이다. 앞서 소개된 이선호 씨 사고도 현장 작업자나 관리자 한두 사람의 실수가 아니라 안전을 배제한 마구잡이 지시와 복잡한 고용형태 등 총체적 안전관리 부재로 촉발되었음을 확인할 수 있었다. 당장 눈에 보이는 것은 숨진 노동자의 불안전한 행동이지만, 한 꺼풀을 더 벗겨내 보면 위험을 촉발하는 다양한 요인을 찾을 수 있다. 산재사고가 발생하면 '누구의 잘못인가'가 주로 언론보도 제목으로 올라오곤 하지만, 산재 진상규명의 목표는 한두 사람의 과실을 찾는 것이 아니라 그 사고를 유발한 시스템의 문제를 찾는 것에 더 가깝다는 뜻이다.

안전에 무감한 노동자들이 분명히 존재한다. 하지만 그런 노동자들을 비난한다고 해서 유사 사고 예방에 큰 도움이 되지는 않는다. 지금도 안전을 강조하는 현수막이 공사장 곳곳에 붙어 있고 안전을 강조하는 캠페인도 셀 수 없이 많다. 그렇다고 산재사고가 줄지는 않는다. 노동자 의식 개선만으로 해결되지 않는 뭔가가 더 있다는 얘기다.

이제는 누군가를 비난하는 것을 넘어 어떤 구조가 죽음을 만들었는지 봐야 한다. 일터는 여러 이해관계가 맞부딪히는 치열한 다툼의 장이다. 그곳에서 양쪽의 입장을 어떻게 조율하고 타협하는가가 위험한 일터와 안전한 일터를 가른다.

이 장의 목적은 우리나라 일터의 어떤 견고한 체계가 반복된 죽음을 양산하는지 들여다보는 것이다. 수많은 산재 사망사고 가운데 시민사회의 도움과 언론의 관심을 받은 극히 일부의 사고가 구조적 배경을 드러냈다. 이 장에서는 이들 사고를 분석해 각각의 산재 사망사고를 촉발한 구조가 무엇인지 살펴볼 것이다.

본격적인 사고 탐색에 앞서

"위원장님, 이게 어떻게 난 사고예요?"

"네, 호이스트에 고정 앵글을 묶어서 올리는데 건물 위 안전난간이 해체돼 있어서 발생한 사고입니다."

"예? 호이…앵글…뭐라구요?"

2023년 4월 7일 중대재해처벌법이 적용된 첫 산재 사망사고 판결이 나왔다. 사고 경위를 파악하기 위해 건설노조 노동안전 담당자와 사건을 수사한 조사관에게 연락했지만 도저히 내용을 이해할 수 없어 머리를 박박 긁었다. 생소한 단어를 검색하고 공정을 머릿속에서 그려보려 해도 당최 그려지지 않았다.

그날 오후 늦게 판결문을 구했지만 이해하기 어렵긴 마찬가지였다. 판결문엔 이렇게 쓰여 있었다.

"2022년 5월 14일 오후 1시 38분께 피해자 김○○(48)는 병원 건물 5층 공사 현장에서 고정 앵글 설치 작업을 하고 있었다. 고정 앵글을 설치하려면 윈치를 이용해 6층까지 고정 앵글을 개구부로 인양해야 하는데 그 높이가 16.5미터며 고정 앵글 무게도 94.2킬로그램에 달하는 중량물이었다. …(중략)… 개구부에서 안전대를 착용하지 않은 피해자는 상단 봉이 해체된 안전난간 위로 손을 뻗어 윈치로 인양 중인 고정 앵글 묶음을 건물 내부로 당겼다. 그러자 고정 앵글이 슬링 벨트에서 이탈해 바닥으로 떨어졌고 김 씨도 그 반동으로 함께 16.5미터 아래 바닥으로 떨어졌다."

위 내용을 읽고 내용을 바로 이해했다면 독자는 훌륭한 산재 전문가일 것이다. 나는 그러지 못했다. 내용을 제대로 이해하기도, 독자들에게 알기 쉽게 설명하기도 어려웠다. 산재 기사는 기자가 공정을 얼마나 이해하느냐에 따라 기사의 질이 좌우된다. 일터마다 작업방식이 너무나 다양하고 복잡한 탓에 자료에 쓰인 원문을 그대로 인용했다가는 정보 전달성이 크게 떨어지기 때문이다. 기자가 공정을 먼저 이해한 뒤 적절히 축약하고 묘사해야 그나마 독자들에게 사고 상황이 잘 전달될 수 있다.

대략 5층 건물 안으로 옮겨지던 철근이 갑자기 땅바닥으로 떨어지면서 이를 받으려던 피해자가 중심을 잃었다는 건 알 수 있었다. 그러나 건물 안에 있었다던 그가 어쩌다 바깥으로 나와 철근을 받았고 추락 방지 장치가 왜 없었는지는 여전히 이해가 잘 안됐다. 결국 건설노조 노동안전 담당자에게 다시 전화를 걸어 30분가량 작업방식에 관한 '과외'를 받아야 했다.

독자들도 이와 비슷한 경험을 했을지 모르겠다. 누군가의 황망한 사망 소식에 안타까워하며 뉴스 기사를 클릭했는데 막상 읽어보니 생소한 용어가 가득해 '뒤로 가기'를 누른 경험 말이다.

산재를 향한 시민들의 관심이 좀처럼 산재 문제 해결을 촉구하는 동력이 되지 못하는 이유가 여기에 있다. 한 사람이 죽음에 이르는 과정을 이해하려면 그 죽음이 일어난 현장을 이해해야 하는데, 그와 관련된 공정이 너무 복잡하고 어려워 그만 길을 잃고 마는 것이다.

하지만 시민들이 산재사고를 이해하는 데 사실 그렇게까지 자세한 공정 관련 지식은 필요치 않다는 게 몇몇 사건을 공부해 본 나의 결론이었다. 공정을 다 이해하지 못해도 위험을 유발하는 핵심 원인, 즉 '위험 발생지'만 파악되면 사고 현장을 머릿속에서 그려볼 수 있다. 또 공장에서 쓰는 기계라고 해서 일상에서 쓰는 기계와 구동 원리가 크게 다르지도 않다. 사망 당시 노동자가 위험에 빠진 전후 관계만 파악할 수 있어도 산재사고의 절반 이상을 이해할 수 있다.

위의 판결을 이해하는 과정도 마찬가지였다. 그날 공사 중인 건물 6층에서 김 씨는 무엇을 하고 있었을까? 그는 동료가 1층에서 철근 묶음을 달아 올려주기를 기다리고 있었다. 동료가 바닥에 놓인 철근을 도르래에 달아 6층까지 올리면 김 씨가 팔로 받아서 건물 안으로 옮기는 방식이다. 철근은 90킬로그램 무게에 너비도 2미터는 족히 된다. 그만한 무게의 철근을 안정적으로 받아 안으려면 김 씨가 몸을 낮추고 두 팔을 니은(ㄴ) 자 모양으로 벌려야 한다. 자연스레 몸이 움직이는 반경도 커졌다. 현장에는 성인 허리춤까지 오는 우물 정井자 모양의 추락 방지용 울타리(안전난간)가 쳐져 있었는데, 김 씨와 동료들이 팔로 받아 안는 동선에 그 울타리가 딱 걸쳤다. 그들은 철근을 안정적으로 받기 위해 울타리의 윗부분을 해체했다. 그 결과 철근은 안정적으로 받을 수 있었지만 김 씨를 추락에서 지켜주는 장치는 없어졌다. 삐끗하면 곤두박질치는 낭떠러지에 홀로 선 것 같은 상태가 된 것이다.

독자가 이 사고를 이해하기 위해 '고정 앵글'이 무엇이고 '개구부를 통해 인양'한다는 게 뭔지까지 알 필요는 없다. 그저 아주 무겁고 부피가 큰 철근이 도르래에 달려 내려오던 중 바닥으로 떨어졌고 그 진동을 고스란히 전달받은 김 씨가 중심을 잃었다는 사실, 그리고 그때 그의 몸을 지탱할 난간이 아무것도 없었다는 사실이면 충분하다.

안타깝게도 지금은 산재에 관한 수많은 자료가 2차 가공을 거치지 않고 원자료 그대로 시민들에게 공개되는 형편이다. 산재가 조금만 쉽게 설명돼도 더 많은 시민이 관심 가질 수 있는데 현재 제공되는 정보는 해당 공정을 잘 아는 기술자만 겨우 이해할 수 있는 수준이다. 만약 산재가 난 기업의 안전관리부서와 노조가 공정을 알기 쉽게 가공하고 설명하는 노고를 들였다면 시민들은 물론 그 기업에 소속된 노동자들도 사고 위험을 더 깊이 이해하고 구체적으로 어떻게 주의를 기울여야 하는지 알았을 것이다.

이 장에서 소개하는 사건 사고는 꼭 필요한 정보 위주로 따로 추려 재가공한 것이다. 익숙지 않은 공정이라 어렵게 느껴질 수 있지만 내용을 다 이해해야 한다는 부담을 느끼진 않아도 된다. 사건 속에서 위험이 발생하는 근원지를 찾고 노동자가 그 위험을 왜 피하지 못했는지 찾다 보면 비교적 사고의 배경을 이해하기 쉬울 것이다.

산재사고 발생의 유형은 크게 다섯 가지로 나눴다. ①회사가 세워 둔 안전수칙이 효율적 업무방식과 충돌할 때 ②위험에 관한 기업 간 소통이 부족할 때 ③안전에 투자할 돈과 시간이 부족할 때 ④안전에 관한 설명이 부족할 때 ⑤안전에 대한 역량과 이해가 부족할 때 산재 위험이 어떻게 증폭되는지 관련 산재사고와 함께 설명했다.

작업방식이 안전수칙과 충돌할 때

"기계 덮개를 열어놓고 일하게 시킬 거면 거기 맞춰서 안전장치를 개발하든지, 그게 아니면 노동자를 더 투입하든지 했어야죠."

-현재순 일과건강 사무처장, 2022년 10월 25일 국회 기자회견장에서 산재 사망사고가 발생한 SPL을 비판하며

노동자가 일을 할 때 최우선 순위로 생각하는 것은 안전일까, 업무 완수일까? 이론적으론 안전이겠지만 실무적으론 업무 완수다. 노동자들은 안전해지려고 회사에 오는 것이 아니라 일을 하고 급여를 받으러 회사에 온다. 하루의 생산량을 맞추지 못하면 저성과자로 낙인찍히지만, 안전수칙을 포기하고 생산량을 맞추면 문제 없이 퇴근할 수 있다. 그들에게 회사가 기대하는 역할도 마찬가지다. 회사가 노동자에게 바라는 것은 '안전해지기'

가 아니라 '제때 일을 마치기'다. 공정 위험을 이유로 일을 제때 마치지 못한 노동자는 다시 부르기 꺼려지지만 주어진 일을 빠르게 끝내는 노동자는 두세 번씩 부르게 된다.

일터의 실질적인 우선순위를 고려하면 안전장치로 인해 일이 방해를 받거나 효율이 떨어질 때 노동자들이 안전을 선택하기가 쉽지 않다. 업무량을 못 채우면 생계에 위협을 받지만, 위험하게 일하는 것은 별다른 문제를 일으키지 않는 듯 보이기 때문이다. 그러다 보면 어느새 위험한 작업방식이 관행으로 굳어진다. 안전장치와 일의 효율이 충돌할 때 관리자가 그 지점을 빨리 알아차리고 조치를 취해야 하는 이유다.

많은 산재사고가 겉으로 보기에 노동자들이 '스스로 선택한 듯한' 사고처럼 보인다. 기계의 날카로운 입구에 직접 손을 넣어 물건을 꺼내고, 추락 방지용 안전난간을 스스로 해체하고, 일을 더 빨리하려고 안전장치 전원을 꺼 버렸다가 죽음에 이르는 사고들 말이다. 이런 사고는 일견 노동자가 작업 효율을 위해 스스로 위험을 자초한 것처럼 보인다. 실제로 사측은 그렇게 주장하기도 한다. 그러나 사고의 면면을 들여다 보면 그들의 선택이라고만 말할 순 없다. 그들에게 위험을 감수하고 일할 선택지는 있지만 그러지 않을 선택지는 없을 때가 많기 때문이다.

2022년 10월 15일 식품기업 SPC의 자회사 SPL에서 한 청년 노동자가 샌드위치 속재료를 만들다가 소스 만드는 기계에 몸이 끌려들어가 숨지는 사고가 발생했다. 커다란 원통 안 두 개의 날개가 한 방향으로 회전하며 재료를 섞는 기계였는데, 기계 앞에 서 있던 노동자의 몸이 날개에 끼어 빠지지 않은 것으로 추정된다.

본래 회전 날개가 있는 기계들은 노동자와 직접 접촉하면 회전 구간에 신체가 말려들어 가거나 끼일 위험이 있어 덮개를 닫고 가동해야 한다. 기계의 구동 방식도 덮개가 열리면 자동으로 멈추고 덮개가 닫히면 다시 가동되는 식이다. 그날 그 노동자는 기계의 덮개를 제거한 상태로 가동했다. 날개가 돌아가는 원통을 직접 마주 보며 일한 셈이다. 이 때문에 사고 후 국정감사장으로 불려 간 SPL 대표이사는 '왜 이런 사고가 났냐'는 국회의원 질의에 "내부 규정은 (덮개를) 덮는 것"이라며 사망한 노동자의 과실을 에둘러 강조하기도 했다.[10]

그러나 소스 만드는 공정을 자세히 살펴보니, 덮개를 매번 열고 닫으며 일하기엔 생산해야 할 물량이 너무 많았고 일의 효율도 떨어졌다. 사망한 노동자가 만들던 '고추냉이 크래미 소스'는 마요네즈와 와사비, 땅콩 등을 한데 섞어 만든다.[11] 그런데 기계에 한 번에 재료를 다 쏟아 넣으면 제대로 섞이질 않으니 각 재료를 순차적으로 하나씩 넣어가며 섞어야 했다. 그렇게 해도 기계가 재료를 충분히 섞지 못해 재료가 한쪽으로 쏠리곤 했다.

이 때문에 현장에선 덮개를 열어놓고 소스 재료를 차례로 기계에 부으면서 제대로 섞이는지 눈으로 확인하는 작업방식이 관행으로 자리 잡았다. 재료가 잘 섞이지 않으면 "날개가 돌아가는 박자에 맞춰 기계에 손을 집어넣어 직접 섞기도 했다."[12] 노동부가 사고 직후 SPL 공장을 점검하니 재료 혼합 기계 9대 중 7대의 덮개가 아예 없었다. 덮개 없이 회전날개에 그대로 노출된 채 일하는 작업방식이 일상적으로 이뤄졌음을 짐작할 수 있다.

만약 SPL 공장 쪽이 위험한 관행을 바꾸기 위해 소스 만드는 기계를 따로 연구 개발했다면 어땠을까? 덮개 안쪽이 투명하게 보이도록 만들거나 여러 재료를 한꺼번에 넣어도 잘 섞이도록 개선했다면? 혹은 덮개를 여닫는 방식을 고수하되 생산량을 절반으로 줄였다면 어땠을까? 기계에 노동자를 끼워맞추지 않고 노동자가 일하는 방식에 맞춰 기계를 개선했다면 위험한 작업 관행도 크게 줄었을 것이다. 일의 효율과 안전수칙이 충돌할 때 회사가 적극적으로 개입해 그 지점을 해소하지 않으면 노동자는 작업을 완수하기 위해 안전수칙을 포기하게 될 가능성이 크다.

"샌드위치 주문량이 매일 낮에 확정된다. 회사가 일일 목표량을 4만 개로 잡았는데 6만 개 주문이 들어오면 난리가 난다. 1분에 샌드위치가 몇 개 나오는지 스톱워치까지 켜서 일했을 정도다."(강규형 SPL지회장)

'안전수칙을 지키라'는 원칙론만으론 이런 문제를 해결할 수 없다. 안전수칙이 현장에서 기능할 수 있도록 생산의 과정 자체를 그에 맞게 바꿔야 한다. 노동자의 안전불감증을 비난하긴 쉽지만 그렇게 한다고 회사가 더 안전해지는 것은 아니다. 회사와 노조가 팔을 걷어붙이고 틈새를 메울 구체적인 방법을 찾아야 일의 효율도 안전도 함께 잡을 수 있다.

업무효율과 안전수칙의 충돌을 나름의 방식으로 해소한 사례가 있다. 전선 제조업체에서 일하는 안전관리자 호세(필명)는 2018년 공장 노동자들이 덮개를 열고 작업하는 모습을 처음 포착했다. 그는 작업자들이 덮개를 제대로 사용하도록 설득하는 한편 기계에 아크릴 상자를 설치하는 방안을 검토했다.

"저희는 전선 제조업체인데요, 전선 제조설비는 회전체가 많아서 몸이 설비에 끼일 위험이 커요. 그래서 설비에 안전 커버가 설치돼 있는데요, 안전 커버를 열고 작업하는 사람들이 왕왕 있어요. 아무래도 일이 바쁘니까 전선이 제대로 연결됐는지 바로바로 눈으로 확인하려고 안전 커버를 열어놓는 거죠. 그런데 그렇게 하다 보면 회전체에 몸이 끼일 위험이 있거든요. 굉장히 위험한 상황이죠."

호세는 현장 노동자와 안전관리자 사이의 절충점을 찾기로 했다. 먼저 사내 메신저를 통해 현장 부서에 해당 작업방식이 왜 위험한지 알렸다. "작업자들에게 그 공정의 위험성을 구체적으로, 이해하기 쉽게 설명하는 게 중요해요. 그냥 '덮개 닫으세요'라고만 하면 그 사람들 입장에선 '일도 잘 모르면서 방해한다'고 생각해서 잘 안 받아들이거든요. 그러면 덮개를 겉으로 닫아놓더라도 실제로는 덮개 열림 감지 센서를 테이프로 둘둘 말아버린다든가 하는 식으로 눈속임할 가능성도 큽니다."

그래도 '꼭 눈으로 봐야겠다'고 주장하는 몇몇 작업자들이 있었다. 호세는 안전관리부서에 건의해 이들이 쓰는 기계에 투명 아크릴박스를 씌울 수 있게 만들었다. 기계의 덮개를 열고 내부를 보면서 일하되 신체와 기계의 접촉은 아크릴박스로 차단한 것이다. 완벽한 해결책은 아니어도 생산효율과 안전수칙의 중간 지대를 찾은 셈이다.

그는 작업자들이 안전수칙을 정말로 지키기 바란다면 생산량을 현실적으로 낮춰야 한다고도 조언한다. 아크릴박스를 설치하더라도 작업속도는 맨눈으로 작업할 때보다 느릴 수밖에 없다. 기업이 노동자의 안전을 위해 그 차이를 감수할 수 있느냐가 관건이다.

"덮개를 열고 일했을 때의 생산량을 표준으로 삼지 말고 덮개를 닫고 했을 때의 생산량을 새로운 표준으로 삼아야죠. 안전수칙을 지킬 수 없는 상황을 그냥 그대로 두고선 '덮개 열어놓지 마라'고 교육만 하는 건 안전대책이라고 부르기 좀 그렇죠." 호세가 말했다.

일하지 않는 쪽이 작업량을 정하다

부장님이 새로 부임했다. 부원들의 각 업무에 시간이 얼마나 걸리는지 잘 모르는 부장님은 업무계획을 짜며 엄청난 양의 업무를 내 앞으로 배정한다. 업무량을 줄여달라고 싶은데 부장님께 직접 연락해도 되는지, 혹시 나를 안 좋게 보진 않을지 망설여진다. 계약직인 나는 올해 재계약을 앞두고 있어 모든 것이 조심스럽다. 중간 관리자인 팀장님도 부장님 눈치 보느라 바쁜지 내 의견을 전달해 줄 생각이 없다. 그렇다면 내 선택은? 아프고 과로하더라도 주어진 양을 끝내기를 선택하게 될 것이다.

한 회사 내의 위계에 빗대어 설명했지만 부장님을 원청, 팀장님을 하청 관리자, 부하직원인 나를 하청 노동자로 보면 크게 다르지 않다. 비현실적인 작업량을 설정하고서 안전에 눈 감는 방식은 원-하청 관계에서 더욱 심해진다. 일을 수행하는 건 하청인데 정작 필요한 인원과 예산, 작업량을 짜는 것은 원청이다 보니 실제 일하는 방식과 안전수칙의 틈새를 조율하기가 더욱 어렵다. 특히 비용 절감을 목적으로 하청을 준 경우 원청이 적은 비용으로 최대의 효율을 내기 위해 가능한 한 생산량은 많게, 직원은 적게 책정하고자 하는 유혹이 크다. 반대로 하청은 원활한 재계약을 위해 원청의 무리한 요구를 받아들이는 대신 노동자들을 밀어붙여 목표 생산량을 완수하려는 유혹을 받는다. 이런 구조 아래서 하청 노동자가 사고 위험에 노출된다.

2016년 시민들을 분노와 슬픔에 빠지게 한 서울 지하철 스크린도어 수리공 '김군'의 죽음은 수직적인 원-하청 계약 구조 속에서 하청 노동자의 안전이 어떻게 뒤로 밀리는지 보여준다.

서울메트로 하청 노동자인 김군은 2016년 5월 28일 지하철 2호선 구의역 선로 안에서 스크린도어를 수리하다 열차에 치여 숨졌다. 혼자 일한 그에게 '곧 열차가 진입하니 나오라'고 알려주는 이는 아무도 없었다. 열차가 오가는 선로에 진입할 땐 서울메트로 전자운영실에 사전 보고해 승인받아야 하고 열차 진입을 확인하는 동료도 함께 다녀야 했지만 이런 안전수칙은 지켜지지 않았다. 이 때문에 서울메트로 직원은 김군의 어머니를 찾아가 '사고는 아들의 과실'이라고 말하기도 했다.[13]

그러나 원청인 서울메트로가 하청인 은성PSD(김군의 소속 회사)와 맺은 계약을 보면 김군이 왜 안전수칙을 무시하고 작업을 서둘렀는지 이해할 수 있다. 당초 서울메트로가 97개 지하철 역사 유지보수 관리에 필요한 인원으로 배정한 인원은 125명이었다. 그러나 실제로 스크린도어 장애 시 출동하는 인원은 관리, 행정 인력과 기술 지원 인력을 뺀 76명이었다.[14] 이 인원도 하루 약 18시간에 달하는 지하철 운영시간에 따라 주야간 교대근무를 했으므로 실질적인 근무 인원은 38명 수준에 그쳤다. 원청이 산정한 필요 인원의 삼분의 일 수준으로 비상시 복구작업과 일상적 점검을 모두 도맡았던 것이다. 이런 상황에서 2인 1조는 처음부터 불가능했다.

게다가 노동자들에겐 엄격한 작업 수칙도 적용됐다. 서울메트로가 은성PSD에 내려보낸 'PSD 유지보수 과업지시서'를 보면, 은성 직원들은 스크린도어 장애 접수 시 1시간 이내로 현장에 도착하고 24시간 이내에 조치를 완료해야 했다. 이를 정당한 사유 없이 이행치 않으면 지연배상금을 물게 된다.[15]

이 때문에 수리공들은 늘 작업에 쫓겼다. 한 사람이 평소 6개 역을 돌아다니며 점검하고 갑자기 발생하는 4~5건의 장애 통보에도 곧바로 출동해야 하는데 '절차'를 지킬 짬은 없었다. 서울메트로에 연락해 작업 허가를 받거나 관제실에 신고하는 행위는 업무 시간만 잡아먹는 거추장스러운 장치였다. 사고 당일 김군도 구의역 승강장에서 일하기 시작한 것이 오후 5시 55분이었는데 오후 6시 15분까지 을지로4가역에 도착해야 해 시간이 촉박했다. 을지로4가역 고장 신고가 접수된 게 5시 15분이라 1시간 이내 출동을 완료해야 했기 때문이다.[16]

은성PSD는 계속해서 서울메트로 쪽에 스크린도어 수리 인원의 증원을 요청했다. 그러나 서울메트로는 은성PSD 쪽이 요구한 28명이 아니라 17명만 증원했고 그러면서도 인원이 늘었다는 이유로 점검 횟수를 2배로 늘렸다.[17] 사실상 증원 효과가 미미한 증원이었다. 경험이 아닌 서류로만 현장의 필요 인력을 계산하고 배치하는 원청으로선 하청의 인력 부족 호소가 충분히 와닿지 않았던 것이다.

여름철마다 보도되는 에어컨 수리기사들의 추락사고에서도 이와 유사한 메커니즘을 찾을 수 있다. 2016년 6월 23일 40대 삼성전자서비스 하청 노동자가 빌라 외벽에 달린 에어컨 실외기를 수리하던 도중 그의 몸을 지탱하던 낡은 난간이 뜯어지면서 추락해 숨졌다. 언론보도에 따르면 원청인 삼성전자서비스 센터는 '1시간 내 1건 처리'를 원칙으로 하고 있었으며 이를 얼마나 지켰는지를 기준으로 하청업체 등급을 매겼다. 이 때문에 기사들은 고층 작업 시 몸을 안정적으로 받쳐주는 사다리차(스카이차)가 배차될 때까지 기다리지 못하고 맨몸으로 작업을 할 때가 많았다.

"여러 작업자가 작업 원칙을 일상적으로 어기는 사업장이 있지요. 대체 작업자가 왜 그렇게 했을까 싶잖아요? 그러면 작업량을 봐야 합니다. 도저히 정상적인 안전 절차를 밟아서는 작업량을 맞출 수 없는 사업장이다, 그러면 그거는 문제가 있는 거예요." 이선호 씨 사고 등 여러 산재사고의 소송대리인을 맡았던 권영국 변호사의 말이다.

원청이 하청이 하는 일의 방식과 속도를 정확히 알지 못하는 상태에서 비현실적인 작업량을 설정하고, 눈에 띄는 노동자의 반발이 없으면 문제가 없다고 착각해 작업량을 고수한다. 김군 사망사고 진상규명을 도맡은 노사민정 합동 운영기구 '구의역 진상조사단 시민대책위'는 이런 문제가 '비용 절감 목적의 외주화'에서 필연적으로 나타나는 문제라고 진단했다.[18]

안전수칙을 위반해서라도 작업량을 달성하고자 하는 압박은 정규직 노동자도 느끼는 것이지만, 비정규직 하청 노동자의 경우 그런 압박감이 더욱 크다. 작업량 달성이 어렵다거나 작업 환경이 너무 위험하게 느껴지더라도 그것을 원청까지 전달할 창구가 마땅치 않다. 하청 노동자들은 원청과의 계약에 따라 언제든 본인의 고용계약도 해지될 수 있어 안전 관련 문제 제기가 해고로 이어질 위험도 있다.

현재는 중대재해를 경험한 일부 기업들이 과거 외주화했던 일부 공정을 도로 정규직화하는 작업을 진행하고 있다. 구의역 김군 사고 이후 서울메트로가 유지보수 노동자를 정규직화했으며 한국서부발전(서부발전)이 태안화력발전 하청 노동자 김용균 씨 사고 이후 연료 운전원을 정규직화하기로 했다. 그러나 이 같은 사례는 매우 소수다. 이미 외주화된 사업을 도로 조직 안으로 편입하는 과정은 구성원들의 반발과 인건비 증가 등 상당한 갈등을 수반하는 탓에 산재사고가 널리 알려진 일부 기업을 제외하고는 거의 선택하지 않는다. 서부발전도 2018년 김용균 씨 사고가 난 이후 2023년 현재까지도 정규직화를 다 진행하지 않았다. 원청 입장에선 사고 건수가 적은 다른 하청업체로 교체하는 편이 '더 싼' 선택지다.

'안전수칙'
아무리 만들어 둬도

"한전과 하청업체 직원들이 병원에 왔는데 '왜 사고가 났냐' 물어도 '아무것도 모른다'고만 했다. 한전 직원은 전화로 (내부) 보고하기 바빴다. '어떤 작업을 한 거냐'고 물으니 직원들이 '작대기만 올리면 되는데 사고가 났다' '눈에 뭐가 씌었나 보다'고 말했다."

-김다운 씨 매형, 《투데이신문》과 인터뷰에서[19]

앞서 일을 시키는 주체와 수행하는 주체가 서로 다른 계약 구조 속에서 노동자가 무리한 작업에 노출된다고 설명했다. 이는 김군 사고처럼 원청이 직접적으로 인원과 업무량을 통제하는 경우로 한정되지 않는다. 원청이 자기 일터에서 일하는 하청 노동자에 대해 그저 안전을 보장하지 않고 내버려 두는 경우에도 유사한 사고가 날 수 있다. 하청업체가 비용 절감 등을 이유로 하청 노동자에게 위험한 업무환경을 감내하라고 밀어붙일 수 있어서다. 안전과 생산 사이에 틈새가 벌어질 때 하청업체에만 노동자 안전의 책임을 맡겨두면 결국 가장 말단에 있는 하청 노동자가 그 틈새를 메우게 된다.

38살 김다운 씨는 전기가 흐르지 않는 '사선'을 주로 다루는 배전공이었다. 전기가 흐르는 선(활선)을 다루는 '활선공'이 아니었기에, 그는 원칙적으로 전봇대 활선과 접촉할 일이 없어야 했다. 설사 전봇대 작업을 하더라도 안전을 위해 활선차(전기가 통하지 않도록 만든 수직 이동용 차량)를 탄 채로 작업해야 했다.

하지만 다운 씨는 자주 맨몸으로 전봇대에 올랐다. 일을 당장 해야 하는데 활선차가 제때 배차되지 않는 경우가 많았기 때문이다. 2021년 11월 5일도 다운 씨는 전봇대 전선에 연결된 개

폐기를 조작하러 맨몸으로 전봇대에 올랐다가 2만 2000볼트가 흐르는 활선에 감전됐다. 그는 병원으로 옮겨졌으나 결국 숨졌다. 다운 씨는 이듬해 봄 결혼식을 앞둔 예비 신랑이었다.

다운 씨는 한국전력의 전봇대를 유지보수하는 일을 맡았으나 한전 소속 직원은 아니었다. 그는 한전의 전선 유지보수 사업을 대신 수행하는 '화성전력'이라는 업체에 소속돼 있었다.

다운 씨가 속한 화성전력은 다운 씨를 탓했다. "다운 씨가 의욕이 앞서 작업 도구 없이 작업하다 사고가 났다"고 언론에 말한 것이다.[20] 다운 씨가 절연봉을 이용해 개폐기를 조작했어야 하는데 그러지 않았다는 취지다. 그러나 근로감독관 등이 현장을 둘러보고 작성한 재해조사의견서엔 김다운 씨가 절연봉을 쓴 것으로 돼 있었다.[21]

오히려 화성전력 쪽은 활선차가 배차되지 않았단 걸 알면서도 다운 씨에게 일을 시켰다. 바구니가 높게 매달려 있는 활선차는 노동자들이 전봇대 작업을 할 때 전선과 직접 닿지 않고 도구를 이용해 작업할 수 있도록 안전거리를 확보하는 수단이다. 다운 씨가 맡은 개폐기 조작 업무도 작업 범위 안에 활선이 많아 활선차가 배치돼야 하는 업무였다. 그러나 재해조사의견서를 보면 화성전력 사업주는 근로감독관에게 "작업 당일 활선차가 (다른 작업에) 모두 사용 중이어서 사고 장소로 보낼 차량이 없었다"고 진술했다. 현장에 활선차가 없단 걸 알면서도 다운 씨를 보낸 것이다. 심지어 화성전력이 다운 씨에게 배분한 일은 다른 한전 하청업체의 업무였다. 평소 한전이 여러 업체에 각각 시킨 일을 업체들끼리 음성적으로 주고받았을 가능성이 있다.

화성전력 관계자는 '왜 한전 지침을 준수하지 않았냐'는 《MBC》 기자의 질문에 "그 공사는 13만 5000원짜리 단순 공사"라고 답변했다고 한다.[22] 예상되는 이윤이 낮아 노동자 재해 예방에 소홀했을 가능성이 있다. 다운 씨의 휴대폰 사진첩에선 다운 씨가 홀로 전봇대를 오른 사진이 여럿 발견됐다. 활선차 없이 맨몸 작업을 한 게 사고 당일만의 일이 아니었단 얘기다.

일을 맡긴 한국전력은 이런 작업 관행을 알았을까. 한전의 입장은 '원칙이 그게 아니다'였다. 한국전력 관계자는 "차량 진입이 어려운 경우가 아니면 원칙적으로 전신주에 올라가 작업하는 것을 승인하지 않는다"고 재해조사를 하러 온 감독관에게 설명했다. 자사는 안전수칙을 분명하게 제시했는데 일을 받은 업체가 안 지켰다는 취지다. 한국전력 관계자는 언론에도 "(업체가) 저희 모르게, 승인 없이 한 것"이라고 설명했다. 다만 재해조사의견서엔 "(사고 당시) 한전의 신규 송전 담당자가 전봇대 근처에서 작업 상황을 확인하고 있었다"는 내용이 적혀 있다. 다운 씨 사고 현장에 한전 직원이 있었다는 취지다.

노동자들은 한전 소유의 전봇대에 올라 한전의 지시를 수행했으나 그들의 안전을 보장하는 것은 오롯이 하청업체만의 몫이었다. 전국에 난립하는 수백 개 한전 하청업체들 중 상당수가 안전수칙과 무관하게 일을 시켰고 그로 인해 다운 씨를 비롯한 수많은 배전 노동자가 감전 사망사고로 숨졌다.

이 사고에 대해 한전은 자사가 원청이 아닌 '발주처'라고 주장한다. 발주처는 공사를 통째로 업체에 맡기고 공사 과정에 관여하지 않기 때문에 노동자를 보호할 의무를 지지 않는다. 반대로 노동부는 다운 씨 사고와 관련해 한전이 발주자가 아닌 원청이라고 본다. 다운 씨가 맡은 업무가 최근까지 한전이 하던 일상적 업무라는 이유다. 원청은 산업안전보건법에 따라 자사가 지배·관리하는 사업장에서 일하는 하청 노동자의 안전을 보호할 의무를 진다. 안전보건공단의 재해조사의견서도 한전과 업체들의 계약을 발주가 아닌 '도급'(원-하청 관계)으로 분류한다. 이 사건은 아직까지 법원 판단이 나오지 않았다. 2023년 7월 현재 검찰이 수사 중이다.

한전의 법적 지위에 대해선 과거 유사 사고에 대한 법원의 판결이 제각기 달라 섣불리 판단하긴 어렵다. 그러나 다운 씨 사고는 안전수칙을 형식적으로 만들어 두더라도 그것을 실제로 지키도록 담보하는 장치가 없으면 생산효율 등의 요구로 언제든 수칙이 허물어질 수 있음을, 그로 인해 노동자가 목숨까지 위협받을 수 있음을 뼈아프게 일깨웠다.

위험에 관한 소통이 부족할 때

"상당수 산재사고는 원청기업이 하청기업에 위험 정보를 제대로 전달해 주지 않아서 생기는 문제예요. 그냥 하청에다 관련 공정을 통째로 맡겨놓고 신경 안 쓰는 거죠. 반대로 하청 안전관리자가 위험 정보를 하청 작업자에게 제대로 넘겨주지 않는 문제도 있고요."
-김훈 위험관리소장, 기자와의 대화에서

한때 휴대용 라디오 '워크맨'으로 시장을 선도했던 일본의 전자제품 기업 '소니'는 2000년 들어 애플의 아이팟 등에 밀리며 몰락의 길을 걸었다. 부서끼리 제대로 소통하지 않고 담을 쌓는 조직 문화를 일컫는 '사일로 효과'(부서 이기주의)가 유독 심했던 탓이다. 소니의 부서들은 서로 교류가 잘 되지 않았고 꼭 필요한 정보마저 공유하지 않을 때도 많았다. 부서 간 소통의 장벽은 그대로 소통의 부족이나 정보의 왜곡으로 이어졌다.

적확한 소통은 사무실 안에서 서류 작업을 할 때만 요구되는 덕목이 아니다. 생산 현장에도 적확한 소통이 아주 중요하다. 특히 생산 현장의 소통은 위험이 곳곳에 있고 소음 등으로 원활한 소통도 어렵기 때문에 더욱 신경 써야 할 것이 많다.

산재 사망사고 발생의 두 번째 원인은 위험에 관한 소통 부족이다. 제품마다, 공정마다 사고를 일으키는 요인이 다 다르다. 이 때문에 일하는 사람들끼리 각 공정의 산재 위험 요소와 작업 시 주의사항을 구체적으로 설명하거나 주고받아야 한다. 이를 게을리하면 일터가 '위험 소통'(위험에 관한 소통)의 공백에 놓이게 된다.

구조적 불통은 특히 원-하청의 수직적 계약 구조에서 자주 발생한다. 하청 노동자가 자신의 작업방식을 보다 안전하게 바꾸도록 원청과 조율하기 어려웠던 것처럼, 자신이 쓰는 설비에 대해서도 하청 노동자가 원청에 개선을 요구하기가 어려워서다. 일을 시키는 원청과 그 일을 수행하는 하청 노동자 사이의 소통이 구조적으로 막혀있는 셈이다. 그런 상태에서 원청기업은 비용 절감을, 하청기업은 재계약을 우선시할 때 관리자들은 하청 노동자에게 '참고 넘어가기'를 강요하는 경우가 많다.

2018년 발전 설비를 점검하던 태안화력발전 하청 노동자 김용균 씨가 컨베이어에 끼여 숨진 사고가 발생했다. 당시 김용균 씨의 주된 업무는 석탄을 옮기는 컨베이어의 고장 여부를 주기적으로 확인하고 점검하는 것이었다. 수백 개의 원통형 롤러가 빠르게 돌면서 롤러 위의 석탄을 밀어 옮기기 때문에 가까이 다가갔다간 자칫 롤러에 몸이 끼일 수 있다. 가벼운 물건을 옮기는 작은 롤러라면 손가락만 일부 다치고 말지만 발전소처럼 석탄을 옮기는 롤러는 매우 크고 아래로 도는 힘이 세기 때문에 몸이 끼면 그 즉시 사망할 위험이 크다.

김용균 씨의 일은 그런 컨베이어에 가까이 다가가 기계 내부를 점검하는 것이었다. 그는 컨베이어를 감싸는 문을 열고 그 안에 몸을 직접 집어넣어 소음을 확인했다. 또 고장 난 듯한 곳은 사진까지 찍어 윗선에 보고해야 했다. '위험 발생지'인 컨베이어로부터 노동자가 거리를 전혀 두지 못한 것이다. 사고 당일에도 그는 빠르게 도는 컨베이어 롤러를 가까이서 점검하다 신체가 끼어 목숨을 잃었다.

김용균 씨 소속 회사인 한국발전기술 쪽은 김용균 씨가 멀리서 육안으로 점검했어야 한다며 "고인이 시키지도 않은 일을 하다 사고를 당했다"고 주장했다. 그러나 사고 5개월 뒤 국무총리 훈령으로 꾸려진 조사위원회는 이런 주장이 사실과 다르다는 것을 확인했다. 우선 컨베이어 기계 구조 결함 때문에 김용균 씨가 직접 롤러 가까이에 몸을 집어넣지 않고는 점검을 제대로 하기 어려웠다. 김용균 씨가 점검하던 기계가 별도의 점검용 창문(점검구)을 두고는 있었으나, 점검구에서 보이는 지점이 실제 점검 위치가 아니었다. 김용균 씨가 점검해야 하는 부분은 점검구보다 안쪽에 있어서 그가 롤러 가까이 상체를 숙여야만 안쪽을 제대로 점검할 수 있었다. 기계의 설비 구조 결함으로 위험의 발생지와 노동자의 안전거리 확보가 안 된 것이다.

김용균 씨의 동료들은 사고가 있기 11개월 전인 2018년 1월 발전소 작업 환경 개선을 여러 차례 요구했다고 한다.[23] 김용균이 사고를 당한 바로 그 지점의 작업 개선 요구도 포함돼 있었다. 김용균의 동료들이 점검 방식의 위험성을 지적하며 "낙탄 점검 횟수를 줄이고 낙탄을 물로 씻어낼 수 있는 설비도 갖춰달라"고 요구했지만 이들의 요구는 받아들여지지 않았다.

위험을 가장 잘 아는 것은 현장 노동자들이다. 그런데도 그들의 요구가 잘 받아들여지지 않는 이유가 뭘까?

당장 눈에 띄는 원인은 돈이다. 노동자들이 작업 현장에 대한 개선을 요구하자 서부발전이 재정적 부담을 이유로 '다른 방법으로 고쳐주겠다'고 했다는 것이다.[24] 노동자들의 설비 개선 요구에 서부발전이 '네 돈으로 하라'거나 '돈 들어가는 것은 말하지 말라'고 했다는 주장도 나왔다.[25] 회사는 노동자들의 요구를 반영해 안전에 투자했다는 입장이다. 그러나 서부발전은 2018년 당기순이익이 적자로 전환하고 기관 평가에서도 C등급을 받는 등 경영 성적이 좋지 않았다. 적극적으로 안전 투자를 하기엔 재정 부담이 있었을 수 있다.

그러나 예산 부족보다 더 근본적인 문제는 서부발전(원청)과 한국발전기술(하청)이 애초 위험에 관한 정보 자체를 적극적으로 주고받지 않았다는 점이다.

“(원청한테서) 피드백이 안 와서 (하청업체가) 그동안 안 보냈다는 거야. 그런데 서부발전(원청)은 또 하청업체에서 너무 안 주니까 ‘개선할 점 없냐’ 하면 한 6개월 치를 준다는 거지. 서로 대화가 끊기는 것 같아요.”[26]

서부발전 하청 노동자가 원청과의 안전 관련 소통에 애로사항을 겪는다며 한 말이다. 하청업체는 ‘어차피 보내봤자 원청 피드백이 없다’며 노동자들의 요구사항을 서랍에 잠재우고, 원청 관리자는 경영진 정기 보고 등 필요할 때만 요식행위 격으로 달라고 한다는 설명이다. 이렇게 되면 위험에 관한 정보 교환도 형식적으로만 이뤄질 가능성이 크다.

위험관리연구소의 김훈 소장은 이를 ‘위험 정보의 공유 실패’라고 진단한다. 원청과 하청은 각각 위험에 대해 가진 정보가 다르다. 김용균 씨 사고를 예로 들면 공장 설비에 내재한 위험, 즉 ‘컨베이어가 회전하는 구간은 위험하니 몸을 집어넣으면 안 된다’는 정보는 원청이 하청보다 더 잘 파악하고 있다. 반면 설비를 실제 사용할 때의 위험, 즉 ‘설비의 점검구와 실제 점검 위치가 달라 몸을 집어넣을 수밖에 없다’는 정보는 하청업체가 더 잘 안다. 원청이 가진 설비 위험 정보를 하청에 폭넓게 공유하고, 하청은 공정 위험 정보를 폭넓게 원청에 공유해야 상호 보완이 가능하다. 만약 두 정보가 적시에 공유됐다면 작업방식을 바꾸거나 설비를 개선하는 식으로 사고 위험을 미리 제거할 수 있었을 것이다.

대규모 산재사고가 발생한 현장을 찾아가 보면 노동자들이 '이미 위험 경고를 했다'고 주장하는 경우가 있다. 사측은 예측이 도저히 불가능한, 자연재해와 다름없는 사고라고 주장하는데 노동자들을 만나보면 '진작부터 위험 신호가 있었었다'는 것이다. 현장에서 산재 경고음이 여러 번 울렸는데도 조직 대처가 미흡했던 이유는 대부분 소통 미흡 문제였다.

현재도 원청 노조와 사측이 안전에 관해 소통하는 법적 기구인 산업안전보건위원회(산보위)가 있기는 하다. 그러나 하청 노사를 제외한 채 원청 노사만 논의한다는 한계가 있다. 실질적으로 위험을 경험할 가능성은 원청 노동자보다 하청 노동자가 더 큰데 정작 하청 노동자의 의사결정 참여가 어려운 것이다.

제한적이나마 원-하청이 함께 안전에 대해 논의할 수 있는 '안전·보건에 관한 노사협의체'(건설업 및 토목공사의 경우 '노사협의체')라는 소통기구도 있다. 다만 이 역시 하청 노동자는 참여할 수 없고 하청 사측과 원청 사측끼리만 대화할 수 있다. 앞서 짚었듯 하청 사측은 현장에서 일하는 사람이 아니어서 노동 환경이 더 안전해진들 노동자만큼 변화를 체감하진 못한다. 또 원청 사측에 경제적으로 종속돼 있어 안전에 관한 요구사항을 전달하는 데도 소극적이다. 현장에서 직접 일하며 위험을 몸소 겪은 하청 노조가 협의체에 참여하는 것이 가장 좋은 방법이나, 법적 의무도 아닌 하청 노조의 참여를 보장하는 기업은 드물다.

원-하청의
막혀버린 소통

"공정 기간이 넉넉할 때는 (혼재작업 금지) 철저히 시키거든요. 점점점점 개판으로 변하는 거예요. 쪼는 거죠. 빨리빨리 하라고."

-《나, 조선소 노동자》 중 김오성(가명) 구술 내용[27]

기업 간 소통의 부재는 같은 장소에서 여러 작업을 동시에 진행하는 '혼재작업'일 때 더욱 도드라진다. 한 기업이 홀로 한 가지만 작업할 때는 사소했던 위험이 두 가지 이상의 작업을 하는 순간 크게 증폭된다. 업체들이 각자 맡은 일에만 몰두하느라 위험을 제대로 신경 쓰지 못하고 두 업체의 소통을 전담할 사람도 따로 두지 않는 경우가 많아서다. 주로 공사기한이 촉박해 무리하게 속도전을 할 때 제대로 된 안전조치도 없이 혼재작업을 맡기는 경우가 많다.

2000년대 초반까지만 해도 급식실이 없는 학교의 학생들은 급식 카트를 직접 반으로 끌고 가서 점심을 먹곤 했다. 음식이 가득 담긴 카트를 밀면서 시야가 좁은 복도를 걷다 보면 다른 반 카트를 제대로 못 보거나 뒤늦게 발견하는 경우가 많았다. 사고를 예방하려면 학교에서 반별 카트 이동 시간대와 동선을 미리 파악해 순서를 정하고 현장 상황을 수시로 소통했어야 하지만,

그런 번거로운 일을 하는 학교는 없었다. 결국 카트끼리 부딪쳐 학생들이 다치거나 쏟아진 음식에 화상을 입는 등 안전사고가 잇따른 뒤에야 학교들은 교실 배식을 줄이고 급식실을 짓기 시작했다.

2017년 삼성중공업에서 발생한 크레인 충돌 사고도 크레인의 이동 동선과 충돌 예방에 대해 세심한 소통이 없어 발생한 사고다. 당번 학생이 크레인 기사로, 급식 카트가 대형 크레인으로 바뀌었을 뿐 한 공간에서 작업하며 잠재적 위험을 서로 소통하지 못했다는 점은 같다.

2017년 5월 1일 삼성중공업 거제조선소 해양플랜트 건조 현장에서 골리앗 크레인이 작업을 하러 이동하던 중 멈춰있던 지브 크레인에 강하게 부딪혔다. 그 충격으로 지브 크레인 일부가 뜯겨져 50미터 아래 바닥으로 추락했다. 마침 쉬는 시간이어서 크레인 바로 아래 화장실로 모여들었던 하청 노동자들이 크레인에 깔려 숨졌다. 노동자 6명이 죽고 25명이 다쳤으며 7명이 외상후스트레스장애 진단을 받은 대규모 참사다.

이 사고는 두 크레인의 경로가 정면으로 겹치는 상황에서, 맞은편에서 다가오던 골리앗 크레인과 멈춰서 작업하던 지브 크레인의 신호가 서로 맞지 않아 발생했다. 골리앗 크레인이 지브 크레인에 무전을 쳐 '곧 지나갈 테니 비켜달라'고 했으나 공사 현장 내 휴지통을 비우던 지브 크레인은 '딱 한 통만 더 비우고' 비켜주기로 한다. 쉬는 시간이 곧 시작되니 그 전에 가급적 목표 작업량을 마무리하려 한 것이다. 지브 크레인이 보기에 휴지통은 아주 잠깐이면 비울 수 있었으므로, 그만큼의 시간은 있을 것이라 오판했다. 그 사이 골리앗 크레인은 지브 크레인 붐이 내려갔는지 확인하지 않은 채 그대로 이동했다. 결국 멈춰있던 지브 크레인과 정면으로 부딪치고 말았다.

당시 두 크레인이 소통에 실패한 원인은 여러 가지였다. 현장 직원들의 진술을 풍부하게 담고 있는 2심 판결문을 토대로 살펴보면, 우선 크레인 간 연락망이 부실했다.[28] 골리앗 크레인 신호수-지브 크레인 운전수끼리만 무전기 소통이 가능했고 신호수-신호수, 운전수-운전수끼리는 무전기가 지원되지 않았다. 그 결과 코앞에 다가온 골리앗 크레인을 지브 크레인 신호수가 목격하고도 무전을 못 해 발만 동동 굴렀다. 당시 골리앗 크레인 운전자와 신호수는 삼성중공업 정규직 노동자였고 지브 크레인 운전자와 신호수는 하청 노동자였는데, 원-하청 노동자끼리 소통할 수단이 제대로 보장되지 않은 것이다.

골리앗 크레인 작업팀은 평소에도 미리 정한 일정을 따르기보다 그때그때 필요에 따라 작업 일정을 변경했다. 사고 당일에도 예정된 엘리베이터 운반 작업 시각은 오후 5시였으나 실제로는 오후 2시 42분에 무전으로 작업 개시를 통보했다. 그러더라도 지브 크레인 쪽 하청 노동자들은 골리앗 크레인 쪽 정규직 노동자들의 작업 일정에 맞출 수밖에 없었다. 각 작업의 팀들끼리 소통할 수단도 빈약한데 작업을 예측하기도 힘들었던 셈이다.

같은 공간에서 두 개 이상의 작업팀이 일하는 혼재작업의 경우, 두 작업이 서로 영향을 주지 않도록 작업을 총체적으로 감독하고 이해관계를 조율할 주체가 필요하다. 각 팀은 다른 팀이 하는 일을 따로 확인하거나 구체적으로 소통하지 않고 각자의 일에만 몰두하기 때문이다. 이 사고도 동시에 진행되는 두 작업을 조율하는 '총괄 신호수'가 있었다면 사고를 예방할 수 있었을 것이다. 그러나 이런 역할을 하는 이가 없었고 안전관리자마저 다른 일을 하느라 현장을 이탈해 있었다. 특히 조선소처럼 하청 노동자가 대다수를 차지하는 현장에선 서로 소속이 다르고 연락할 창구도 없어 소통이 사실상 단절되는 경우가 많다.

조용한 카페에서 친구와 도란도란 나누는 것 같은 대화는 제조업 일터에서는 거의 불가능하다. 소음이 많고 일이 바쁘게 돌아가며 서로 다른 업체에 소속된 노동자들이 한데 뒤섞여 일하고 있어 소통이 더 어렵다. 팀 간 소통을 전담하는 관리자를 두거나 무전기, 수신호 등 소통 장치를 늘리려는 노력을 하지 않으면 개별 노동자들 입장에서는 각자의 일에만 몰두하는 편이 더 쉬운 선택지다.

삼성중공업 사고의 경우 공사기한이 촉박해지며 현장이 사실상 안전 무법지대가 된 영향도 컸다. 사고가 발생한 마틴링게 프로세스 모듈은 2017년 6월 13일까지 완성해 노르웨이 고객사에 납품해야 했는데, 납품을 한 달 반가량 앞둔 2017년 5월 초 공정률이 약 93퍼센트로 납품 시기를 맞추기가 아슬아슬했다.[29] 원칙상 허용되지 않던 혼재작업이 여기저기 펼쳐지고 소속 업체를 알 수 없는 일용직 노동자들이 대거 투입된 것도 이 시기였다.

두 크레인이 충돌한 사고 현장 아래에 노동자들이 대거 모여 있었던 점도 짚어볼 필요가 있다. 안전수칙상 크레인 아래에는 사람이 머무르는 것은 물론 잠깐 출입해서도 안 된다. 물건이 낙하하거나 크레인이 무너지면 그 아래 있던 사람이 크게 다칠 위험이 있어서다. 그러나 삼성중공업 사고 현장을 보면 크레인이 오가는 반경 안에 아예 휴게공간이 만들어져 있었다. 사고 당시 휴게공간에 있던 노동자들은 대형 크레인이 자신들 쪽으로 움직이고 있다는 사실도 전해 듣지 못했다.

법원은 이 사고에 대해 어떤 결론을 냈을까. 처음엔 노동자들의 황당한 실수 정도로 결론 나는 듯했다. 사고 직후 삼성중공업 쪽은 "두 대의 크레인이 움직이려면 신호수와 운전수가 서로 신호를 잘 주고받아야 하는데 소통에 혼선이 있었다"고 설명했다. 1심 재판부도 크레인 운전자 등에게만 금고형을 선고하고 삼성중공업 안전관리자와 거제조선소장 등 원청 책임자 4명에겐 무죄를 선고했다. 언론도 이를 사실상 '노동자 과실에 의한 사고'라고 받아들였다.[30]

그러나 2심 재판부가 삼성중공업 책임자들을 유죄로 판단하고 대법원도 '삼성중공업 법인은 유죄'라는 취지로 파기환송하며 위험을 방치한 회사 쪽 책임이 드러났다.[31] 삼성중공업이

△2007년~2017년 10년간 7건이나 크레인 충돌 사고가 났음에도 예방 대책을 내지 않았고 △2016년 지브 크레인 설치 때도 골리앗 크레인과의 충돌 위험이 거론됐으나 설치를 강행했으며 △사고 두 달 전인 2017년 3월에도 크레인 충돌 사고가 발생했는데 대책을 마련하지 않았다는 것이다. "그곳에서 일하는 사람들은 다 알고 있었다"던 크레인 충돌 위험을 회사는 작업 효율과 대체 수단 부족 등의 이유로 그저 방치하고 있었던 것이다.

2020년 발생한 이천 물류창고 화재 사고 역시 이와 유사하게 혼재작업의 위험성을 보여주는 사고다. 당시 냉동창고 건물 지하 2층의 한쪽에서는 불꽃이 튀는 엘리베이터 설치 공사를 하고 있었는데 다른 한쪽에서는 화재를 일으키기 쉬운 '우레탄폼' 작업을 하고 있었다. 같은 공간에서 한쪽은 불이 나기 쉬운 작업을 하는데 다른 한쪽은 불이 잘 붙는 작업을 동시에 진행한 셈이다. 이는 결국 대형 화재 사고로 이어졌고 38명의 노동자가 숨졌다.

이 사고 역시 '작업 속도전'이 혼재작업의 원인이 됐다. 발주처인 한익스프레스는 공정률이 85퍼센트 수준에서 공사 일정을 한 달이나 더 앞당겨 달라고 재촉했고 시공사는 이를 맞추기 위해 여러 업체를 동시에 투입했다. 그 결과 혼재작업에 따른 사고를 막을 수 없었다.

불법파견 걸릴라…
'무전기 따로 쓰기'

노동 관련 기사에 관심이 있다면 2017년 파리바게뜨 제빵기사들이 '불법파견'됐다는 기사를 본 일이 있을 것이다. 그 당시 제빵기사들은 파리바게뜨를 위해 일했지만 소속은 제각기 다른 하청업체였는데, 평소 그들이 세세하게 지시받는 수준을 보면 파리바게뜨가 하청업체에 맡길 것이 아니라 직고용해야 했다. 노동부가 이들을 정식으로 조사해 불법파견으로 결론 내리자 제빵기사들은 논란 끝에 파리크라상(파리바게뜨 운영사)의 자회사에 고용됐다.

'불법파견'은 파견근로자 보호 등에 관한 법률(파견법)에 정해진 업종이 아닌데도 노동자를 파견받아 사용하는 행위를 일컫는다. 기업이 직접 고용해야 할 인원까지 비용 절감 목적으로 무분별하게 파견받지 않도록 파견법으로 규제하는 것이다. 제조업은 대표적인 파견 금지 업종이다. 현대자동차, 포스코 등이 대법원에서 불법파견 사실을 최종적으로 인정 받았다.

원-하청 소통 이야기를 하다가 갑자기 불법파견을 꺼낸 이유는 원청기업들이 불법파견을 이유로 하청 노동자의 안전관리를 부러 회피하는 경우가 적지 않아서다.

하청 노동자들의 불법파견 소송이 제철과 자동차 업계를 휩쓴 2010년 이후, 원청기업들은 불법파견 시비를 피하고자 하청 노동자들과 '표나게' 거리를 두는 방식을 택했다. 법원은 불법파견을 판단하는 주된 기준으로 '원청이 하청 노동자에게 상시로 업무 지시를 하는지' '원청이 하청 노동자의 작업을 지휘감독하는지' 등을 본다. 이 때문에 많은 기업이 위법 시비를 피하고자 아예 소통 창구와 체계 자체를 하청과 분리하기 시작했다. 원청이 안전을 포함한 하청의 생산활동 일체에 간섭하지 않다 보니 산재 예방에 필요한 위험 정보도 자연스레 빠지곤 했다.

2020년 7월 삼표시멘트 삼척공장에서 일하던 하청 노동자 1명이 컨베이어 용접 준비를 하던 도중 기계가 작동하면서 숨지는 사고가 있었다. 원칙적으론 용접 도중 기계가 작동해선 안 되지만 제어실 안에 있던 다른 직원은 용접 사실을 안내받지 못해 그대로 기계를 돌려버렸다. 기계 위에서 작업 준비를 하던 노동자는 갑자기 가동된 기계에 끼여 12미터 아래로 추락했다. 사고 당시 그는 무전기도 받지 못한 탓에, 기계가 가동될 거라는 이야기도 듣지 못했다.[32]

노조(민주노총 강원지역본부 삼표시멘트지부)에 따르면 시멘트 공장에 출입하는 청소노동자나 용접공은 사고 뒤에도 여전히 무전기 없이 일한다. 가끔 비정규직에게 지급하는 무전기도 원청 노동자가 쓰는 것과는 채널이 다르다. 노조는 그 이유가 불법파견 시비와 관련이 있다고 본다.

"설비를 담당하는 비정규직에게 무전기를 간혹 주기도 한다. 하지만 '원청은 1번, 하청은 2번' 식으로 각자 쓰는 무전기 채널이 다르다. 불법파견 시비 때문에 일부러 떨어뜨려 놓은 건데, 그러다 보니 일은 같이하는데 무전 교신은 서로 안 된다." 노조의 설명이다.[33]

이 말은 삼표시멘트 정규직 노동자와 비정규직 노동자가 쓰는 무전 채널이 서로 달랐다는 뜻이다. 가령 정규직 노동자는 1번 무전을, 비정규직 노동자는 2번 무전을 이용해서만 소통하는 식이다. 이렇게 되면 2번 무전을 1번 무전으로 전달하기 위해 둘 사이를 잇는 매개자를 수시로 둬야 하는데 실제로는 그렇게 되기가 매우 어렵다.

삼표시멘트 쪽도 언론보도에서 노조 쪽 주장을 부인하지 않았다.[34] "협력사를 포함한 모든 작업자가 같은 채널을 사용할 경우 긴급한 상황에서 무전 불량이나 혼선으로 사고를 유발할 수 있고 불법 업무 지시의 우려도 있을 수 있다. (대신) 비상 연락처 등 연락 체계를 지속해서 점검하고 있다." 삼표시멘트 관계자의 말이다.

이런 관행은 단순히 원청이 하청과의 소통에 무감각한 정도가 아니라 일부러 거리를 두는 것처럼 비친다. 제조 기업들이 불법파견으로 소송을 당하는 일이 많다 보니 위법 시비에 대비하고자 관리 감독 체계를 하청과 분리하고 하청 노동자의 안전에 손을 떼기로 한 것이다.

정부가 이런 편법을 막기 위해 일찌감치 당근과 채찍을 제안했다. 노동부는 2012년 '원청기업의 하청 노동자 안전보건관리는 불법파견에 해당하지 않는다'는 행정해석을 냈다. 하청 노동자 안전을 위해 원청이 개입하는 것은 불법파견 시비에서 면책된다고 밝힌 것이다. 2020년 개정된 산업안전보건법도 하청 노동자든 특수고용직 노동자든 자사 현장을 출입하는 노동자라면 누구나 원청이 보호해야 한다는 의무를 명시하고 있다. 그런데도 형식적인 빌미조차 주지 않기 위해 노동자 안전을 희생시키는 쪽을 택하는 기업들이 많다.

"개정된 산업안전보건법이 시행된 지 1년이 지났는데 여전히 도급인의 안전조치 의무를 잘 몰라서 이행하지 않는 기업들이 많고요. 알면서도 불법파견 시비를 이유로 하지 않는 경우도 있습니다." 산재사건을 다뤄온 손익찬 일과사람 변호사의 말이다.[35]

사업주에게서 적극적인 하청 관리를 이끌어내려면 원칙론만을 강조해선 안 된다고 주장하는 이들도 있다. 하청 노동자 안전관리가 원청기업의 법적 의무임을 안내하는 한편, 원청이 하청 노동자를 구체적으로 어떻게 안전관리해야 하는지 보다 자세히 안내할 필요가 있다는 것이다. 만약 노동부가 '원-하청업체 간 무전기 채널을 통합하라'거나 '하청 노동자와 소통하는 전담 담당자를 따로 두라'는 식의 예시를 구체적으로 제시하고 권고한다면 불법파견을 핑계 삼아 하청 노동자의 안전을 방치하는 관행이 한결 줄어들 수 있다.

제철공장에서 떠나보낸 동료

그와는 다른 일로 만난 사이였다. 그러니까 산재가 아니라 노조 활동에 대해 들으려고 만난 사람이었다는 뜻이다. 노조에 대한 기업의 손해배상 소송이 한참 여론을 떠들썩하게 했던 2022년 10월, 충남 당진의 현대제철 하청 노조 사무실에서 제철공장 하청 노동자인 M을 만났다.

M이 3시간이 넘는 인터뷰 동안 얼마나 조리 있게 하청 노조의 필요성과 의미에 대해 설명하는지 나는 깜짝 놀라버렸다. 미리 원고를 써 온 건 아닐까, 너무 반듯하게만 말하면 기사가 재미없어지는데. 그런 시답잖은 생각을 하며 그의 열성적인 노조론 강의를 듣던 차였다.

우리의 이야기가 갑자기 끊긴 건 그가 동료의 죽음에 관한 이야기를 꺼냈을 때다. 하청 노조 조합원인 그는 공장에서 하청 노동자로서 임금과 복지뿐만 아니라 일터 안전에 관해서도 차별이 만연했다고 이야기하고 있었다.

"원청 노동자들한텐 매일 주는 마스크를 우리한텐 일주일에 한두 개 주고 빨아 쓰라고 하고요. 일하다 위험한 일이 생겨도 건의하면 들어주질 않아요. 아무리 말해도요. 그러다가 결국은 사고가 나는 거예요. 제 동료도 그렇게 해서 산재로 잃었고요."

거기까지 듣고 나는 받아쓰기를 멈추었고 M도 말을 멈추었다. 우리 사이엔 잠시 정적이 흘렀다. 어떤 말로 그를 위로해야 할지 몰랐다. M은 감정을 다스리는 듯 손바닥을 마주 비볐다. 그리곤 아까처럼 조리 있게 말을 이으려다 결국은 왈칵 울었다. 아나운서처럼 또박또박 확신에 차서 말하던 그가 순식간에 표정을 허물고 눈물을 쏟아내던 모습을 잊을 수 없다. M은 한참 동안 감정을 추스른 뒤에야 다시 이야기를 이어갈 수 있었다. 그 침묵 속에서 내가 할 수 있는 것은 아무것도 없었다.

어제까지 함께 밥 먹던 동료가 함께 일하던 공간에서 사고로 죽음을 맞이한다. 그 동료가 떠난 자리에서 아무것도 바뀌지 않은 채 다시 일을 시작한다. 그 무력감과 분노, 슬픔, 두려움을 어떻게 말로 다 할 수 있을까. 오랜 인터뷰 뒤에 내 머릿속에 오래 남은 것은 그의 눈물이었다.

원청도 하청도 소속되지 않은 이들

"주차장에 차를 대면 경사 때문에 물건이 굴러떨어져 위험하다고 몇 번이나 회사 쪽에 얘기를 했거든요. 그런데도 바뀌는 것이 별로 없었어요."

-화물차 기사 고 장창우 씨 사고와 관련해 동료들과 나눈 대화

이제까지 하청 노동자가 위험 소통에서 어떻게 소외되는지 살펴봤다. 그렇다면 원청도, 하청도 속하지 않은, 소위 '프리랜서'(특수고용직) 노동자는 어떨까? 이들은 위험 관련 소통에서 구조적으로 가장 배제되기 쉬운 노동자 집단이다. 건설공사장에 시멘트를 실어 나르는 덤프트럭 기사나 정해진 작업만 수행하는 굴착기 기사 등이 특수고용직 노동자들이다. 하청 노동자들은 그나마 '아침 조회'라 불리는, 공정 위험 정보를 전달하는 툴박스미팅TBM이라도 참석하지만 프리랜서 노동자들은 그마저도 참석하지 않는다. 오직 필요한 작업만을 완수하고 자리를 뜰 뿐이다. 이들에겐 위험 정보를 사전에 안내하는 사람도, 이들이 기업에 제도적으로 위험 정보를 전달할 창구도 없다.

2021년 5월 26일 세종시의 휴지 제조 공장 '쌍용씨앤비'에서 발생한 화물차 기사 사고는 프리랜서 노동자들이 어떻게 노동안전의 사각지대에 놓이는지를 단적으로 보여 준다. 화물차 기사 장창우(52) 씨는 그날 아침 휴지의 재료가 되는 파지(폐기를 위해 잘게 자른 종이 묶음)를 싣고 9시 15분께 쌍용씨앤비 공장에 도착했다. 화물을 내리는 것은 그의 일이 아니었지만 고객사의 요구로 화물을 내리는 일이 종종 있었다. 그날도 화물차 안에 있는 파지를 내리려는데 300킬로그램 무게의 파지가 그를 덮쳤다. 화물차 주차장이 아래로 30도가량 경사져 있어 컨테이너를 열자 안에 있던 파지가 굴러떨어진 것이다. 그는 9시 43분께 병원으로 옮겨졌으나 이튿날 끝내 숨을 거뒀다.

창우 씨의 동료는 사고 이전에도 물건이 떨어지는 위험을 겪고서 '주차장 안쪽에 차를 대지 않게 해 달라'고 여러 차례 요구했다고 한다.[36] 그런데 쌍용씨앤비 쪽은 "그런 요구사항을 한 번도 전달받은 적이 없다"고 해명했다. 창우 씨를 비롯한 여러 화물차 기사가 소속 회사를 통해, 또 원청 직원들에게 요구사항을 전달했는데도 그것이 회사 차원에서 체계적으로 인지되지 않았다는 것이다. 물론 처벌을 피하기 위한 거짓 해명일 수도 있지만, 프리랜서 노동자의 요구사항을 윗선에 전달하는 창구 자체가 없었을 가능성도 크다.

화물기사들이 제기한 건의 사항은 받아들여지지 않았지만 정작 원칙을 벗어난 지시는 관행처럼 누적됐다. 화물기사의 의무는 화물을 전달하는 것까지이고 화물을 하역(화물을 내려놓는 일)할 의무는 없다. 그러나 창우 씨처럼 고객사가 요구하면 화물 하역까지 하는 경우가 많다. 화물기사에게 일감을 주는 업체들이 고객사 항의를 받으면 화물기사들에게 일감을 배분하지 않을 수 있어서다. 위험성에 대한 아무런 검토 없이 즉석에서 시키는 일들이 사고로 이어질 가능성이 크다는 것은 앞서 이선호 씨 사고에서도 드러난 바 있다.

창우 씨 사고는 사측이 현장을 훼손하고 곧바로 업무에 착수한 것으로도 문제가 됐다. 창우 씨가 병원으로 떠나고 약 30분이 흐른 10시 15분께 회사가 사고 현장을 말끔히 치운 뒤 다른 기사를 시켜 마저 일하도록 지시하는 장면이 민주노총 화물연

대가 확보한 사고 당일 CCTV 영상에 고스란히 담긴 것이다. 쌍용씨앤비 쪽은 추후 이런 사실이 문제가 되자 "근로감독관의 승인을 받았다"고 주장했는데 근로감독관은 "그런 지시를 한 사실이 없다"고 부인했다.[37] 산업안전보건법에 따르면 중대재해 발생 현장을 훼손한 자는 1년 이하의 징역 또는 1000만 원 이하의 벌금에 처해질 수 있다.

이 사고는 어떤 법의 판단을 받았을까. 놀랍게도 이 사건은 수사 자체가 되지 않았다. 산업안전보건법은 근로기준법 적용을 받는 노동자와 '특수고용직 노동자'(특수형태근로 종사자) 일부 직종만 선별적으로 보호하는데, 장창우 씨와 같은 화물기사는 사고 당시 법이 보호하는 집단에 포함되지 않았던 것이다. 화물기사가 산업안전보건법의 보호를 받게 된 것은 2021년 11월 산업안전보건법 시행령이 바뀌면서다. 창우 씨는 법이 바뀌기 6개월 전인 2021년 5월에 숨졌기 때문에 수사 자체가 진행되지 않았다.

일터에서 사람이 죽었는데 수사가 아예 이뤄지지 않는 경우는 흔치 않다. 산업안전보건법 위반 치사죄는 피해자와 합의했다고 해서 형사처벌을 면할 수 있는 죄가 아니기 때문이다. 산재 사망사고가 발생하면 유족 합의와 무관하게 노동부 감독관이 바로 수사를 개시한다. 또한 사망사고는 부상처럼 회사가 주도적으로 은폐하기도 어려워 대체로 감독기관의 수사망에 걸린다. 수사가 부실하다거나 유가족 기대에 못 미칠 순 있지만 노동자의 죽음 자체가 수사의 대상이 되지 못하는 경우는 드물다. 구의역 김군도, 서부발전 하청 노동자 김용균 씨도 모두 누군가에게 고용된 '노동자'였기에 최소한의 수사를 받았다.

그러나 장창우 씨 죽음의 경우 법이 보호하기로 한 노동자 집단에 포함되지 않았다는 이유로 수사조차 되지 못했다. 그의 죽음에 회사가 어떤 책임이 있으며 어떤 조처를 했으면 사고가 나지 않을 수 있었는지 아무도 들여다보지 않았다. 회사가 노동자의 건의 사항을 무시한 사실과 현장을 훼손한 행위에 대한 사법적 책임도 묻지 않았다.

돈과 시간이 부족할 때

"연말에 딱 결승선에 도달해서 보면 남는 건 결국 숫자, 그러니까 영업이익 얼마다 이거만 남거든요. 그러니까 실무자 입장에선 하나라도 덜 쓰는 수밖에 없어요. 안전시설 투자가 필요한 건 알아도 미리 책정된 산업안전관리비 예산을 넘겨야 하면 아무래도 좀 꺼리게 되죠. 저도 안전관리자로서 각 현장소장들에게 '자유롭게 더 쓰라'고 안내하긴 하지만 나중에 심하게 초과돼서 문제가 되면 그것까지 막아줄 수는 없거든요. 현장에선 다들 그런 걸 아시니까 덜 쓰려고 하시는 것 같아요."

-건설업 안전관리자 남선호 씨, 기자와의 대화에서

매년 평균적으로 노동자가 다섯 명씩 죽어 나가는 건설사가 있다. 2011년~2020년 10년간 현장 노동자가 57명 사망한 대우건설이다. 2019년엔 7명이 업무상 재해로 숨져 민주노총이 매년 선정하는 '최악의 살인기업'에 1위로 이름을 올리기도 했다. 이 기업의 안전보건 관련 예산은 2018년 14억 3000만 원(실 사용액 기준)에서 2019년 9억 7000만 원, 2020년 5억 3000만 원으로 대폭 줄었다.[38] 사고가 잦던 기간에 오히려 안전관리 예산이 3분의 1토막이 난 것이다. 그마저도 각 공사 현장에 하달된 안전관리비를 본사 품질안전실이 운영비 등 다른 목적으로 쓴 경우도 있었다.

산재 사망사고를 취재하다 보면 사고가 발생한 장소나 공정의 위험성에 대해 이전에도 문제를 제기한 경우가 적지 않다. 이런 문제 제기가 받아들여지지 않는 이유는 대부분 '예산 부족'이다. '안전에 배정된 예산이 부족해 노동자 요구를 다 들어줄 수 없다'는 것이다.

하지만 산재사고는 적자 기업뿐만 아니라 흑자 기업에서도 발생한다. 대우건설도 2018~2020년 내내 흑자를 유지했다. 그런데도 안전 예산은 도리어 부족하게 잡는 이유가 뭘까? 생산활동을 하는 데 드는 자재 구매 비용 등은 아낌없이 쓰면서 현장이 위험하다는 노동자들의 건의 사항을 해결하는 데는 왜 돈을 쓰지 않을까?

우선 우리 사회가 애초 안전에 배분하는 돈의 기준이 낮다. 다단계 하도급 특성상 발주자가 주는 산업안전관리비의 하한선이 법으로 정해져 있는 건설업을 예시로 보면, 법정 산업안전보건관리비(안전관리에 써야 하는 최소한의 비용)는 50억 이상 공사 현장의 경우 공사액의 1.97퍼센트 수준이다. 건물 하나를 올릴 때 들이는 돈이 50억 원인데 산업안전에 들이는 비용은 1억 원에도 못 미친다는 말이다. 발주처는 법이 정하는 산업안전관리비만큼만 시공사 공사금액에 반영하므로, 법정 산업안전관리비가 작으면 시공사가 공사를 진행하며 쓰는 안전 예산도 적을 수밖에 없다.

"500억 원 규모 현장에 법정 안전관리비가 1.97퍼센트면 약 7억 5000만 원[39] 정도 되거든요? 이걸로 30개월 계약직 안전관리자 월급 1억 5000만 원 주고 현장 순찰하는 업무 보조원이랑 시설 점검원한테 다달이 350만 원, 400만 원씩 준단 말이에요. 그럼 벌써 인건비만 4억 가까이 돼요. 그러고 안전모 등 보호구랑 추락방지망 등 기초 시설 구비하는 데 2~3억 원 들죠, 거기다 설비 고장 나면 보수하는 비용만 책정해도 안전관리비 120퍼센트는 금방 넘겨요. 여기서 뭘 해 달라 한들 되겠어요? 50억 미만 사업장 이런 덴 예산이 대략 8000만 원 수준인데 그런 덴 (안전관리) 인원 채용도 못 해요." 건설사 안전관리자로 일하는 남선호 씨의 지적이다.

법은 사업주가 지켜야 할 최소한의 의무이자 그 사회가 공유하는 인식이다. 그런데 산재 사망사고가 많이 발생하는 건설업도 법적 기준이 이렇게 낮으니, 건설업이 아닌 다른 업종은 안전 예산을 넉넉히 잡을 가능성이 더 작다. 제조업만 해도 법이

정하는 산업안전관리비 예산 기준이 따로 없다. 2021년 평택항 이선호 씨 사망사고의 경우 원청인 동방도 전년도 안전보건투자예산이 연간 매출액의 0.04퍼센트 수준에 그쳤다.

게다가 안전 비용은 '투자 대비 효율'이 낮다는 인식도 널리 퍼져있다. 예산을 들이는 대로 당장 효과가 눈에 보인다면 예산을 얼마든지 더 늘릴 수 있다. 그러나 안전은 그 특성상 돈을 투입한다고 바로 효과가 드러나지 않는다. 노동자들 요구로 추락방지망을 잔뜩 설치했는데 그다음 날 바로 사고가 날 수 있다. 안전관리란 한두 가지 시설 투자로 안전사고의 원천적 봉쇄를 기대하는 것이 아니라 지속적으로 사업장의 위험 요소를 발굴하고 개선하면서 가능한 사고의 위험을 최소화하는 과정이기 때문이다. 이 때문에 외국에선 안전관리를 일컬어 '안전으로 가는 긴 여정'(The long journey to safety)이라고 부르기도 한다. 이런 안전관리 실무의 특징을 회사가 이해하지 못하면 설비 투자에 대한 단기적이고 명확한 성과, 즉 즉각적인 재해 감축을 실무자에게 요구하고 이를 달성하지 못하면 무능한 사람으로 취급할 수 있다.

"사고라는 게 비용을 투자해서 예방한 만큼 결과가 곧바로 나오면 얼마든지 하죠. 근데 그게 아니니까 담당자 입장에서는 당장 들인 비용이 더 커 보이는 거예요."(남선호 씨)

반면 사고가 난 뒤에 드는 비용은 예측할 수 있다. 형사사건에서 법인 피고의 초범 벌금형은 통상 500만 원 전후이고 산재 유가족에게 지급하는 합의금은 1억 원 수준이다. 사고 후에 드는 비용이 사고 전과 견줘 예측 가능할 뿐 아니라 웬만한 시설 투자 비용보다 싸기까지 하다. 재해 예방을 게을리하다 사고가 난 뒤에 사후 처리하는 방식은 도덕적 관점에서는 비윤리적이지만, 이윤의 관점으로는 아주 자연스러운 셈법이다.

안전관리부서 실무자들이 '안전 비용을 들여도 큰 변화가 없었다' 혹은 '안전한 환경을 위해 투자했는데 상사의 문책만 받았다'는 경험이 쌓이면 안전관리비 예산을 100퍼센트 집행하지 않는 관행이 생긴다. 앞서 예를 든 대우건설의 안전관리 예산도 2018년~2020년 동안 한 번도 편성 금액의 100퍼센트를 채우지 못했다. 노동부 기준에 따르면 산업안전관리비는 90퍼센트 이상만 집행하면 아무런 문제가 없다.[40] 당장 결과가 나오지 않더라도 안전에 대한 투자를 장기적으로 해 나가자는 윗선의 '독려'가 없다면 실무자는 자연스럽게 비용을 절감해 이익을 극대화하는 방식으로 성과를 내세우게 된다.

그나마 2022년 1월 27일 입법된 중대재해처벌법은 '재해 예방에 필요한 인원과 예산'을 수립하라는 의무를 경영책임자에게 부여했다. 이전에는 경영책임자가 안전 예산을 무작정 줄여도 제동을 걸 법적 근거가 없었는데, 중대재해처벌법이 생긴 뒤로는 안전 예산 절감으로 중대재해가 발생하면 사업주를 처벌할 수 있게 된 것이다. 물론 이 법도 사후적으로 사고가 난 뒤에 수사로 책임을 묻는 것이어서, 사고를 실질적으로 예방하고 사업주의 의무를 환기시키는 것은 여전히 중요하다. 중대재해처벌법의 의미와 한계에 대해서는 4부에서 보다 자세히 다룰 예정이다.

'안전관리 잘 된 사례'도 연구합시다

앞서 기업 조직에서 '안전 투자는 효과가 불분명하다'고 인식되는 배경을 설명했다. 설비 투자를 해도 효과가 있는지 확인하기 어렵고, 따라서 사고 예방을 위해 선제적 투자를 하기보다는 사고가 난 후에 사후 조치를 하는 편이 더 싸다고 판단한다는 것이다.

덴마크의 안전 공학자 에릭 홀나겔은 일찍이 기업의 계산법에 주목했다. 기업 경영진은 명확한 근거가 있어야 안전에 투자한다. 최근 공장에 끼임 사고가 잦으면 그때서야 끼임 재해 예방 설비 투자를 늘리는 식이다. 그런데 끼임 사고가 나지 않는 공장은 어떨까? '앞으로도 이런 무재해 상태를 유지하기 위해 투자를 하자'라고 생각할까? '별다른 조치 없이도 재해가 안 일어나는구나'라고 생각해 안전 투자 규모를 줄일 가능성이 높다.

홀나겔은 접근 방법을 뒤집어 '사고 상황 줄이기'보다 '사고 안 나는 상황 늘리기'에 중점을 둬 보자고 제안했다. 안전관리를 비용이 아닌 투자로 인식하려면 기업이 주목하는 사건의 종류부터 바꿔야 한다는 것이다.

홀나겔에 따르면, 안전관리를 비용으로 인식하는 구조에선 사고가 났을 때야 비로소 안전 예산의 쓸모를 인정받는다. 반대로 방지망을 설치했는데 추락 사고가 안 나면 어떨까? 언뜻 생각하기엔 '방지망을 설치한 덕에 사고가 예방됐다'고 생각할 것 같지만 실상은 그렇지 않다. 재해가 줄어든 이유가 반드시 방지망 설치 때문이라고 입증하기 어렵기 때문이다. 사고가 수년째 나지 않으면 기업 조직은 점차 추락 위험에 대한 긴장을 풀게 되고 추락을 예방해야 한다는 의무감도 옅어진다. 어떤 고위 관리자는 '추락 사고도 안 나는데 왜 여기다 비용을 집행하냐'고 지적하기도 할 것이다. 그런 논리로 안전 예산은 조금씩 줄어든다.

그런데 예산의 쓸모를 판단하는 기준이 재해 건수가 아니라 평균적 안전 수준이라면 어떨까? 추락 방지망을 설치한 뒤 추락 사고가 될 뻔한 위험 상황이 크게 줄었다면, 당장 재해가 나지 않더라도 안전 투자의 쓸모가 입증될 것이다. 또한 방지망을 설치했는데 사고가 났다면 그 역시 예산을 투입해 더 적극적으로 안전 수준을 끌어올리자고 말할 수 있을 것이다.

홀나겔은 기존의 사고 방식을 안전-1, 새로운 사고 방식을 안전-2라고 불렀다. 구체적으로 보면 안전-1의 질문은 주로 이런 것들이다. "재해를 막으려면 뭘 설치해야 될까요?" "재해 위험이 큰 공정의 작업 수칙을 어떻게 만들까요?" 이는 '재해 감축'에 초점을 맞춘 질문이다. 반면 안전-2는 재해에 국한하지 않고 일하는 방식 전반에 대해 질문한다. "당신이 일을 하는 최적의 방법은 뭔가요?" "갑자기 예상 못한 변수가 나오면 어떻게 대처하나요?"

홀나겔이 사고방식의 전환을 주장한 건 이론과 현실에 차이가 있기도 해서다. 안전수칙은 정적이지만 일은 동적으로 이뤄진다. 일상 작업엔 수많은 변수가 있어 작업 수칙을 기계적으로 적용하거나 안전장치를 쓰도록 강제하는 것만으론 대응이 충분치 않다. 차라리 예기치 못한 변수가 생겨도 탄력적으로 대응할 수 있는 체계를 갖추는 편이 낫다. 또한 이런 관점을 가지면 결과에만 치우치는 안전관리(재해 건수 줄이기)를 지양하고 과정을 중시하는 안전관리(평균적인 안전관리 수준을 높이기)로 전환할 수 있다.

빵 반죽 옮기는 기계가 가동 중에 갑자기 멈춰버려 반죽이 롤러 아래로 빠지는 일이 종종 발생한다고 생각해 보자. 노동자는 반사적으로 손을 뻗어 반죽을 구하려다 손을 다치고 말 것이다. 이때 기계를 자주 점검해 오작동 횟수를 줄이거나 '기계가 멈춰도 손을 뻗지 말라'고 노동자를 교육하는 것은 안전-1이다. 한편 공정을 잘 관찰해 위험이 덜한 작업방식을 고안하거나, 기계가 멈춰도 손을 뻗지 않고 반죽을 포기한 노동자를 '안전 우수 직원'으로 표창하는 것은 안전-2로 볼 수 있다.

물론 국내 기업들의 안전관리 수준을 고려하면 홀나겔의 제안은 다소 앞서간 것처럼 느껴질 수 있다. 많은 기업이 과거에 발생한 사고 자료를 체계적으로 모으는 등 재해를 분석하는 노력도 하지 않는다. 자기 일터의 고질적 위험 요소가 뭔지도 모르는, 말하자면 안전-1에도 미치지 못하는 기업들이 많다. 그런 기업들이 안전-1도 하지 않고 안전-2로 건너뛰면 '우리 현장은 안전하다'는 자기최면만 강화할 위험도 있다. 홀나겔도 안전-2는 안전-1과 함께 가야 하는 것이고 안전-1을 대체하자는 말이 아니라고 강조한다.

하지만 '어떻게 하면 재해를 줄일 수 있는가'라는 질문을 '어떻게 하면 안전한 일터를 만들 것인가'라는 질문으로 발전시키는 것은 장기적으로 필요하다고 생각된다. 재해 감축에만 초점을 맞추면 실무자들이 자칫 숫자 줄이기에만 몰두하기 쉬운데 안전성 확보에 초점을 맞추면 평상시 안전을 어떻게 관리할지 고민하는 단계로 나아갈 수 있어서다. 듀폰 등 안전관리를 잘하기로 유명한 외국 기업들은 재해 여부와 무관하게 평상시 안전관리를 강도 높게 한다고 알려져 있다. 먼지가 많은 작업장에 노동자들이 방진마스크를 안 쓰고 있으면 재해가 없어도 관리자가 문책받는다. 제조업의 대표적 안전관리 원칙인 'LOTO'(장비를 안 쓸 때 잠가놓고 그 사실을 대외적으로 알리는 원칙·로토)도 재해 발생과 무관하게 평상시에 얼마나 안전수칙이 잘 지켜지는지 감독한다. 재해 감축은 평소 안전관리가 얼마나 잘 됐느냐의 결과일 뿐 안전관리의 전체 과정까지 담보하는 것은 아니기 때문이다.

빨리 끝낼수록
이득이 되는 고용구조

"정석대로 하면 반장들이 가만있나? 자기네들은 빨리 이 작업 끝내서 아웃시켜야 돈을 버니까 정석대로 작업하는 사람들 보면 '야, 아웃!' 그래. 어떤 놈들은 뛰어다니는데 한 놈은 정석대로 하면 딱 비교가 되는 거지."

-《나, 조선소 노동자》 중 이정은(가명) 구술 내용[41]

한 조선소 노동자는 '산재를 부르는 속도전'을 이렇게 설명했다. '빨리 이 작업 끝내서 아웃시켜야' 돈을 번다는 그의 말은 기업의 이윤 추구가 작업 속도와 관련 있다는 말처럼 들린다. 이 말의 정확한 의미는 뭘까?

회사에서 일찍 퇴근하려면 주어진 일부터 빨리 끝내야 한다. 거기다 급여가 아주 짠 직장이라면? 그때부턴 작업속도가 퇴근이 아니라 생계를 좌우한다. 적정 생활비를 벌려면 빨리 일을 마친 뒤 다른 직장으로 '투잡'을 뛰러 가야 하기 때문이다.

제조업 생산 현장도 똑같다. 약속한 계약기간보다 일을 빨리 끝낼수록 투입해야 하는 사람 수가 줄어 인건비를 절감할 수 있다. 만약 애초부터 계약금이 아주 작다면? 회사도 노동자도 최대한 마감을 앞당겨서 인건비를 줄여야 겨우 적자를 면할 수 있다. 건설업과 조선업에서 매일 같이 벌어지는 속도전의 핵심

열쇠다. 현장 노동자들은 이를 '시간이 돈이 되는 구조'라고 부른다.

시간은 어떻게 돈이 될까. 국내 수주산업의 특징부터 살펴봐야 한다. 조선업과 건설업은 경쟁 입찰로 발주처의 일감을 따낸 뒤 1~2년 계약기간에 맞춰 제품을 만드는, 대표적인 수주산업이다. 이들 산업엔 속도전을 부추기는 여러 특징이 있다. 우선 재고를 쌓아두거나 미리 만들어 둘 수 없고 발주처의 요구에 맞춰 그때그때 상품을 제작한다. 그렇기에 날씨 변화나 노동자 파업 등 생산 변수가 공정률에 상대적으로 큰 영향을 미친다. 또 건축물이나 배를 넘겨주기로 한 날짜를 넘기면 지연배상금을 물고 발주처로부터 소송을 당할 수도 있다. 무엇보다 시공사가 직접 노동자를 채용해 공사를 하기보다는 공정을 잘게 쪼개어 여러 하청업체에 외주화하기 때문에 일감을 따내려는 하청업체들의 저가 출혈경쟁이 심하다. 하청업체들이 낙찰을 위해 실제로 필요한 예산보다 한참 낮은 가격을 무리하게 써내는 관행이 자리 잡은 것이다.

제 가격에 수주해 와도 업체들은 인건비를 절감하려는 유혹을 받기 쉽다. 하루 일당 15만 원으로 노동자를 100명만 고용해도 1500만 원이니, 완성 날짜가 하루만 줄어도 그 돈을 아끼는 셈이다. 그런데 일감을 따내려고 처음부터 낮은 가격을 써냈다면 까딱하면 적자다. 그때부턴 인건비 절감 속도전이 적자를 면하기 위한 생존 법칙이 된다.

출혈경쟁은 단계를 거듭할수록 심해진다는 특징이 있다. 시공사 원청이 처음 낙찰받은 가격이 필요 금액의 70퍼센트면 여기서 10퍼센트를 남기고 60퍼센트 가격에 하청을 준다. 하청업체는 다시 10퍼센트를 떼고 50퍼센트 가격에 재하청을 준다. 하청의 단계가 많아질수록 이윤을 내기가 힘들어지고 그만큼 말단의 2차, 3차 하청 노동자들이 속도전에 노출된다. 현행법상 건설업의 재하도급은 금지되지만 실상은 현장에 만연한 불법 재하도급이 실태조차 파악되지 않는다.

2021년 17명의 사상자를 낸 광주 학동 건물 붕괴 사고의 경우, 당시 시공사가 책정한 단위 면적당 공사비는 28만 원이었으나 재하도급업체가 최종적으로 수행한 공사비는 4만 원이었다. 단위 면적당 4만 원에 시공해서 적자를 면하고 돈까지 벌려면 어떻게 해야 할까? 노동자를 쪼아 속도전으로 하루빨리 일감을 털어 인건비를 절감하는 방법이 가장 손쉬울 것이다.

게다가 조선업은 건설업과 달리 법적으로 재하도급이 금지되지도 않는다. 암암리에 동원되는 2차 하도급업체, 이른바 '물량팀'이라 부르는 팀이 아예 따로 있다. 물량팀은 하청업체 노동자들보다 일당을 조금 더 높게 받는 대신 1차 하청업체가 다 해결하지 못하는 돌발 작업이나 위험 작업, 초과 작업 등을 해결하는 데 투입된다. 52시간 상한도, 주1일 휴일도 적용받지 않고 닥치는 대로 '물량을 쳐 낸다'고 해서 물량팀이다. 원청은 원칙적으로 물량팀을 쓰지 않는다고 천명하니, 물량팀 노동자들은 현장에 투입되더라도 그림자처럼 신분을 숨긴다. 당연히 원청이 제공하는 위험 작업 관련 설명이나 안전모 등 안전 보호구도 받지 않는다.

“물량팀장(재하청업체 대표)이 되면 프로젝트를 꼭 두 개 이상은 땁니다. 애초에 하도급을 여러 번 거치면 재하청업체에 떨어지는 돈이 별로 없기도 하고, 한 개만 하면 자칫 돈을 떼일 수도 있거든요. 물량팀원은 적은데 가야 할 현장은 많으니 이쪽 현장 일 얼른 끝내고 저쪽 가서 또 일하는 식으로 작업자들이 늘 쫓겨요. 아침에 안전교육 받을 시간이 없다는 건 그런 이유예요.” 이성호 전 현대중공업 하청지회장이 말하는 ‘시간이 돈이 되는 구조’다.

일각에선 ‘물량팀 노동자도 스스로 높은 보수를 위해 위험을 희생하는 것 아니냐’고 말하기도 한다. 그러나 1차 하청업체가 노동자들에게 적정한 임금을 지급하고 일감도 안정적으로 수급한다면 위험을 무릅쓰고 물량팀 일을 택하는 이들이 지금처럼 많지는 않을 것이다. 현재 조선소 1차 하청업체들은 수년째 오르지 않는 임금과 잦은 체불 문제로 노동자들의 파업이 끊이지 않는다.

2021년 7월 13일, 울산 현대중공업으로 출근했다가 가족들의 품으로 돌아가지 못한 하청 노동자 정 아무개(44) 씨도 물량팀 노동자였다. 그는 그날 아침 5시 30분께 공장의 강판을 교체하는 작업을 하던 중 25미터 아래로 추락해 숨졌다. 현장에는 추락을 막는 방호망이 없었다. 그는 현대중공업-선그린-성우산업개발-연주건설로 이어지는 하청업체의 최말단 직원이었다. 연주건설 물량팀장이 그를 불러 일을 시켰다.

사고 직후 하청업체 '선그린'이 동료 작업자들에게 적게 한 '근로자 청취서'에는 무리한 공사기한 단축과 미흡한 안전 인프라 지원 실태가 고스란히 담겨 있었다.[42]

"추락방지망 설치가 불가하다고 해서 미설치된 채로 작업하는 경우가 있습니다. 어떠한 악조건이라도 안전망 설치를 부탁드리며 기어이 설치가 불가능하다면 그런 작업은 진행하지 않았으면 합니다. 또 태풍 등 악조건 속에서 (자재가) 떨어지면 다른 사람이 위험할 수 있으니 우리더러 올라가서 제거하라는 경우가 종종 있습니다. 우리도 사람인지라 목숨의 위협을 느끼는데도 어쩔 수 없이 한 적이 있는데 이런 일이 없었으면 합니다."(노동자 1)

"공사기간 얘기하지 말고 천천히 안전을 중점으로 했으면 한다."(노동자 2)

"돈을 깎지 말고 여유 있게 공사금액 측정."(노동자 3)

노동자 임금 보장할 수 있게

재하도급이 많은 현장은 이윤이 적은 탓에 작업 속도를 높이라는 압박이 크고, 그만큼 사람을 마구잡이로 쓸 가능성도 커진다. 나누는 돈이 쪼그라드니 그만큼 노동자를 재촉해 인건비를 줄이는 데 집중하기 때문이다. 인건비조차 메울 수 없는 수준의 작업을 의뢰받을 때 하청업체 사장이 고안하는 '수익 창출 방법'은 보통 두 가지다. 최대한 적은 인원으로 빨리 마쳐 인건비를 줄이거나, 소개료만 받고 그 '폭탄'을 또 다른 하청업체 사장에게 돌리거나다. 물론 그 폭탄을 건네받은 또 다른 사장은 더 줄어든 이윤으로 더 절박한 속도전을 벌일 테다.

이 때문에 낮은 이윤을 노동자 쥐어짜기로 메우는 현상을 막기 위해 공사금액에 하한선을 두자는 주장이 있다. 공사별로 노동자들이 받아야 할 최소한의 임금을 산출해 법적 하한선으로 정하자는 것이다.

건설업계와 조선업계는 각 공정별로 투입돼야 할 평균 인원을 정리한 '표준품셈' 표를 기업마다 가지고 있다. 예를 들어 거푸집 작업이면 '형틀목수 몇 명을 몇 개월 고용해야 끝낼 수 있는 공사'라는 식으로 집계하는 것이다. 이는 하청업체에 지급하는 공사대금의 기준이 된다.

만약 업계가 공정별로 필요한 최소 인건비를 산출해 공사금액의 하한선으로 삼는다면 어떨까. 공사금액이 적자 수준까지 떨어지지 않으니 노동자에게 돌아가는 돈도 보장되고 재하도급이 마구잡이로 난립하는 문제도 막을 수 있을 것이다. 이런 제도를 '적정임금제'라 부른다. 독일은 적정임금제를 이미 시행하고 있으나 국내에선 관련 법안이 지금까지 국회에서 잠자고 있다. 업계가 제도에 반대하는 입장인 데다 내부 품셈 자료도 전부 비공개하고 있어 관련 법안의 논의가 제대로 이뤄지지 않는다.

안전에 대한 설명이 부족할 때

"작업환경이 구체적으로 어떻게 위험한지 알려주지 않아요. 예컨대 노동자들한테 '이 화학물질을 수개월 넘게 다루면 잠복기가 지난 뒤 몸에 문제가 생길 수 있다' 이런 걸 알려줘야 되는데 아무도 알려주지 않고요. 회사가 평소에 하는 작업이 뭔지, 거기에 쓰이는 물질이나 작업이 위험하진 않은지 파악해야 하는데 사업주들은 그저 형식적으로 법령 문구만 지킬 뿐이죠. 사업주가 모르니 노동자도 제대로 알 리가 없고, 시키는 대로 일하다가 어느 날 '몸이 왜 나빠졌지' 하는 거예요. 사업주와 노동자 모두 '위험 인지 교육 Risk Aware Training'이 전반적으로 부재합니다."
-박미진 원진재단 부설 노동환경건강연구소 안전보건정책실장, 《한겨레》와 인터뷰에서[43]

재해 예방에서 세 번째로 중요한 것은 '위험에 대한 인식'이다. 자신이 처한 위험을 얼마나 자세하게 아느냐가 재해를 예방하려는 능동적인 움직임으로 이어진다. 사업주와 노동자 모두 재해 위험을 구체적으로 인지하고 이를 예방할 방안도 알고 있다면 보다 안전한 작업방식을 선택할 수 있다. 문제는 노동자도 사용자도 지금 일하는 방식이 구체적으로 어떤 잠재적 위험을 안고 있고 나중에 어떠한 질병이나 사고로 이어질 수 있는지 명확히 아는 경우가 드물다는 것이다.

안전 표지판, 얼마나 어려운지 살펴볼까요

인터넷에서 '화학물질 관련 경고 표지판'을 검색하면 이런 문구가 담긴 표지판이 나온다. 개당 7500원~8000원 가격에 민간사업자들이 파는 안전 관련 표지판들이다.

> '분진(산업안전보건법 제41조 규정에 의한 경고표지) - 호흡기계 자극을 일으킬 수 있음. 예방조치: 분진, 흄, 가스, 미스트, 증기, 스프레이의 흡입을 피하시오. 옥외 또는 환기가 잘 되는 곳에서만 취급하시오. …(후략)… '
>
> '산소, 액화가스(산업안전보건법 제41조 규정에 의한 경고표지)' - 화재를 일으키거나 강렬하게 함. 고압가스, 가열하면 폭

발할 수 있음. 예방조치: 의류 및 그 밖의 가연성 물질로부터 멀리하시오. 밸브 및 관이음쇠에 오일과 그리스가 묻지 않도록 하시오.'

노동자가 일을 하면서 이런 표지판을 읽게 되면 어떤 생각이 들까? 아마도 대강 훑어본 뒤 그냥 지나칠 가능성이 클 것이다. 그 이유는 첫째로 해당 물질을 일상적으로 쓸 때 무슨 일이 생길 수 있는지가 구체적으로 적혀 있지 않고, 재해 예방 조치도 현실적이지 않거나 알아듣기 힘든 용어를 사용하고 있기 때문이다. 이 표지판을 읽으면 막연히 분진이나 산소가 위험 물질이라는 생각이 들긴 해도, 오늘 하루 당장 내가 무엇을 해야 하는지는 잘 감이 오지 않는다.

아래는 같은 물질에 대해 영어 'Industrial Dust Warning Sign'과 'Oxygen in use Warning sign'으로 검색한 표지판이다. 마찬가지로 민간 업체들이 표지판을 만들어 판매하고 있다. 앞서 검색된 한국어 표지판과 달리 위험 물질이 어떤 결과를 가져오며 이를 예방하는 조치가 무엇인지 상대적으로 구체적인 안내를 하고 있다.

'나무 분진: 나무 제품으로 톱질, 사포질과 기계 작업, 드릴 작업을 하면 나무 분진에 노출될 수 있습니다. 이는 캘리포니아주 정부가 인정하는 발암물질입니다. 분진을 마시는

것을 피하거나 분진 마스크를 쓰거나 신체 보호를 위한 다른 보호구를 사용하시오.'

'산소 액화가스: 경고! 고압으로 압축한 가스입니다. 폭발을 맹렬하게 가속화할 수 있습니다. 기름과 윤활유를 멀리하시오. 밸브를 천천히 여시오. 특수 처리된 도구(탄화수소가 없는 도구)로만 취급하시오. 매번 쓸 때마다 밸브를 잠가야 하고 용기가 비어있을 때도 마찬가지입니다.'

'노동자가 자신이 하는 일의 위험성을 스스로 알고 조심하는 것.' 박미진 실장이 늘 강조하는 산재 예방의 핵심 요건이다. 그는 한국 기업들이 공장 곳곳에 붙여두는 안전수칙이 현장에 제대로 스며들지 않는 이유도 위험 인지 교육이 부재하기 때문이라고 본다.

"안전보건 자료를 형식적으로 공장에 비치하는 게 목적이 아니고 노동자한테 자기가 쓰는 물질의 특성을 알려주는 게 목적이거든요. 예를 들어 노동자가 일을 하면서 '내가 쓰는 물질 중에 이건 유기용매고 이건 산인데 둘이 만나면 급격한 화학 반응이 일어날 수 있으니까 따로 보관해야겠다', 혹은 '내가 만지는 이 물질은 체내에 들어가면 위험하니 작업장 안에서 뭔가를 먹지 않아야겠다' 이런 교육이 필요하다는 겁니다. 우리는 그게 없는 거예요." 박미진 실장의 말이다.

시력 잃을 때까지
아무도 알려주지 않다

2016년 3개의 서로 다른 업체에서 청년 6명이 메탄올 중독으로 비슷한 시기에 실명한 사건이 있었다. 모두 삼성전자와 LG전자 휴대폰에 들어가는 부속품을 만드는 하청업체였는데, 두 업체의 휴대폰 생산량이 급증하자 이들 업체도 그에 맞춰 부속품 생산량을 늘리고 가공용 액체도 휘발성이 강한 것을 사용했다가 사고가 발생했다. 사업주들은 따로 닦아내지 않아도 금방 증발하고 에탄올 가격의 3분의 1밖에 안 되는 메탄올을 사용했다. 메탄올에 노출된 몸은 2시간 안에 중추신경계에 장해를 일으킬 수 있고 특히 눈에 노출되면 48시간 만에 실명에 이를 수 있다. 메탄올 중독 환자 중에는 실명과 함께 독성 뇌병증을 입은 이도 있었다.[44]

실명된 직원들이 주로 했던 작업은 휴대폰 부품을 작은 크기로 가공하는 일이었다. 부품이 제대로 만들어지는지 확인하려고 절삭기에 여러 번 부품을 넣었다 뺐고 메탄올을 빠르게 증발시키려고 바람을 뿜는 '에어건'을 쏘기도 했다. 공기 중에 메탄올이 흩날리며 작업자의 얼굴과 몸에 튀었다. 노동자들은 이따금 절삭기에 메탄올이 다 떨어지면 그것을 직접 채워 넣기도 했다.

흡사 독극물을 다루는 것과 다름없는 상태였지만, 메탄올에 대해 설명해 주는 이는 아무도 없었다. 직원들은 자신들이 어떤 물질을 다루는지 아무런 설명도 듣지 못했다. 방독마스크와 보호구, 보안경, 안전 장갑을 받지 못했으며 냄새가 너무 심하게 느껴질 때 "가끔 창문 쪽으로 가서 바람을 쐬는" 정도였다. 안전보건교육과 위험성 평가 등 가장 기초적인 작업장 관리가 되지 않았다.

"그냥 이런 거 보여주면서 이렇게 작업한다, 그냥 너는 치수만 재면 된다, 그런 거밖에 안 들었어요." "알코올은 뭐다 전혀 설명 없었나요?"(인터뷰어) "네 전혀요."(메탄올 중독 피해자 1)

"일할 때는 뭘 착용해야 된다는?"(인터뷰어) "전혀요." "그럼 어떤 것도 안 해주고?" "네 그냥 장갑만 끼라고."(메탄올 중독 피해자 2)[45]

많은 공장 직원들이 첫 출근 후 현장에 곧바로 배치되어 자신이 하는 일이 어떤 위험 요인을 품고 있는지 전혀 모른 채 일한다. 안전보건교육은 형식적으로 이뤄지며 공장 안에 비치된 물질안전보건자료MSDS는 화학물질에 관한 복잡한 설명만 줄줄이 적혀 있다. 사업주는 노동자가 하게 될 일이 그 자신의 건강을 구체적으로 어느 지점에서 위협하는지 알려주지 않는다. 그러다가 어느 날 출근한 일터에서 영문 모를 고통과 함께 쓰러지는 순간이 찾아오고 만다.

메탄올 사고와 놀랍도록 유사한 사고가 5년 뒤 다른 지역에서 또 발생했다. 2021년 7월, 경남 창원의 에어컨 부품 제조기업인 두성산업에서 16명의 직원이 급성 간 중독 진단을 받았다. 200여 명 규모의 이 회사는 최근 원청사인 LG전자의 에어컨 생산량이 폭증하자 기존 제품보다 휘발성이 강하다는 이유로 세정제를 독성 물질 '트리클로로메탄'이 든 제품으로 교체했다.

트리클로로메탄은 간 중독을 유발할 수 있는 독성 물질이다. 그러나 이 기업의 노동자들은 자신들이 쓰는 세정제에 어떤 물질이 있고 어떻게 작업해야 안전한지 안내받지 못했다. 이들은 세정제를 휘발시키려고 바람이 나오는 에어건을 세게 불다 몸에 세정액이 묻기도 하고, 세정액에 빠진 제품을 집으려 팔을 직접 액체 안에 담그기도 했다고 한다.[46]

이 회사의 사업주는 세정제에 동봉된 MSDS에 '디클로로에틸렌'으로 쓰여 있어서 현장에서 쓰는 물건이 메탄올인지 몰랐다고 주장했다. 그러나 디클로로에틸렌 역시 피부와 눈에 자극을 일으키고 간에도 해로운 독성 물질이다. 사업주가 위험 물질 관리에 실패했을 뿐 아니라 평소 노동자가 다루는 위험 물질이 뭔지, 그것을 다룰 때 무엇을 주의해야 하고 어떤 위험에 노출되는지도 안내하지 않았단 증거다.

"무턱대고 '안 된다' 할 게 아니라"

"현장 노동자들에게 안전에 관해 효과적으로 안내하는 팁

이 있어요. 그냥 '하지 마세요' 하는 게 아니라 노동자가 맡은 일이 반복됐을 때 그에게 찾아올 결과를 알려주는 거예요. 마스크를 안 쓰면 폐가 안 좋아질 수 있다, 귀마개를 안 하면 어느 날 귀가 안 들릴 수 있다고요. 그걸 몇 번 반복하면 노동자들도 이해하고 스스로 안전 보호구를 착용해요."

박미진 실장은 외국 기업의 안전환경부서에서 일하며 현장 노동자들에게 안전 관련 정보를 제공하는 '위험 교육'을 직접 수행하러 다닌 적이 있다. 시끄러운 공사 현장에선 톱질하는 노동자에게 귀마개를 쓰도록 설득하고, 석면 제거 작업을 하는 노동자에겐 방진 마스크를 쓰도록 설득했다. 그는 직접 노동자들을 만나고 교육하며 시행착오를 겪은 결과 '그들이 스스로 위험을 이해하는 것만큼 효과적인 안전교육이 없다'고 판단했다.

불행히도 노동자들에게 이만한 수준의 안전교육을 제공할 수 있는 기업은 드물다. 일을 시키는 사업주부터 자기 일터의 위험을 제대로 이해하지 못하는 경우가 많아서다. 많은 기업들이 여전히 작업장의 위험 요소를 능동적으로 파악하고 고민하기보다 수동적으로 법을 따르는 쪽을 택한다. 법 문구만 형식적으로 지키면 면책받으니 사업주가 자기 사업장의 구체적인 산재 위험을 이해하려 하지도, 노동자에게 설명하지도 않는다. 이런 사업장에선 독성 물질 취급 주의사항처럼 노동자들의 건강을 지키는 데 꼭 필요한 안내 사항도 빠지는 경우가 많다. 노동자들은 찜찜해하며 주어진 일을 해 나가다 어느 날 몸이 아파져 직업병을 뒤늦게 발견하곤 한다.

면피성 안전관리는 사업주 교육에 실패한 정부의 책임도 크다. 정부 역시 사업주들에게 산재의 발생 위험을 쉽게 알려주기보다는 안전수칙을 기계적으로 전달하는 데 초점을 맞추기 때문이다. 노동부와 안전보건공단이 산업현장에 배포하는 안전수칙 자료를 보면 법령에 정해진 사업주의 의무만 줄줄이 적혀 있고 정작 그런 조치가 왜 필요한지 설명하는 눈높이 교육은 빠져 있는 경우가 많다. 안전보건공단이 화학물질을 취급하는 사업주들에게 배포하는 '관리 대상 유해물질의 종류와 유해성' 자료를 살펴보자. 이 자료는 인터넷에서도 쉽게 구할 수 있는 자료다.

> 관리 대상 유해물질의 종류와 유해성
> -관리 대상 유해물질이란? 산업현장에서 사용하는 화학물질 중 국내의 작업환경측정결과에 따른 노출 수준 평가, 직업병 발생으로 사회적 관심을 유발한 물질, 유독한 물질이지만 국내에서 취급하지 않는 물질 제외 등의 과정을 거쳐 산업안전보건법에 등재된 168종의 물질을 말한다.
> -유해물질의 침입 경로: 코를 통한 흡입, 입을 통한 섭취 및 피부를 통한 침투. 흡입은 가스, 증기, 흄 등에 노출되는 경우 발생. 섭취는 유해물질에 오염된 음식물, 음료 등을 먹는 과정에서 발생. 피부를 통한 침투는 팔, 다리 및 얼굴 등의 신체가 유해물질에 직접 접촉하여 발생.

-건강장해 예방 대책: 현재 취급 및 사용하고 있는 관리대상물질보다 독성이 낮은 대체 물질이 있는지 여부와 대체 사용 가능성을 검토하여 근원적으로 근로자의 건강에 대한 영향을 낮춘다.

-작업상 필요한 부분만을 제외하고 완전히 밀폐한다. 설비 내부 음압이 유지되도록 하여 중금속 분진 등이 배출되지 않도록 조치한다.

-작업장 안 또는 인접한 곳에 세척 시설을 두어 손, 눈 등의 신체 부위가 오염될 경우 씻도록 한다.[47]

이 자료는 각 안전조치가 구체적으로 왜 필요하며 이를 이행하지 않았을 시 노동자 안전에 어떤 문제가 생기는지는 설명하지 않는다. 사업장에서 어떤 화학물질 안전사고가 자주 발생하고 왜 안전관리에 실패하는지도 이 자료로는 파악하기 어렵다. 막연히 위험하다고 적혀 있는 물질에 대해 사업주가 해야 할 의무가 나열돼 있을 뿐이다. 그마저도 각 유해물질의 위험도를 설명하면서 '관리 대상 물질'이라는 행정 용어를 그대로 따서 쓰고 있다. 당장 화학물질 관리 실무를 해야 하는 사업주에게는 도움이 될지 모르지만 화학물질 관리의 필요성을 못 느끼거나 구체적으로 무엇이 문제인지 모르는 사업주에게는 자료가 별 도움이 되지 않을 가능성이 크다.

반면 영국의 안전보건청HSE이 기업에 배부하는 안전보건교육 자료를 보면 사업주가 흔히 하는 '오해'와 '진실'이 무엇인지부터 차근히 제시한다. 아래는 HSE가 화학물질 사용에 관해 사업주가 흔히 갖는 오해가 실제 현실과 어떻게 다른지 알기 쉽게 비교한 것이다.

1. 오해(Myth): '안전하지 않은 물건을 시중에서 팔 리 없다.'
실제(Reality): 어떤 물품을 살 수 있다고 해서, 그것이 안전한 것은 아닙니다.
2. 오해(Myth): '나는 유해물질을 다루고 있지 않아.'
실제(Reality): 대부분의 작업은 건강에 유해할 수 있는 물질들을 사용합니다. 심지어 밀가루처럼 흔한 물질도 공장에선 건강에 해로운 물질로 작용할 수 있습니다.
3. 오해(Myth): '자연 물질은 위험하지 않을 것이다.'
실제(Reality): 자연물질도 위험할 수 있습니다. 목재 분진은 천식을, 돌이나 콘크리트 먼지는 폐 질환을 일으킬 수 있습니다. 시트러스 오일도 피부 질환의 원인이 됩니다.
4. 오해(Myth): '항상 이렇게 해왔으니, 당연히 이것은 안전하다.'
실제(Reality): 몇몇 질병은 발생하는 데까지 오랜 기간이 걸립니다. 작업을 항상 그런 식으로 진행했더라도 (유해물질) 노출량이 많다면 이제는 방식을 바꿀 차례입니다.

-HSE, '유해물질 취급 작업에 관한 간단한 안내' 중[48]

영국 보건청의 자료가 안전보건공단 자료와 다른 점은 단지 사업주가 해야 할 의무를 전달하는 데 그치지 않고 사업주가 은연중에 잘못 아는 지식까지 바로잡았다는 점이다. 이런 지식을 접한 사업주는 법의 취지를 모른 채 단순히 의무를 이행하는 사업주보다 작업장 안전관리에 훨씬 능동적이고 주체적인 태도를 가질 수 있다. 법을 지키는 사람만이 아니라 스스로 사업장의 안전을 책임지고 파악하는 위험 관리의 주체가 되는 것이다.

각 공정의 안전에 관한 안내 사항이 정부로부터 사업주를 거쳐 노동자까지 잘 전달되려면 이를 전달하는 방식과 내용에 대한 고민을 지금보다 더 많이 해야 한다. 단순히 법령상 의무를 전달하기보다 법의 취지를 전달하고, 현장에서 그것이 노동자의 건강에 어떤 영향을 미치는지 보다 쉬운 언어로 설명해야 전달 효과를 높일 수 있다.

'안전보건교육' 강의,
틀어만 놓는 이유

사무직 노동자도 산재 위험을 능동적으로 이해하기 어렵긴 마찬가지다. 산업안전보건법에 따라 생산직이 아닌 사무직과 판매직 노동자들도 '근로자 안전보건교육'을 매 분기 3시간씩 받는다. 독자가 사무직이라면 매년 상반기에 '온라인 교육을 이수하라'는 인사팀의 안내 메일을 받은 적이 있을 것이다. 하지만 이 교육을 실제로 열심히 듣는 사람이 얼마나 될까? 대다수는 영상을 틀어만 놓고 다른 일을 하거나 강의를 다 듣기도 전에 '넘기기Skip' 버튼을 누르려 할 것이다.

직원들이 안전보건교육을 제대로 듣지 않는 덴 수강 시간을 충분히 보장해 주지 않는다는 문제가 있다. 산적한 업무량은 조정해 주지 않으면서 '알아서 수강하라' 하니 수업을 듣는 시늉만 하는 것이다. 하지만 안전보건교육이 다루는 내용 자체가 노동자들에게 실질적인 도움을 주지 못하는 탓도 크다.

법령상 정기 안전보건교육이 다뤄야 하는 내용은 산재사고 예방과 직업병 예방, 직무 스트레스 예방 관리 등이다. 하지만 실제로 교육기관들이 제공하는 안전보건교육 강의안을 보면 노동자들에게 도움이 될 만한 내용을 알려주기보단 그저 사업주가 지켜야 할 법적 의무를 나열하거나 태풍, 지진 등 산재와 큰 관련이 없는 자연재해 대비법을 소개하는 경우가 많다. 다음은 한 교육기관의 정기 안전보건교육 학습 요약 자료 일부를 발췌한 것이다. 사무직 노동자들은 이 내용을 토대로 수강 마지막 단계에 시험을 본다.

> -열을 제거하거나 발화점 이하로 내려가게 하여 소화하는 방법은 냉각소화법이다.

-생물테러 중 박테리아를 이용한 테러는 탄저병이다.

-직업병의 조기 발견 및 예방관리를 위한 "특수건강진단 종류"에는 배치 전 건강진단, 수시건강진단, 임시건강진단이 있다.

-직업성 질병의 소견을 보여 사후관리가 필요한 근로자(직업병 유소견자)의 건강관리구분 표시는 D_1이다.

-환자의 의식을 확인할 때에는 먼저 환자의 양쪽 어깨를 가볍게 두드리며, 큰 목소리로 "여보세요, 괜찮으세요? 눈 좀 떠보세요"라고 소리친다.

교육을 받는 사람이 이런 내용을 들으면 얼마나 관심이 갈까? 산업안전기사 시험을 몰래 준비하고 있거나 교양을 많이 쌓고 싶은 사람이 아니면 당장 '넘기기' 버튼을 누르고 싶을 것이다.

그나마 마지막에 소개한 응급 상황 시 환자 조치법에 눈길이 간다. 읽다 보면 '사무실에서 누군가 쓰러졌을 때 어떻게 응급조치해야 할까' 상상하게 된다. 이런 식으로 사무직 노동자의 안전보건교육도 확장할 수 있다. 환기가 잘 안되는 낡은 건물 실내 환경이 호흡기 건강에 무리를 주진 않는지, 일상 속 산재인 허리디스크나 거북목을 유발하는 업무 자세는 뭔지 등을 다양하게 다루는 것이다. 사무직과 판매직 노동자들이 자주 호소하는 감정노동이나 주된 직무 스트레스의 종류가 뭔지, 번아웃이나 우울증은 없는지, 직장 내 괴롭힘이 발생하면 누구에게 도움을 요청할지도 다뤄볼 법하다. 하지만 정기 안전보건교육에선 이런 정보가 제대로 다뤄지지도, 직원들이 이해할 수 있게끔 친절하게 전달되지도 않는다.

이런 이유로 많은 노동자들이 강의를 형식적으로 들으며 귀중한 안전보건교육 시간을 흘려보낸다. 제대로 활용되면 평소 자신이 일하는 환경에 대해 고민해 보고 질병 위험을 줄이는 방법을 고안할 수도 있는데 그런 기회가 허무하게 날아가는 것이다. 최근에는 교육기관들이 수강생들의 '넘기기' 꼼수를 차단하기 위해 강의를 다 들어야만 넘기기 버튼을 누를 수 있도록 홈페이지를 개편하기도 했다. 하지만 강의 영상을 틀어놓는 것만으로 노동안전에 대한 인식이 높아지거나, 자신의 건강과 생명을 지킬 수는 없기에 여전히 형식적이라는 비판을 피할 수 없다. 교육 이수자도 교육기관도 실제 교육의 효용과는 무관하게 형식적인 교육 이수에만 치중하고 마는 것이다.

안전관리 역량이 부족할 때

"돈도 실력이야, 능력 없으면 니네 부모를 원망해."

2014년 최순실 씨의 딸 정유라 씨가 자신의 SNS에 올렸다가 논란이 된 문구다. 글을 쓸 당시에는 세간의 주목을 받지 않았지만 2년 뒤인 2016년 국정농단 사태 이후 정유라 씨의 각종 과거 행적이 보도되면서 이 게시글도 함께 드러났다. 자신이 스스로 선택하지 않은 배경조차 '실력'이라 주장하는 그의 인식에 시민들은 크게 분노했다.

안타깝게도 산업안전도 이와 비슷한 현실에 처해 있다. 정유라 씨와 같은 생각을 가진 안전관리 종사자가 있다면 위의 문구를 빌려와 이런 문장을 구사할 것이다. "돈도 안전관리 실력이야, 현장이 위험하면 사장을 원망해."

산업안전에 있어 정부의 역할은 기업의 규모와 무관하게 노동자가 안전한 환경을 보장받도록 기업의 안전관리 역량을 끌어올리는 것이다. 노동자의 생명이 대기업에서만 지켜지고 중소기업에선 지켜지지 않는다면 사실상 정부의 역할은 실패한 것이나 다름없다.

그러나 실질적으로는 영세 기업의 낮은 안전관리 역량을 정부가 충분히 끌어올리지 못한단 지적이 많다. "산업현장의 안전과 보건은 빈익빈 부익부 현상이 더욱 심해지고 있다."[49] 대기업은 형식적이나마 자격증을 갖춘 안전관리자를 두고 체계적인 안전관리 시스템도 두지만 그런 인프라가 상대적으로 적은 중소기업의 경우 안전관리 역량 자체가 매우 떨어진다. 국내 산재 사망사고의 대다수가 이런 영세 기업에서 발생한다. 2022년 산재사고 사망자 874명 중 707명(80.9퍼센트)이 50인 미만 기업(총직원이 50명이 안 되는 기업) 소속 노동자들이었다.[50] 직원 안전을 책임질 의지나 역량이 현저히 떨어진다고 정부가 판단하는 집단이다.

소규모 기업의 안전관리 역량이 떨어지는 이유가 뭘까. 역사적으로 50인 미만 기업은 오랜 기간 법이 정하는 안전관리 의무에서 벗어나 있었다. 50인 미만 사업장은 1988년 산업안전보건법이 제정된 이래 안전보건관리자 선임 의무와 안전교육 이수 의무에서 배제됐다가 2016년에야 관련 의무가 생겼다. 이마저도 300인 미만 사업장은 안전관리자와 보건관리자를 직접 선임하지 않고 대행기관에 외주를 맡길 수 있고 50인 미만 사업장(건설업은 50억 미만 공사 현장)은 아예 선임 의무가 면제된다.[51] 50인 미만 사업장은 노동자 안전보건교육도 업종에 따라 면제받을 수

있다.[52]

오랜 기간 법령의 사각지대에 머물다 보니 기업 스스로 안전 의무의 주체로 인식하는 과정이 더디다. 2017년 인제대학교 산학협력팀이 50인 미만 기업 115개소에 '정부가 보내는 안전보건 정보를 왜 받지 못하느냐'고 설문조사하자 가장 많은 숫자인 39개소(34퍼센트)가 '50인 미만 사업장이라 안전보건에 크게 신경 쓰지 않아서'(법적 충족 조건이 작아서)라고 답했다.[53] 당장 2024년부터 중대재해처벌법이 50인 미만 사업장에 적용될 예정이나, 안전보건 법령의 사각지대에 머물렀던 이들이 당장 바뀌진 않을 거라고 안전관리 전문가들은 내다본다.

여기다 적자에 허덕여 비용 지출을 최소화하려는 기업이면 상황은 더 안 좋다. 이런 기업들은 생산 인력 외에 안전관리 인원을 따로 두거나 너무 낡아 위험한 장비를 새것으로 교체할 재정적, 시간적 여유가 없다. 싼값에 구해온 낡은 기계를 아무런 방호장치나 안전교육 없이 주먹구구식으로 쓰게 만들고 2인 1조로 일해야 할 공정을 혼자 담당하게 만든다. 적자 위험이 커질수록 노동자를 쥐어짜는 구조는 심화한다.

2020년 5월 22일 20대 노동자 김재순 씨를 죽음으로 내몬 폐기물처리업체 '조선우드'도 그런 영세 기업 중 하나였다. 사건 당일 재순 씨는 파쇄기에 낀 폐기물을 빼려고 파쇄기 위로 올라갔다가 발이 미끄러지면서 기계에 몸이 빨려 들어가 숨졌다. 파쇄기 입구가 노동자 신체와 맞닿지 않도록 따로 관리자를 두고 기계 사용을 통제해야 하지만 조선우드는 지적 장애가 있는 재순 씨 혼자서 파쇄기를 가동하도록 맡겨뒀다. 조선우드는 10명 내외의 아주 작은 기업이다.

재순 씨는 사고가 있기 전에도 일상적으로 파쇄기 근처에서 일을 했던 듯하다. 사고 사흘 전에도 파쇄기 입구에 쓰레기가 걸리자 재순 씨가 직접 기계 위로 올라가 쓰레기를 치우는 장면이 CCTV에 찍혔다. 그는 5월 22일에도 같은 방식으로 기계에 걸린 쓰레기를 치우려다 균형을 잃고 넘어져 사고를 당했다.

시민사회단체 연합체인 '고 김재순 노동시민대책위원회'(대책위)가 노동안전 전문가에게 진상조사를 맡긴 결과 조선우드의 안전관리 수준은 매우 낮았다. 파쇄기 입구를 열어두면 신체가 물릴 위험이 있어 노동자가 직접 닿지 못하도록 해야 한다. 하지만 사고를 낸 설비엔 덮개나 울타리가 없었다. 공장 내 다른 설비들도 용접 부위가 허술하고 안정성이 매우 떨어졌다. 위험 기계인 수지 파쇄기를 쓸 때는 기계의 위험성을 고려해 숙련된 관리자만 기계 '제어판'에 접근하도록 통제해야 하지만 조선우드는 누구나 제어판에 접근할 수 있도록 열어두고 있었다.[54] 이 업체는 사고 6년 전인 2014년 1월에도 목재 파쇄기 주변을 정돈하던 작업자가 파쇄기에 윗옷이 감기며 사망한 적이 있었다. 당시 죽음의 원인으로 거론된 작업 환경이 2020년 재순 씨가 일하던 때까지도 고쳐지지 않았고 이는 결국 재순 씨 사고로 이어졌다. 한 사람이 목숨을 잃은 뒤에도 교훈이 남지 못한 채 결국 또 한 사람의 목숨이 희생된 것이다.

정책 펴도 나아지지 않는 이유

정부도 나름대로 영세 기업의 안전관리를 지원하는 정책을 펼치고 있다. 대표적으로 안전보건공단의 '클린사업장 조성' 사업과 '산재 예방 시설 융자' 사업은 50인 미만 기업에 노후화된 장비 교체 비용과 직원 건강검진 비용 등을 지원하거나 빌려준다. 또 공단 직원이 기업을 방문해 업종별 특성을 반영한 재해 예방책을 제안하거나('업종별 재해 예방' 사업) 유해물질 관리 실태를 함께 점검하기도('유해작업환경개선' 사업) 한다.

다만 정부의 서비스를 받는 기업은 전체 영세 사업장 규모와 견줘 여전히 턱없이 적다. 2021년 기준 '클린 사업장' 정책 수혜 기업은 1만 5529개, 산재 예방 시설 융자 사업의 수혜 기업은 2525개다.[55] 한시적으로 예산을 대거 투입해 위험기계를 교체해 주는 '안전투자혁신사업' 수혜 기업(5832개)을 합쳐도 총합이 2만 개 안팎으로, 전체 사업 대상자 183만 개 기업의 1퍼센트 수준이다.

정부의 프로그램이 사업주들에게 큰 인기를 끄는 분위기도 아니다. 정부의 컨설팅이 소규모 기업들의 안전관리 역량 강화와 안전 인식 개선에 큰 도움을 주지 않는단 인식이 강하다. 아래는 박미진 실장이 2021년 정부의 안전관리 사업에 대해 현장 보건관리자와 직업환경전문의 등 11명을 인터뷰한 보고서 '소규모 사업장 화학물질 관리 역량 향상을 위한 연구'에서 발췌한 내용이다. 주로 화학물질 관리에 관한 설명이지만 사고 산재 관리에도 적용할 수 있는 부분이다.

"소규모 사업장은 안전보건에 관심도 없고 여력도 없다. 클린 사업만 해도 인력을 많이 요구하는데 (기업은) 안전보건공단이 귀찮게 하는 거 싫(어한)다. 작업 환경 개선 후에도 측정과 검진을 해야 하는데 측정을 거부한다. 무료로 할 때는 하지만 평소에는 관심도, 할 여력도 없다."(A 산업위생전문가)

"소규모 사업장에는 가이드 문서를 가지고 가봤자 아무도 제대로 보지 않는다. 차라리 구체적인 스티커를 마련해서 안전 행동을 직접 알려주는 것이 좋다. 지금처럼 노동부가 처벌하고 종용하며 '뭘 해야 한다'고만 하지 말고 동반자적 관계로 바뀌어야 한다."(E 직업환경의학 전문의)

"소규모 사업장은 단계별로 차근차근, 전략적으로 접근할 필요가 있다. 2013년부터 2년 주기로 5차례에 걸쳐 현장 작업자 인식과 화학물질 사용 현황을 파악해 보니 2차 때까진 변화가 없다가 3차부터 변화가 드러났다. 안전을 이유로 위험 물질을 바꾸자고 할 때 현장의 거부감이 있는데 이런 걸 설득하는 데 시간이 필요한 것 같다."(D 산업위생전문가)

안전에 대한 관심도와 인지도가 낮은 소규모 기업들의 인식 수준을 하루아침에 바꾸기는 어려운 일이다. 영세 기업들은 정부 감시의 사각지대에 머무르는 데 익숙하다. 괜히 안전관리 컨설팅을 신청했다가 노동부 감독 레이더망에 걸리거나 과도한 행정 업무에 시달리는 등 '긁어 부스럼'이 되는 건 아닌지 우려한다. 이런 사업주들을 설득하려면 영세 사업주 눈높이와 필요에 맞는 안전관리 서비스를 장기간에 걸쳐 제공할 수 있어야 한다는 게 현장 종사자들의 공통된 조언이다. 특히 사업주가 안전에 관심을 갖고 주체적으로 개선에 나설 수 있도록 인식을 바꾸는 것이 중요하다.

"영세 사업주에게 가장 필요한 것은 왜, 무엇을 어떻게 해야 하는지를 정부가 정확하게 맞춤형으로 인식시켜 주는 것이에요. 안전관리의 필요성과 방법론을 사업주가 구체적으로 인식하면 뭘 해야 하는지도 자연스럽게 알 수 있거든요. 지금은 그런 과정이 부족하고 정부 기관도 당장 실적 내기 편한 기술, 장비 지원 위주로 하니까 기업들이 크게 효과를 못 느껴요." 박미진 실장의 말이다.

학교에 비유하면 학생의 행동을 교정하려는 교사는 많으나 교정해야 할 이유를 학생들에게 제대로 알려주는 교사는 적은 상황이다. 이런 교실에선 학생이 교사를 신뢰하지 않아 가르침을 흘려듣거나 형식적으로만 행동을 교정한다. 일회성 지원사업을 넘어 보다 지속성 있고 질적 수준이 높은 컨설팅이 필요한 시점이다.

‘노동자 과실’이라는 말

“작업자가 제 목숨 함부로 다루는 것까지 회사가 책임져 줘야 하느냐.”

2022년 1월, 중대재해 발생 시 경영진까지 수사할 수 있는 중대재해처벌법이 시행되자 직장인 커뮤니티 ‘블라인드’엔 이런 댓글이 달렸다. 자신을 건설업계 종사자라고 밝힌 그는 ‘스스로 안전의식이 부족해서 위험을 자초하는 작업자들’까지 기업이 책임져 줘야 하냐며 법 시행에 반발했다.

이런 주장도 틀리다고만 할 수는 없다. 하지만 안전수칙 위반이 작업자의 ‘선택’이라고만 할 수 없다면 어떨까? 특별히 안전을 무시한 한두 사람만이 아니라 그 현장에 누굴 투입해도 안전수칙을 위반한다면? 그렇다면 그 현장의 안전수칙 위반은 개인 실패가 아닌 시스템 실패일 가능성이 크다. 노동자의 위반 행위를 뭉뚱그려 비난만 할 것이 아니라 이를 촉발하는 구조적 원인을 파악해야 실질적인 산재 감축이 가능하다는 뜻이다.

영국의 인지공학자 제임스 리즌은 인간의 불안전한 행동을 넘어 그것을 촉발하는 기업의 시스템을 들여다 본 학자다. 그가 등장하기 전까지 재해 예방 이론은 주로 '썩은 사과 찾기'에 집중했다. 사과 상자에 문제가 생겼을 때 썩은 사과(행동이 불안전한 작업자)를 찾아내 제거하는 데 주력하고 사과 보관법이나 보관 환경(작업자를 불안전하게 만드는 구조적 요인)까지 깊이 들여다보진 않은 것이다. 리즌은 그러나 개인의 잘못을 비난하는 것만으론 재해의 이유를 깊이 이해하기 어렵다고 판단, 재해를 더욱 시스템적으로 접근하는 조사 방법론을 찾기 시작했다. 그의 문제의식은 중대재해처벌법 도입을 통해 재해의 구조적 원인을 찾으려는 한국 사회에도 중요한 메시지를 준다. 아래는 리즌이 저서 《인재는 이제 그만》에서 대형 항공 참사를 유발하는 인적 오류를 분석하며 덧붙인 설명이다.

"이런 오류를 범했을 때 당사자들 마음 상태가 어떠했나를 정확히 안다고 해서 조직유발 사고가 어떻게 발생했나를 아는 데, 또한 추후 사고 방지 방법을 알아내는 데, 거의 도움이 되지 않는다. 이와 같은 인적 오류는 자주 발생할 뿐만 아니라 최신 항공기의 수백만 개 부품을 탈착하고 부착하는 데 사람이 관여하는 한에 있어서는 계속된다. …(중략)… 우리의 주된 관심사는 숨어서 사고 발생을 조장하는 조직 인자에 있다. 인적 오류는 중력, 기상, 지형같이 항공기 운항에서 단지 하나의 예측 가능한 위험일 뿐이다. 문제는 왜 오류가 발생했느냐가 아니고 왜 시정하지 못했느냐이다. 이 책에서 끊임없이 주장하는 바는, 사람들의 상태를 바꿀 수는 없지만 사람들이 일하는 상태는 바꿀 수 있다는 것이다."[56]

리즌은 똑같은 안전수칙 위반 행위라도 이를 촉발한 원인이 무엇이냐에 따라 조직의 대처가 완전히 달라진다고 봤다. 노동자들이 자기 공정에 맞는 안전모를 쓰지 않았더라도 그 이유가 단순 망각인지("깜빡했어요"), 착오인지("안전모에 종류가 있는지 몰랐어요"), 일상적 선택인지("안전모를 쓰면 일하기 불편해요"), 문제 해결을 위해 규칙을 변형한 건지("제가 써야 하는 유형의 안전모가 없어서 일단 다른 유형의 안전모를 썼어요") 등에 따라 대책이 다 다르다는 것이다.[57]

단순히 노동자가 망각한 것이라면 작업 전 안전모를 쓰도록 다시 안내하는 것만으로도 행동 교정이 가능할 것이다. 반면 안전모의 종류가 너무 많아 노동자들이 헷갈린다면 분류표를 부착하는 등 보다 적극적인 안내가 필요하다. 여름철 체온 상승을 우려해 안전모를 쓰지 않는 사람들이 있다면 아이스팩을 함께 보급해야 그나마 안전모 사용률이 높아질 것이다. 안전수칙 위반 상황을 한데 뭉뚱그려 '노동자 과실'이라고 비판하기는 쉽지만 그것이 현실을 바꾸지는 못한다. 반대로 행동의 구체적인 원인을 찾고 대안을 마련하는 것은 어렵지만 산재 감축에 더 효과적인 길이다.

개인 안전만 강조하는 건 무책임하다

"오른쪽 살펴보고 왼쪽도 둘러보고~한 번 더 체크, 더블 체크 yeah, 트리플 체크."(넵킨스, 〈SAFE〉)

"여기 보고 저기 보고 한 번 더 살펴보아요, 우리의 소중한 생명을 지켜보아요~"(홍지윤, 〈함께, 안전〉)

안전보건공단이 매년 유명 가수들을 초빙해 제작하는 '안전송'의 가사다. 노래를 부르는 가수는 매번 달라지지만 가사와 뮤직비디오는 대부분 비슷하다. 작업 위험을 수시로 확인하자며 안전모를 바르게 쓰는 노동자의 모습을 자료화면으로 보여주는 식이다.

형식적으로 가사에 '사장님'이라는 단어를 넣긴 하지만 안전송의 대부분 가사는 실질적으로 노동자를 향한다. 노래가 강조하는 '작업 전 위험 확인'은 주로 노동자의 의무를 연상시킨다. 반면 노동자들의 작업방식을 파악해 개선점을 찾고 노동자 건의 사항을 반영해 안전한 작업 계획을 수립하는 사업주의 의무는 가사에서 곧장 떠올리기가 쉽지 않다. 이런 캠페인이 위험한 점은 단지 메시지가 공허한 수준을 넘어 노동자들이 자기 주변을 잘 둘러보기만 하면 산재 예방이 가능하다는 잘못된 메시지를 준다는 것이다.

일터에서 안전을 책임지는 주체는 사업주와 노동자, 정부다. 그렇다면 일터 안전에 대한 이들의 책임 비중은 얼마일까? 동등하게 1:1:1일까?

일터 안전과 관련된 법령을 보면 그렇지는 않다. 산업안전보건법이 산재 예방 의무를 부여한 것은 노동자가 아니라 사업주다. 사업주가 자신의 경제활동을 위해 노동자를 불러다 일을 시켰으므로 산재 예방책임도 원칙적으로 사업주가 진다는 취지다. 다만 기업별로 안전관리 역량의 편차가 크니 정부가 사업주들을 지원하고 도와서 그 책임을 다하도록 해야 한다. 노동자는 자기 몸을 소중히 여기고 위험한 작업을 거부할 의무 정도만 진다. 비율로 따지면 5:3:2 정도라고 할 수 있겠다.

그러나 현실에선 거꾸로다. 노동자의 자기 보호 의무는 수없이 강조되지만 사업주가 노동자를 보호할 의무와 그것을 이행하기 위한 구체적인 방법론은 거의 거론되지 않는다. 공사장에 걸려 있는 안전표어 대부분은 '써커스 금지' '안전에는 베테랑이 없다' '조심조심 또 조심' 등 노동자를 겨냥한 표어들이다. 길거리에 걸려 있는 '배달보다 안전이 먼저입니다' 같은 현수막 문구도 배달기사들을 속도 경쟁으로 내모는 구조는 눈 감은 채 '어떠한 상황에서도 노동자가 안전을 우선시해야 한다'고만 강조한다.

안전을 무시하며 일하는 노동자들이 분명히 존재한다. 수십 년 일한 베테랑이라는 이유로 안전관리자의 요구를 무시하고 자신이 편한 대로 일하려는 이들도 있다. 업무 완수라는 목표는 코앞에 있지만 사고를 당할 위험은 멀리 있다고 느껴지기 때문일 테다. 그러나 그 이해관계를 조율해 마침내 안전한 작업방식을 택하도록 고안하는 것도 노동자를 써서 이윤을 얻는 사업주의 의무라고, 산업안전보건법은 말하고 있다.

이런 관점에서 '안전송'을 다시 생각해 본다. 안전모를 고쳐 쓰고 안전화 끈을 묶는 장면도 좋지만 작업할 때 흔히 잊어버리기 쉬운 밀폐공간 안전수칙이나 제조업에서 자주 나는 3대 사고 유형을 랩 가사로 만들었으면 어땠을까? 아마 노동자들이 가사를 기억하며 또 한 번 자기 작업 현장의 위험을 돌아볼 수 있었을 것이다. 혹은 사업주에게 안전을 경영의 중요한 축으로 인식하라거나 안전 투자를 꺼리지 말자는 가사를 썼다면 어땠을까? 경영진은 물론 기업 내 구성원들이 한마음으로 경각심을 가졌을 것이다.

산재활동가조차
피하지 못한 죽음

부장님의 오른손은 뭉툭했다. 스물다섯 살 때 공장 일을 하다 프레스 기계에 눌려 손가락 넷을 잃었다. 입원한 병원의 도움을 받아 산재 신청을 직접 해 보니 이만저만 어려운 게 아니었다. 2001년 그는 비슷한 상황에 처한 노동자들을 돕기 위해 서울 구로와 인천 지역에서 산재 상담을 시작했다. 그 길로 15년을 산업재해노동자협의회(산재노협) '상담부장'으로 일하며 수많은 산재 피해자들의 산재 신청을 도왔다. 그는 "'남현섭'이라는 이름보다 '상담부장'으로 더 많이 불렸다."[58]

그러나 가족을 부양할 돈은 충분히 벌지 못했다. 아내와 함께 두 자녀를 키우기엔 상담가 활동비가 턱없이 적었다. 2015년 그는 생계를 위해 산재노협을 그만두고 다시 일을 구하러 다녔다. 그러다 찾은 일자리가 경기 시흥의 한 재생 스티로폼 제조업체였다.

그곳에선 현섭 씨가 유일한 직원이었다. 그는 사업주와 단둘이서 일했다. 현섭 씨가 쓰던 스티로폼 파쇄기는 신체 접촉을 차단하는 덮개도, 비상 정지 센서도 없었다. 2016년 3월 29일 아침 10시 28분께, 일하던 현섭 씨의 오른쪽 어깨가 갑자기 기계 안으로 빨려 들어갔다. 몸을 뺄 수 없었다. 그는 그 자리에서 폐출혈로 숨졌다.

동료들의 산재 상담을 도맡았고 손가락을 잃은 경험도 있는 현섭 씨가 기계 방호장치의 기본인 덮개를 몰랐을 리 없다. 영세 사업장에서 일하는 장애인 노동자로서 사업주에게 덮개를 달라고 요구하기 어려웠을 가능성이 크다. 4쪽짜리에 불과한 판결문으로는 당시의 상황을 자세히 알 수 없지만, 현섭 씨가 일하던 공장은 파쇄기 덮개 외에 감전 위험 부위를 덮는 절연 덮개나 추락을 막는 안전난간도 설치돼 있지 않았다.[59] 일상적으로 법령을 어기던 사업장으로 추정된다. 사업주는 현섭 씨 사고로

350만 원 벌금형을 받았다.

현섭 씨의 죽음을 추모하는 기사를 쓴《한국일보》의 최윤필 선임기자는 그날 비극의 이유를 이렇게 설명했다. “누구 못지않게 관련 법을 잘 아는 산재 전문가였지만, 생계를 책임져야 하는 처지의 그는 영세 사업장의 준법을 강하게 요구할 수도 없는 힘 없는 장애인 노동자일 뿐이었다.”[60]

현섭 씨는 생전에 가족들과 많은 시간을 함께하고 싶어 했다. 아래는 그가 과거 산재노협 소식지에 썼다고 언론보도에 소개된 글이다.

“먹고 살 만큼만 일해서 벌고 내 반쪽이랑 신나게 여행도 다니고 욕심 없이 살면서 평생 옥신각신 싸우기도 하며 즐겁게 사는 것이 나의 조그만 소망이요, 내가 그리는 청사진이다.”[61]

“부모는 팔불출이 맞나 보다. 보고만 있어도, 똥 싸는 모습도, 쉬하는 모습도 왜 이리 예쁜지….”[62]

소박한 행복을 누렸던 현섭 씨는 기본적인 안전조치도 지켜지지 않은 노동 환경에 무참히 삶을 빼앗겼다. 산재를 속속들이 아는 활동가조차 죽음을 피하지 못했다. 개인 노동자의 ‘안전인식’이 아무리 투철한들 그것만으로 산재를 막을 수 없음을 보여준 사건이었다.

부록

"어이없는 죽음이 전쟁터처럼 만들어진다": 김미숙 씨 의견서(김용균 씨 사고)

2018년 태안화력발전소 하청 노동자 김용균 씨 사고는 정부 차원의 대대적인 진상조사가 이뤄져 사고가 재해자 과실 탓이 아님을 드러낸 몇 안 되는 사고다. 서부발전은 김용균 씨 사고가 본인 과실이라는 취지로 주장했으나 정부 주도로 꾸려진 전문가조사위는 발전소에 끼임 사고 위험이 늘 있었고 동료들도 비슷한 사고를 당할 뻔했다며 '회사의 구조적 안전관리 실패'라고 결론 내렸다. 김미숙 씨는 '우리 아들 탓이 아니라고 말해주어 고맙다'며 눈물 흘렸다.

그러나 2년 뒤 악몽은 재현됐다. 재판 과정에서 원청 서부발전과 하청 한국발전기술 관계자들이 처벌을 피하기 위해 또다시 '김용균 씨의 과욕 때문이었다'는 주장을 펼친 것이다. 산재의 책임을 놓고 유족과 회사의 치열한 공방이 벌어졌다. 1심과 2심에서 원하청 관계자들이 받은 형량은 최대 징역 2년이며 서부발전 대표이사는 무죄를 선고받았다. 현재 상고심 진행 중이다. 2021년 12월 21일 김미숙 씨가 이들의 산업안전보건법 위반 혐의를 다루는 재판에서 읽은 피해자 의견서를 요약해 싣는다.

다정하고 살가운 아들이었습니다.

아들이 고1 때쯤인가 용균이 아기일 때 자주 불러주었던 자장가를 더듬거리며 따라 부르며 행복해하던 기억. 아들과 도란도란 많은 이야기들 할 때면 시간 가는 줄 모르고 소통의 장을 열었던 기억. 너두 나중에 결혼해서 너 같은 자식 낳고 살면 얼마나 좋은지 겪어보라고 아들한테 얘기했을 정도로 용균이는 저희에게 큰 행복을 주었습니다.

아들과 스킨십도 많이 하면서 살았고 수시로 보고 싶은 마음에 영상 통화도 자주 했습니다. 엄마인 저와 피부 결마저 닮아서 서로 피부를 만지며 자기 피부 같다고 말한 것이 엊그제 일 같습니다. 용균이와 함께 보낸 시간들 그 수많은 기억을 떠올리면 정말 행복이 가득한 날들이었습니다.

…(중략)… 용균이가 입사 이후 한 달 반 만에 예비군훈련 받으러 집에 온 적이 있습니다. 그때 보니 살이 홀쭉하게 빠져있어서 아이 아빠한테 목욕탕에 가서 몸에 이상이 있는지 보라고 했는데 아들이 극구 가지 않겠다고 했습니다. 이상해서 아들을 앉혀놓고 힘드냐고 물어보니까 힘들다고 해서, 힘들면 그만두라고 했습니다. 그렇지만 용균이는 힘들지만 더 버텨보겠다고, 그래도 아니다 싶으면 그만두겠다고 했습니다. 평소 아들의 의중을 존중했던 터라 그때 더 말리지 못한 저 자신이 정말로 원망스럽습니다. 지금 생각해 보니 아들은 그곳을 그만둬도 좋은 직장 얻기가 어렵다는 생각에 더 망설였을 것 같다는 생각입니다. 그리고 자식 입장에서 하루빨리 일을 해야 엄마를 도와줄 수 있다고 생각했던 것 같아 더욱 못난 부모 같고 죄스런 마음입니다.

…(중략)… (사고 당일) 새벽 6시에 경찰에서 연락을 받고 급히 태안의료원으로 갔습니다. 영안실에서 시신을 보여주는데, 탄가루로 얼굴이 까맣게 되어있어서 처음에는 아들이 맞는지 모르겠더라구요. 머리 결이랑 피부랑 자세히 보니 내 아들 같았고, 계속 부정하고 싶지만 용균이가 맞았습니다. 겁은 났지만 몸을 만지려고 몸을 덮은 비닐을 제끼려고 하니까 '몸과 머리가 분리되어 있다'고 하면서 바로 담당자가 제지를 했습니다. 그게 아들을 본 마지막입니다. 더 봤어야 했는데 후회가 됩니다. 그때 얼굴은 잘 씻기고 몸 정돈하고 염을 했을지, 그때 충격 받아 그걸 못 챙겼는데 지금까지도 내내 후회가 됩니다. 나중에 용균이가 이모 꿈에 나와서 '바디샴푸 달라' 했다는 얘기를 듣고 지금도 계속 마음에 걸리는 부분입니다.

그렇게 용균이 시신을 확인하고 울고 있는데 하청 이사가 죄송하다고 하면서도 첫마디가 "애가 일은 열심히 했는데 고집이 있어서 가지 말라는 곳에 가서 하지 말라는 일을 해서 사고가 났다"는 말을 했습니다. 처음에는 경황이 없어서 그게 얼마나 말도 안 되는 말인지 몰랐는데 정신을 차리고 장례식장에 온 동료들에게 물어보니 하청이사의 말은 사실과는 정반대였습니다. 처참히 죽게 만든 것도 모자라 아들에게 사고 책임까지 뒤집어 씌우는 짓은 절대로 용납도 용서도 할 수 없는 일입니다.

그래서 사고 3일째 되던 날 사고 현장에 들어갔습니다. 내 아들이 왜 죽을 수밖에 없었는지 내 눈으로 직접 확인하고 싶어

들어갔는데 현장 안이 너무 어둡고 더러워 내 아들이 이렇게 험한 곳에서 일한 것을 보고 있자니 그동안 3개월 동안 엄마로서 그것도 모르고 편안히 먹고 산 것을 다 토해내고 싶을 만큼 큰 충격이었습니다. 그러고 나서 아들 사고 장소를 갔는데 사고 흔적이 간데없이 사측이 이미 물청소로 현장을 훼손했음을 목격했습니다. 지극히 상식적으로 당연히 폴리스라인이 쳐져 있을 것을 예상했고 아들의 흔적을 찾아볼 수 있을 줄 알았는데 뭔가 숨기려는 사측의 태도에 악을 쓰며 울부짖었습니다. 꼭 진상규명해서 아들의 죽음을 제대로 밝혀야겠다는 마음을 다졌습니다.

그래서 총리훈령으로 진상규명을 했고 아들의 잘못이 아니라고 결론이 내려졌습니다. 아들은 업무수칙 다 지켜서 사고를 당할 수밖에 없었다고 했습니다. 그런데 원청은 하청을 주었으니 사고 책임이 없고 하청은 내 사업장이 아니니 설비를 건들 권한이 없다고만 합니다. 원하청 모두 안전의 사각지대를 만들어 사고 당사자한테 책임 전가를 한 것입니다.

사람은 누구나 실수할 수 있는 존재고 노동자가 일하다가 실수한다고 해도 죽지 않도록 나라와 기업이 안전을 책임져야 한다고 생각합니다. 사측이 사고 직후 유족에게 처음 와서 그런 말을 했다는 자체도 이해가 안 되었고 용균이가 일한 공기업을 나라가 이토록 형편없이 운영했다는 것에도 한없는 분노가 차오릅니다. 힘없는 노동자들을 구조적으로 희생당하도록 허용해준 실체를 알고 나니 국민의 한 사람으로서 이 나라가 무척 창피하고 자존심이 상했습니다. 세계 경제 강국이라고 자랑하는 대한민국에서 마치 전쟁이라도 치르는 것처럼 수많은 노동자들의 죽음을 법적으로 허용하고 있다는 것이, 돈에 미친 나라에서 우리는 살고 있는 듯합니다.

회사 측의 기만적인 태도는 이후에도 마찬가지였습니다. 여론 눈치 보면서 어쩔 수 없이 사과하는 척했지만, 사고 직후부터 재판까지 일관되게 용균이가 잘못해서 사고가 났다는 태도를 보이고 있습니다. 기회만 있으면 사고를 은폐하려고 했고, 마치 사고가 없었던 것인 것 마냥, 남은 동료들이 겪고 있는 트라우마도 무시하고 쉽게 인정하려 하지 않았습니다. 이 재판도 진실이 드러나는 과정이 아니라 아이를 두 번 죽이고 모욕하는 과정이 되고 있어 2차 가해를 당하고 있다고 생각합니다.

…(중략)… 사고 이후 우리 가족은 더 이상 이전과 같이 살기가 어렵습니다. 가해자들은 발 뻗고 지내겠지만 피해자들은 평생 이 고통 속에 살 수밖에 없습니다. 아이 아빠는 건강이 악화되었고 저는 도저히 이전처럼 살 수가 없어 그때 하던 일을 그만뒀습니다. 아들 사고 이후 저희 집은 사람의 온기가 없어졌습니다. 아이 아빠는 매일 방구석에 박혀 고통으로 허덕이며 빨리 죽어서 용균이 뼛가루와 섞이면 좋겠다, 그렇게라도 아이와 함께하고 싶다고 살기 힘들어합니다. 저도 아무리 정신 없이 일정을 쫓아다녀도 퇴근할 때는 허망한 마음으로 마치 꿈꾸는 듯 구름 위를 걷는 듯 집을 향해 갑니다.

얼마 전 아들 생일이었습니다. 꿈에 아들이 나와서 삼겹살과 스팸을 구워 상추랑 싸 먹이는 꿈을 꿨습니다. 아들이 죽고 난 후에는 아이 살리는 꿈만 꿨었는데 모처럼 아이 밥 먹이는 꿈을 꿔서 좋았지만 이내 사라지고 부재의 아픔이 고스란히 가슴에 생채기를 냅니다. 용균이가 없는 세상은 저한테는 아무런 꿈도 행복도 없습니다. 비정규직이었던 아들은 안전을 위한 기본 장비도 지급받지 못한 채 위험천만한 현장에서 마지막으로 피켓을 들 수밖에 없었을 것입니다. 저는 아들의 뜻을 받아서 이어갈 것입니다.

아들과 동료들이 했다는 28번의 위험시정 요구를 묵살시킨 원하청은 결국 용균이의 죽음을 만들었습니다. 아들 사고 10년 전부터 아들 사고까지 8년 동안 12명의 사망사고가 태안화력발전소에서 있었다고 합니다. 그중 1년 전에도 3호기에서 사망사고가 있었고 그해 동료들 중 시야 확보가 어려워 배수관에 빠져서 크게 다친 적도 있었다고 합니다. 또 다른 동료는 분탄을 삽으로 퍼내다 빨려 들어갈 뻔했던 위험을 경험한 적도 있었다고 합니다. 하지만 아무도 현장의 안전을 책임지지 않았습니다.

이렇게 잦은 부상과 사고가 있었다는 것만 봐도 위험은 미리 짐작할 수 있었습니다. 그런데 그 위험을 방지하지 않았으니 미필적 고의에 의한 살인이라 생각됩니다. 그러니 회사 측은 그에 합당한 처벌을 받아야 합니다. 용균이의 죽음의 진실과 책임 소재를 밝히고 안전한 현장을 만들어 다시는 용균이 같은 죽음이 없게 하는 것이 남겨진 저에게 유일한 숙제입니다.

저도 제 생활이 바빠서 쫓겨 살다가 아들의 사고 이후에야 사회를 제대로 볼 수 있었습니다. 산안법(산업안전보건법)과 중대재해처벌법이 만들어졌지만 작년 대비 올해 더 많은 죽음이 통계에 나와 있습니다. 수많은 어이없는 죽음이 마치 전쟁터같이 만들어지고 있습니다. 우리 아들 같은 다른 누군가의 소중한 가족이 기업에 의해 죽임을 당하고 있습니다. 그 가족들도 저희같이 삶이 망가지고 있어 가슴이 아픕니다. 왜 이렇게까지 우리 사회가 망가지게 되었을까요? 왜 우리 사회는 이런 죽음을 막지 못하고 있을까요? 그동안 유족들이 그렇게나 많이 발생했음에도 왜 안 싸웠을까요? 왜 법정에서는 죽음의 진실과 책임을 가려주지 못했을까요? 다른 산재노동자들의 재판에서 제대로 판결이 되었더라면, 내 자식을 잃는 아픔은 겪지 않았을 텐데 하는 원망이 큽니다.

재판장님. 이 재판을 통해 아들의 죽음의 진실이 확인되길 원합니다. 정의로운 판단으로 아들의 죽음에 책임 있는 자들이 그에 마땅한 책임을 지길 원합니다.

이 재판의 결과가 아들의 죽음에만 그치지 않고 다른 노동자들의 목숨도 살릴 수 있기를 바랍니다. 사람이 죽어도 제대로 책임지지 않고 빠져나가는 일이 더 이상 가능하지 않도록, 엄중처벌해주시기 바랍니다. 용균이가 평안히 잠들 수 있도록, 아들의 명예를 회복시켜주시기 바랍니다.

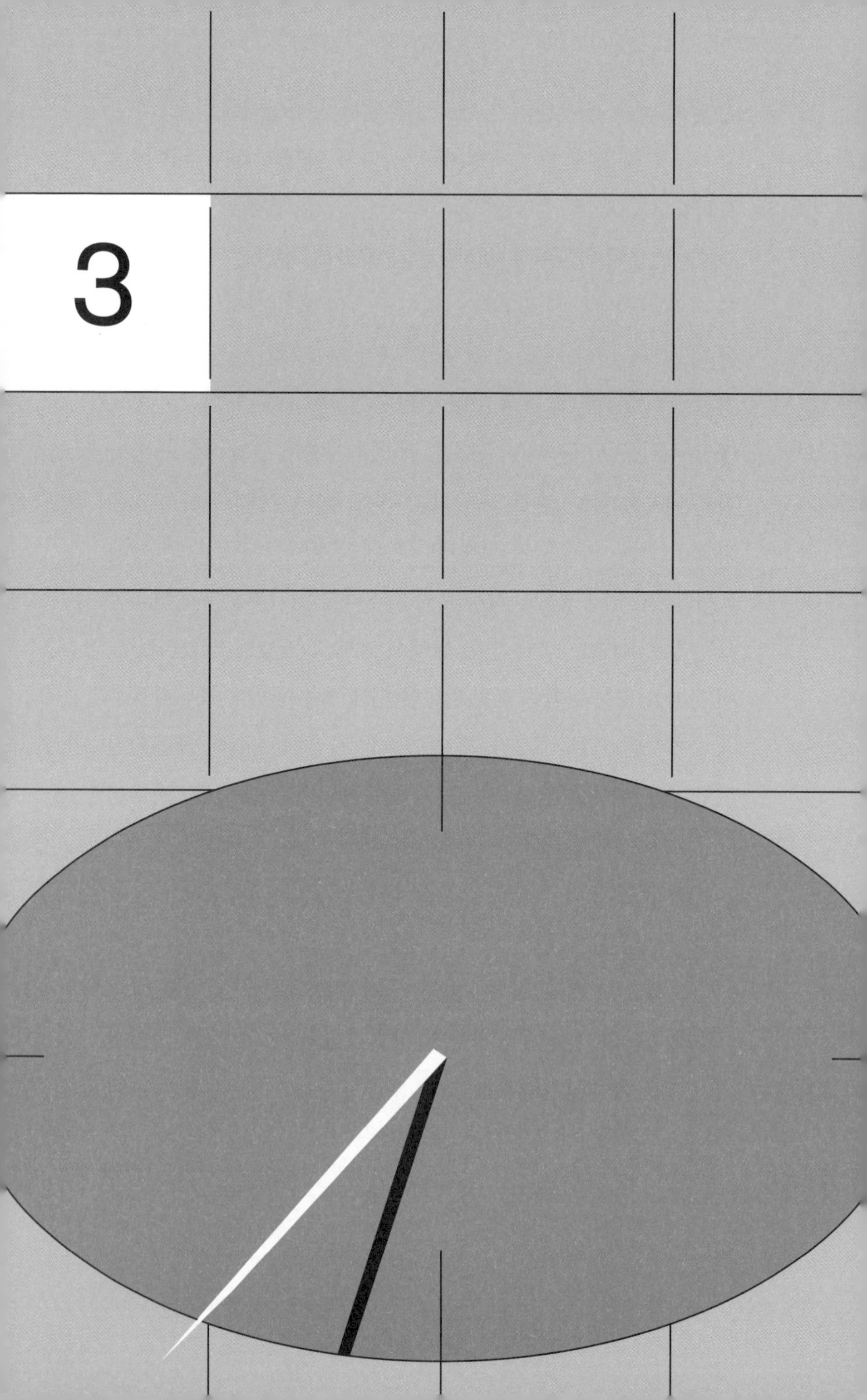
3

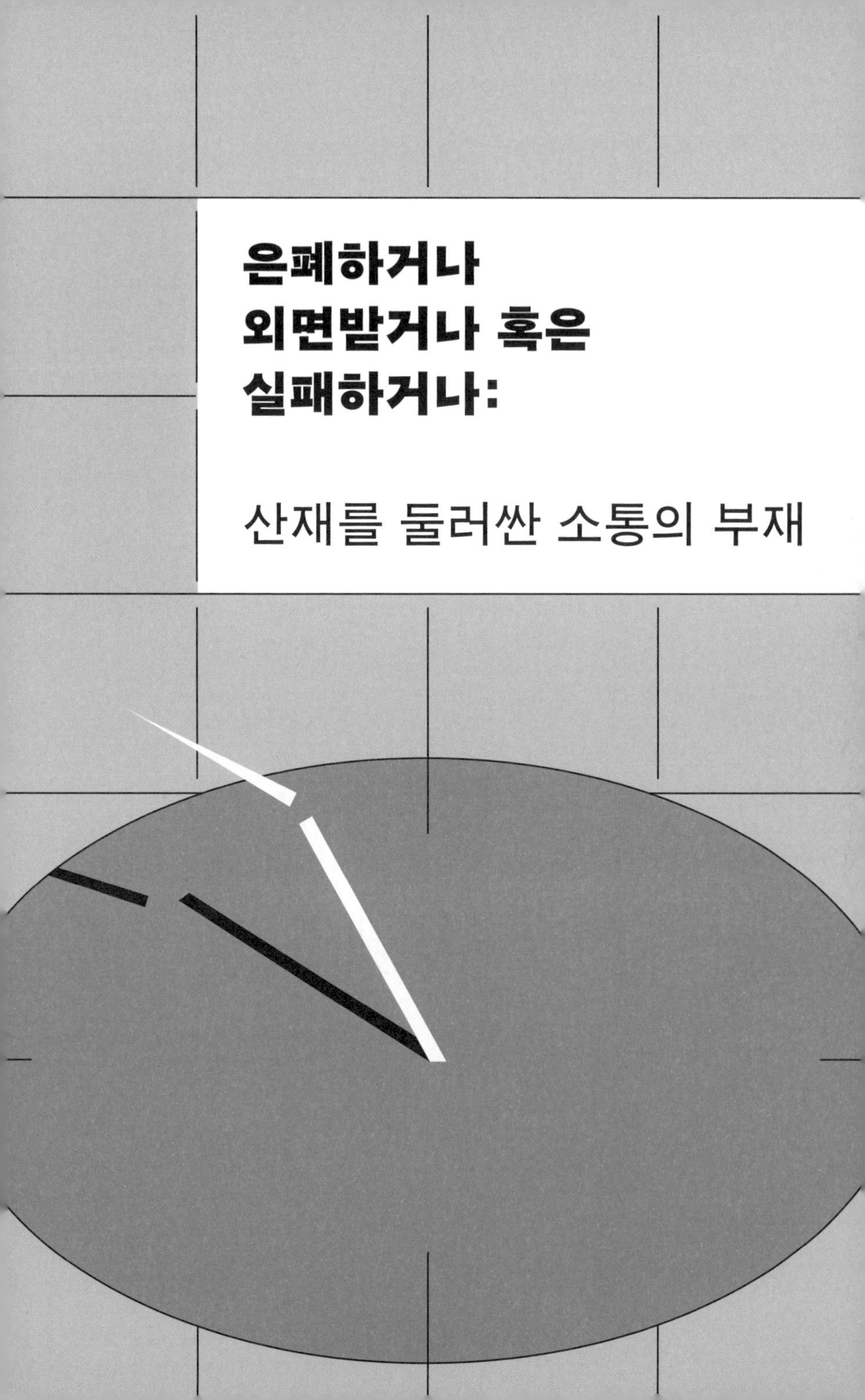

은폐하거나 외면받거나 혹은 실패하거나:

산재를 둘러싼 소통의 부재

산재 위험은 왜 숨겨지나

"무고한 사람들이 목숨을 잃는 사고는 비극적이다. 그러나 그것으로부터 배우지 않는 것이 더 비극적이다."
-낸시 리브슨, 〈CAST 핸드북: 사고로부터 더 많은 것을 배우는 방법〉[63]

지금까지 여러 산재사건을 살펴보며 산재의 구조적 요인을 유형별로 알아봤다. 산재사고를 일으키는 것은 한두 사람의 단순한 실수가 아니라 노동자들을 반복적으로 위험에 노출시키는 견고한 체계라는 점을 확인했다. 이 때문에 안전 전문가들은 개별 산재사고마다 구조적 원인을 자세히 탐색할수록 유사한 사고의 예방책을 보다 구체적으로 세울 수 있다고 본다.

그러나 하루 2건꼴로 나오는 사고 가운데 이런 사실을 구체적으로 파악할 수 있는 사고는 손에 꼽는다. 용기를 내 줄 동료나 사건을 본 목격자, 이들을 보호할 노조나 시민사회단체가 없는 대다수의 산재사고는 대개 간단한 단신 보도로 끝을 맺곤 한다. 앞서 소개된 사고들은 재해자 동료와 노조, 시민사회단체, 유족들이 다 같이 힘을 합쳐 진상규명을 이끌어낸, 1년에 1~2건의 희귀한 사건들이다. 이를 제외한 대다수 산재사고는 사고 초기의 단신 보도를 제외하면 더 이상 자세한 사고의 배경이 공개되지 않는다. 아래의 단신 기사를 보자.

"2023년 3월 16일 인천 남동구 고잔동 금속 열처리 공장에서 작업하던 50대 남성이 산업용 세척기에 끼여 숨졌다. …(중략)… 그는 사고 당시 세척기에 제품이 걸리자 상체를 숙여 정리하다가 갑자기 기계가 작동하며 몸이 끼인 것으로 확인됐다. A씨를 고용한 업체는 상시 근로자 50인 미만의 소규모 사업장이어서 중대재해처벌법 대상에는 포함되지 않았다. 경찰은 목격자 진술 등을 토대로 작업 안전수칙이 제대로 지켜졌는지 여부 등을 조사할 예정이다. 경찰 관계자는 '동료가 자동 정지 버튼을 눌렀으나 순식간에 발생한 사고를 막지는 못했다'고 말했다."[64]

A 씨는 왜 세척기 안으로 몸을 숙여야 했을까? 멈춰있는 줄 알았던 기계는 왜 갑자기 작동했을까? 세척기가 고장이 난 걸까, 작업자끼리 소통이 안 된 조직 관리의 문제일까? 기사만 봐서는 산재를 촉발한 원인을 전혀 파악할 수 없다. 재해의 경위만이 간단히 적혀 있을 뿐이다. 이 사고에 대한 다른 심층 언론 보도도 없어 더 이상 구체적인 배경은 알 수 없었다. 연간 800여

명의 산재 사고 사망자 대부분이 이런 단신 보도로 알려지는 데 그친다.

외부에 공개되지만 않을 뿐 기업이 내부적으로 사고를 자세히 분석하고 있지는 않을까. 그렇다면 좋겠지만 재해 발생 후 기업들이 노동부에 제출하는 산업재해조사표나 재발방지계획서를 보면 그렇지는 않다. 연구진의 실태조사를 보면 대다수 기업이 노동부 수사에 대비해 사고를 피상적으로만 분석하거나 '재해자 과실'을 사고 원인으로 신고한다.[65] 이 때문에 현재는 산재에 관심 갖는 시민은 물론 노동자들도 자신이 다니는 직장의 산재 발생 현황을 제대로 모르는 실정이다.

최근 산재에 대한 시민들의 관심이 커지면서 '이윤보다 안전 먼저' '돈이 사람을 죽였다' 등 기업의 부실한 안전관리를 비판하는 구호가 많아졌다. 그러나 구체적으로 각각의 사고가 왜, 어떻게 발생하는가에 대한 정보는 여전히 부족하다.

국내 안전 전문가들은 산재사고에 대한 체계적 분석과 사회적 소통이 빈약하다는 점을 자주 지적하곤 했다. "종래 중대재해 사고조사 관행의 특징을 고려해 보면 기술적인 안전관리의 실패보다는 원인 규명의 실패가 아닌가 하는 의심을 떨치기 어렵다."(2017년 '조선업 중대산업재해 국민참여 조사위원회') "심층적이고 근본적인 원인 규명을 통한 동종 유사 사고 재발 방지를 위한 노력보다는 범법 사항에 대한 적출과 처벌을 목적으로 하는 조사와 감독이 이루어지고 있다."(2019년 김용균 특조위 진상조사보

고서)

위험은 겉으로 드러나야 관리가 가능하다. 반복되는 산재의 근본 원인을 탐색하지 않고 방치하면 유사한 사고가 반복될 위험도 시정되지 않은 채 그대로 남는다. 이 장에서는 한 발 더 들어가, 각 기업에 존재하는 산재 위험 요인이 겉으로 드러나지 못하는 이유를 살펴본다. 위험에 대해 공개적으로 드러내지 않고 감추기 급급한 현실은 누가, 어떻게 만드는 걸까?

기업, 속속들이 알고 싶지 않은

'위험하면 작업을 거부할 수 있습니다.' '어떤 내용이든 (개선 사항을) 신고해 주세요!'

대도시 건설 현장에 가면 어렵지 않게 볼 수 있는 현수막 문구다. 작업이 위험하다고 판단되면 바로 멈추고 문제점을 곧바로 회사에 알리라는 취지다. 대형 건설사들은 노동자들이 위험 상황을 발견하면 곧바로 신고할 수 있는 QR코드를 현장마다 붙여두었다며 대대적인 홍보자료를 내기도 했다.

그러나 노동자들이 체감하는 현실은 사뭇 다르다. "위험한 작업 현장에 대해 문제 제기했더니 일자리를 잃었다" "'(신경 쓰지 말고) 일이나 하라'는 답을 받았다"는 노동자들의 증언이 현장 집회나 설문조사 때마다 심심찮게 나온다.[66] 2022년 1월 채석장 바닥이 무너져 3명이 매몰된 삼표산업 산재사고의 경우 사고가 나기 전 한 노동자가 땅이 갈라진 걸 미리 발견해 윗선에 보고했다가 도리어 인사상 불이익을 받았다고 언론에 제보했다.[67] 위험을 신고하라고 만들어 둔 창구에 위험 신고를 했더니 안전관리자가 도리어 작성자를 불러다 '게시글을 지우라'고 윽박질렀다는 일화도 있다.[68]

산재를 유발하는 위험 요소가 무엇인지 조직이 내부적으로 드러내고 공유하지 않으면 문제가 해결되지 않는다. 겉으로 무탈한 것처럼 눈을 가려 임기응변할 뿐 유사 사고를 막는 근본 대책은 요원한 것이다. 기업의 안전관리부서 실무자들이 대외적으로는 '무엇이든 알려달라'고 독려하면서도 실제로는 위험이 드러날까 전전긍긍하는 이유가 뭘까?

빡빡한 생산 일정 때문에 문제 제기를 거추장스러워하거나 위험에 관심이 없어 무신경하게 반응하는 문제도 있지만, 더 나아가 위험 자체를 드러내기 두려워하는 조직 문화가 존재한다. 산재 위험 요소를 드러내면 그것이 곧 실무자의 잘못이고 실책이라고 보는 문화다.

"원칙적으로 안전관리자의 업무성과기준KPI은 아차사고(재해로 이어질 뻔했으나 가까스로 피해간 사고)의 발굴 건수를 늘리고 실제 사고 건수는 줄이는 건데요. 모든 걸 다 줄여서 0으로 만들어야만 좋은 거라고 믿는 기업이 많죠. 그러다 보면 자기 사업장의 진짜 위험 요소가 뭔지 모르게 돼요." 300명 규모 전선 제조사의 안전관리자 호세(필명)의 설명이다.

안전관리부서의 업무 성과는 사고의 원인이 될 만한 위험 요소를 찾아내 그에 맞는 대책을 세우는 것이다. 그러려면 현실적으로 일터에 위험 요소가 없을 수 없다는 사실을 인정하고 최대한 많은 위험 요소를 찾아내 관리하는 데 초점을 맞춰야 한다. 그러나 실상은 자신이 속한 일터에 위험 요소가 하나도 없어야 한다고 믿는, 비현실적인 안전관리 목표를 가진 기업이 적지 않다. 이런 기업은 위험이 존재하는 것 자체가 안전관리부서의 잘못이라고 간주한다. 실무자도 현장에 존재하는 위험을 소극적으로 평가하거나 감추려 한다. 기업 조직이 안전관리에 대한 이해가 부족할 때 생기는 문제다.

무결한 안전 목표를 추구하는 인식은 대표적인 산재 예방 운동 '무재해운동'에서 큰 영향을 받았다. 무재해운동은 각 기업의 사망·부상 재해 건수를 특정 기간 동안 0건으로 만든다는 취지로 노동부가 1979년부터 40년 가까이 시행한 안전관리 캠페인이다. 기업이 무재해를 달성하면 그 포상으로 근로감독과 안전보건교육이 면제됐다. 이때 무재해는 단지 재해가 없는 정도가 아니라 '상해를 입을 만한 위험 요소까지 없는 상태'였다. 노동자들이 한데 모여, 기계를 사용해 일을 하다 보면 재해의 위험 요소가 없을 수 없는데 이것마저 감춰야 할 대상으로 본 것이다.

자연히 보여주기식 관리의 부작용이 나타났다. '재해 0건'이라는 비현실적인 목표를 설정하다 보니 사고가 나도 감추기 급급하고 급기야 산재 은폐까지 하는 경향이 생겼다. 결국 정부는 2018년 무재해운동 캠페인을 공식적으로 폐지하고 기업이 주도하는 자율 안전관리 체제로 전환했다.

그러나 무재해운동 폐지 이후에도 산재 위험을 감추고 덮는 분위기는 잔재처럼 남았다. 지금도 건설사 사무실에 가 보면 벽 한쪽에 초록색 무재해운동 포스터를 붙여놓고 '모든 재해 0건'을 표어로 붙여놓은 모습을 어렵지 않게 볼 수 있다. 큰 재해를 막으려면 작은 재해부터 분석하고 줄여나가야 하는데 선순환이 이뤄지기 어려운 구조다.

만만한 게 '작업자 과실'

"사고가 나면 그룹 본사에도 보고하는데요, 제일 말하기 꺼려지는 게 관리적 요인(시스템 에러)이에요. 이걸 보고하는 건 사실 우리 치부를 보여주는 거잖아요, 우리가 현장 관리를 잘못해서 사고가 났다고 말하는 거니까. 그래서 가능하면 관리적 요인보다는 사람 요인(휴먼 에러)으로 사고를 정리하려는 유인이 없을 수 없어요."(안전관리자 호세)

재해의 원인을 조사할 때는 기술(설비)적·인적·작업 환경적·관리적 요인 4가지를 골고루 분석해야 한다. 그러나 실제로는 상당수 산재사고의 원인이 인적 요인, 즉 '작업자 과실'에 치중된다. 중소기업중앙회가 2021년 500개 회원 기업을 상대로 진행한 설문조사를 보면, '산재사고 발생의 주된 원인이 무엇인지' 묻는 질문에 75.6퍼센트가 '근로자의 부주의 등 지침 미준수'를 꼽았다.[69] '작업 매뉴얼 부재'(9퍼센트), '전문 관리인력 부족'(8.2퍼센트) 등 구조적 원인을 짚은 기업은 30퍼센트도 되지 않았다.

물론 노동자 부주의가 많은 사고의 원인이 된다. 그러나 어느 노동자를 투입하더라도 비슷한 사고가 반복적으로 발생한다면 그들을 부주의하게 만드는 구조를 살펴야 한다. 노동자들을 실수하게 만드는 환경은 그대로 둔 채 '안전수칙을 지키라'고만 강조해서는 재해를 획기적으로 줄이기 어렵다. 사실 재해 위험을 키우는 원인엔 무리한 생산량이나 현장 인력 부족, 저가 수주 관행 등도 있다. 그런데 이런 문제는 안전관리 실무자들이 문제 제기해도 잘 받아들여지지 않다 보니 당장 지적할 수 있는 노동자 과실을 산재 원인으로 꼽는 경우가 많다.

2020년 4월 16일 밤 6시 18분께, 잠수함 정비 작업이 한창이던 울산 현대중공업에서 노동자 사망사고가 발생했다. 잠수함 발사관을 닫는 두 개 문의 공간을 조정하던 노동자 김 아무개(45) 씨의 머리가 잠수함 바깥 문과 안쪽 문 사이에 낀 것이다. 당시 정비 작업은 잠수함 안에서 정비를 하는 정비공과 밖에서 문을 닫도록 신호를 보내는 신호수가 2인 1조를 이뤄 수행하고 있었는데, 김 씨가 미처 밖으로 나오지 못한 상황에서 신호수가 김 씨의 위치를 확인하지 않고 바깥 문을 닫으라고 신호를 보낸 것이다.

현대중공업 안전경영실 사측은 내부 보고서에 이 사고의 원인을 이렇게 썼다. "사고 원인-부적절한 판단 및 의사결정: 동료 작업자가 문 앞 재해자의 발 위치(만) 확인한 후 외판문에 불안전하게 있는지 확인하지 않은 상태에서 외판문 닫음 요청. 재해자가 안전한 위치에 있다고 착각함."[70] 사고의 주된 원인이 동료의 위치를 제대로 확인하지 않은 사람의 잘못이라고 판단한 것이다.

그러나 이 사건을 조사한 근로감독관의 재해조사의견서엔 회사가 언급하지 않은 작업 환경 및 조직 관리적 원인이 담겨 있었다. 회사 쪽이 빠듯한 생산 일정을 맞추려고 미숙련자를 투입하면서도 사고 위험은 제대로 알려주지 않았다는 것이다.

그날 잠수함 정비 일정은 오후 5시까지로 예정돼 있었고 근무자 일정도 그에 맞춰져 있었다. 숨진 김 씨도 원래라면 정시에 퇴근했어야 했다. 하지만 작업 시간이 예상보다 오래 걸려 다음날 고객사가 올 때까지 일을 마치기가 어려워 보였다. 김 씨 동료들의 증언을 종합하면, 해당 공정의 노동자들은 '고객사에 요구해 검사 일정을 미루라'고 회사에 요구했고 사측은 잔업을 해서라도 일정을 맞추자는 입장이었다. 퇴근시간이 될 때까지 노사는 합의점을 찾지 못했다.

오후 5시가 다가오자 김 씨와 호흡을 맞추던 신호수가 먼저 퇴근했다. 김 씨는 급하게 투입된 다른 신호수와 마저 잔업을 했다. 그런데 새로 온 신호수는 잠수함 발판 공정을 한 번도 해 본

적이 없는 미숙련자였다. 관리자들은 그 작업을 할 때 사람이 끼일 수 있다는 위험을 노동자들에게 안내하지도 않았고 안전작업계획서에 적지도 않았다. 그 공정에서 끼임 사고가 발생할 수 있단 사실 자체를 인지하지 못했거나 가볍게 여겼을 가능성이 있다. 잠수함 내부 공간이 얼마나 좁은지 몰랐던 신호수는 김 씨가 있는 상태에서 양쪽 문을 닫도록 신호했고, 문이 닫히며 김 씨의 머리가 끼고 말았다.

결국 이 사고의 원인은 동료 신호수의 착오만이 아니라 그가 착오를 일으키지 않도록 회사가 작업의 위험을 구체적으로 안내하지 않았다는 점, 그리고 업무 일정에 쫓겨 실수할 가능성이 큰 미숙련자를 아무런 교육 없이 급하게 투입했다는 점일 것이다. 이런 정황은 회사의 내부 보고서에 수록되거나 재발 방지책으로 이어지지 않았다.

당시 회사는 사고의 재발 방지책으로 작업 공간을 넓히고 내부 문을 열어 노동자 시야를 확보하는 방안을 제시했다. 그 대책도 나름대로 사고 위험을 낮추는 의미가 있다. 하지만 또다시 갑작스럽게 초과근무를 해야 하는 상황이 생기면 노동자들과 어떻게 협의할 것인지, 또 공정의 핵심 위험 요인을 회사가 포착하는 데 실패한 이유는 뭔지 함께 다뤘다면 훨씬 더 많은 유사 사고를 예방할 수 있었을 것이다. 잠수함 공정에 관한 설비 개선책은 그 공정만 개선하지만, 조직 관리 개선책은 유사한 다른 공정도 함께 개선하는 효과가 있다.

이 사고에서 한 가지 더 눈에 띄는 점은 현대중공업이 김 씨 사고를 조사할 때 '허위로 판명 시 어떠한 처벌도 감수하겠으며 민형사상 모든 책임을 지겠다'는 문구가 담긴 목격자 진술서를 동료 노동자들에게 배포했다는 점이다.[71] 사측이 수집하는 진술 자료는 재해를 분석하고 재발 방지책을 수립하기 위한 참고자료 역할을 한다. 굳이 작업자에게 '책임질 수 있는 말만 하라'는 취지의 경고 문구를 삽입할 이유가 없다. 그럼에도 재해를 가능한 한 숨기고 축소하려는 일선 실무자들의 관습이 서류에도 그대로 녹아있다.

산재 사망사고가 발생하면 기업 관계자들을 상대로 한 수사가 시작되기 때문에 기업의 안전 관련 참고자료도 그에 대비해 보수적으로 작성되는 경향이 있다. 조직과 자기 자신을 처벌로부터 지키려면 자기 잘못을 축소해 적는 것은 일견 자연스러운 선택이다. 그러나 수사 대응이 안전관리의 최우선 목표가 되면 반성을 통한 재발 방지는 뒷전이 되고 만다. 기업으로서는 다음 산재사고 예방을 위한 귀중한 배움의 기회를 잃는 셈이다. 조직 경영진이 자사의 안전관리 실태를 적나라하게 확인하고 잘못된 관행을 발본색원하겠단 '의지'를 일선에 전달하지 않는 한, 안전부서 실무자들의 소극적 대응은 필연적 결과다.

물론 소극적 안전관리 관행은 안전관리자 내지는 안전관리 부서의 조직 내 위상이 좋지 못한 현실과도 관련 있다. 안전관리자들은 기업에서 이윤을 창출하는 부서가 아니기 때문에 회사

내 다른 부서와는 예산 및 인력 배정 문제로 갈등하고, 노동자들과는 위험한 작업 관행으로 갈등한다. 현직 안전관리자들이 구직 포털에 응한 여러 인터뷰를 보면 공통적으로 '작업자와의 마찰' 내지는 '경영진을 포함한 타 부서 설득의 어려움'을 업무 애로사항으로 꼽는다.[72]

이해관계자들과 부딪히기만 하고 문제가 해결되지 않으면 안전관리자도 체념하고 소극적으로 일을 처리하는 데 골몰하기 쉽다. 경영진이 안전관리부서에 힘을 실고 안전관리 업무를 우선적으로 해결하라고 조직에 분명한 메시지를 줄 필요가 있다.

생산수칙과 안전수칙의 불편한 동거

한 식당의 사장이 사업 확장을 위해 주방을 키우기로 했다. 부엌 공간을 넓히고 식기세척기도 더 큰 것으로 바꿨다. 기존에 쓰던 안전 수칙은 따로 손대지 않고 그대로 뒀다. '공간만 조금 손 본 거고 불을 쓰는 설비를 들인 것도 아니니 안전 수칙까지 바꿀 필요는 없다'고 생각해서다. 그래도 괜찮은 걸까?

결론부터 말하면 그렇지 않다. 우선 노동자들의 동선부터 달라진다. 그 전에는 가스레인지 앞에서 일하는 사람과 식재료를 다듬는 사람이 자신의 양옆 방향으로만 움직였다. 둘 사이에 공간이 좁아 앞뒤로 움직이면 다쳤기 때문이다. 그런데 공간이 넓어지자 직원들이 자신도 모르는 사이 전보다 크게 움직이기 시작했다. 그 결과 직원들이 오히려 전보다 서로 부딪히는 일이 많아졌다. 게다가 새로 들여온 대형 식기세척기는 기존의 덮개 씌우는 방식이 아닌 커다란 뚜껑을 통째로 씌우는 식이다. 직원들은 새 설비에 익숙하지 않아 자꾸 손이 끼곤 했다. 공간과 동선, 설비가 달라지니 기존에 정해 놓은 안전수칙이 제 기능을 못하는 것이다.

영리를 추구하는 기업에서 안전관리가 생산의 효율에 밀리는 것은 회사가 일부러 개입하지 않는 한 필연적인 결과다. 앞서 소개한 안전 공학자 제임스 리즌도 자신의 책 《인재는 이제 그만》에서 안전이 어떻게 조직의 우선순위에서 '자연스럽게' 밀려나는지 적었다. 생산과 안전이 충돌하는 긴장 관계 속에서 일터의 산재 위험은 어떻게 증식되고 방치되는가. 일부러 안전을 무시하는 경우가 아니라도 그저 생산을 늘리며 안전을 잊는 것만으로도 산재 위험이 증폭될 수 있다고 리즌은 경고한다.

"생산의 불가피한 측면인 성장과 이윤, 시장 확보를 고려할 때 '거의 일어나지도 않는 일'에 대한 두려움은 제쳐두기 십상이다. 그렇게 되면 좀 더 효과적인 (노동자) 보호를 위한 투자는 점차 줄어들고 지금 있는 방어수단도 제대로 유지하거나 돌보는 데 소홀하게 된다. (그러나) 단순히 생산을 증대시키기만 해도 그에 걸맞은 새롭고 확대된 방어수단을 제공하지 않는다면 가용한 안전여유도는 감소하게 된다. 지금 있는 방어수단을 도외시

하거나 새로운 방어수단을 마련하지 않거나 두 경우 모두 결과는 파국적인 사고 그리고 때때로는 그걸로 끝장나는 사고의 위험을 한층 더 증대시키게 된다."[73]

리즌은 아무런 노력도 기울이지 않았는데 생산과 안전이 '자연스럽게' 공존하는 경우는 거의 없다고 말한다. 생산과 안전은 본질적으로 서로 충돌하며, 자본주의 사회에선 통상 생산이 안전보다 우위에 있다. 게다가 영리를 추구하는 기업은 이윤 증대를 위해 생산량을 늘리기도 하고 공장 터를 넓히기도 한다. 이 과정에서 생산 활동에 내재한 위험도 함께 증대된다. 그때 안전조치가 그에 걸맞은 수준으로 함께 늘지 않는 것만으로도 재해에 취약해진다. 고의로 안전을 희생시키려 하지 않더라도, 그저 다양한 경영상 결정을 하면서 안전을 잊어버리는 것만으로도 재해의 위험이 증대된다고 리즌은 경고한다.

그는 안전수칙과 생산수칙이 그 본질상 상충할 수밖에 없다는 사실도 강조한다. 생산수칙은 생산효율을 최대한 높이도록 만들어진다. 반면 안전수칙은 같은 사고가 다시 발생하지 않도록 노동자를 제지하는 방식으로 만들어진다. 재해가 반복될수록 안전수칙이 강화되며 노동자의 생산효율을 옭아맨다. 노동자는 생산량을 맞추기 위해 안전수칙을 위반하고픈 유혹에 맞닥뜨린다. 위반이 한두 번 일어나다 관행으로 굳어지고 안전관리부서도 생산효율을 위해 못 본 척한다. 결국 사고가 발생하면 책임을 뒤집어쓰는 것은 노동자와 일선 안전관리자다. 안전수칙과 생산수칙의 틈새를 그대로 내버려 둔 기업 조직의 무관심은 처벌 대상이 아니다.

리즌의 설명을 종합하면 두 가지 중요한 사실을 알게 된다. 일터에서 생산이 늘면 그만큼 위험도 함께 는다는 것, 그러므로 위험 관리에도 그에 걸맞은 자원을 계속 투입해야 한다는 것이다. 한 번 만든 안전수칙을 수년씩 쓸 것이 아니라 그것이 지금의 공정 흐름에 동떨어져 있진 않은지, 개선점은 없는지 살피고 여건에 맞게 계속 바꾸어 가야 한다. 많은 기업이 공장 라인을 증설하고 새로운 제품 생산을 시도하면서도 안전수칙과 설비만큼은 낡고 오래된 것을 그대로 가져다 쓰려고 한다. 생산 환경이 변한 만큼 위험의 크기도, 작동 방식도 변했다는 사실을 모른 채 아귀가 맞지 않는 문을 억지로 짜 맞추다가는 결국 사고로 이어지고 만다고 리즌은 지적한다.

특정 부서에만 맡겨놓는 안전

초보 엄마 아빠가 막 신생아 아기를 돌보기 시작했다고 가정하자. 육아휴직을 한 엄마가 아기를 주로 돌보면서 육아에 먼저 능숙해졌다. 반면 곧바로 직장에 복직한 아빠는 육아에 서툴다. 낯을 가리는 아이가 아빠한테만 가면 우니 아빠가 아이를 점점 엄마에게 맡겨놓는 일이 잦다. 이대로 시간이 흐르면 이 가정에 무슨 일이 생길까? 육아는 완전히 엄마 몫이 되고 아빠는 육아에서 이탈하기 쉽다.

기업도 마찬가지다. 안전은 모든 부서가 제 일처럼 챙겨야 하는 업무다. 하지만 실제로는 안전을 신경 쓰는 것이 복잡하고 번거롭다고 여겨 안전 관련 부서에만 맡겨놓는 일이 빈번하다. 그러면 그 기업의 안전관리 역량은 전혀 늘지 않는다.

2021년 4월, 건설업종의 대표적 산재 다발 기업(산재가 자주 발생하는 기업)인 태영건설에 대해 노동부가 특별근로감독을 실시했다. 감독 결과 태영건설 전체가 공유하는 안전 관련 목표가 없었고 안전팀이 공유하는 목표만 수립돼 있었다. 또 다른 산재 다발 기업인 현대건설과 대우건설도 특별감독 결과 안전보건 목표를 추상적인 수준에서만 세우고 정량화된 목표가 없어 목표 달성 여부를 추적하기 어려웠다. 사실상 조직 전체가 공유하는 구체적인 안전보건관리 계획이 없는 것이나 다름없었다.

안전을 모든 부서가 알고 신경 쓰는 것이 왜 중요할까. 안전관리부서는 작업장의 모든 위험을 전반적으로 관리하기 때문에 개별 공정의 사소한 위험 요소까지 찾아내는 데는 한계가 있다. 개별 부서 업무의 산재 위험을 가장 잘 아는 주체는 안전관리부서가 아닌 그 부서의 직원들이다. 실무를 직접 하는 부서가 못 보고 놓친 위험을 안전관리부서가 찾아내기란 현실적으로 어렵고 효율적이지도 않다.

“납기를 맞추지 못하면 손실이 바로 발생하고 다음 일거리도 영향을 받는다고 생각하여 납기 준수는 철칙으로 모두 이해한다. 하지만 정작 소속 근로자들의 생명과 건강이 달린 안전에는 무관심하다. 그 결과 대부분의 사업장에서 여전히 안전업무는 안전업무를 담당하는 일부만의 일이라는 인식이 여전하고 산업재해는 빠르게 감소하지 못하고 있다."

김진현 산업안전보건연구원 산업안전연구실장 등 연구진이 〈산업현장 전 조직 부분의 위험성 평가 참여 방안 및 역할 검토〉라는 논문에서 지적한 문제점이다.[74]

이 연구진은 작업 공정마다 산재 위험 요소를 사전에 평가하고 이를 작업 순서에 반영하는 '위험성 평가'를 모든 조직이 적극적으로 해 나가야 한다고 짚는다.

"일부 사업장에서 여전히 위험성 평가 관련 서류 작업을 기피하거나 부서별 업무를 하기만도 시간이 부족하다는 등 이런 저런 이유로 위험성 평가를 하지 않는다. 결국 안전관리자 등 안전업무 관계자 중심으로만 형식적으로 이루어지는데 이는 산업안전 측면에서 반드시 없어져야 할 업무 형태이다."

심지어 아예 안전관리를 하청업체에 외주하는 경우도 있다. 직원 300인 미만인 기업은 안전관리 외주화가 법적으로 가능하다. '안전관리대행기관'이라 불리는 민간 업체들이 한 달에 한두 번씩 작업장을 방문해 기업의 안전관리 수준을 확인한다. 이들 업체도 나름대로 유해·위험 요인을 찾아내려 노력하지만 그 기업에서 일한 경험이 없어 현장의 위험 요인을 다 못 보고 지나치기 쉽다. 무엇보다 자사 안전관리를 계속해서 외주업체에만 맡기면 주체적으로 위험 요소를 찾고 관리하는 역량이 길러지지 않는다. 스스로 안전관리 수준을 높여 자립하지 못하고 외부 업체의 관리에 의존하는 상태가 되는 것이다.

산재가 은폐되다

"무슨 일이세요?"(소방대원)

"이수도인데요, (사람이) 굴렀거든요."(○건설 관계자)

"굴렀어요?"(소방대원)

"예. 의식은 있는데 갈비뼈가 부러진 것 같아요."(○건설 관계자)

-노치목 씨 사망사고 관련 유족이 확보한 119신고녹취록에서

산재의 위험을 가리는 수준이 심해지면 기업이 산재의 발생 사실 자체를 은폐하는 문제도 생긴다. 젊은 노동자 노치목(28) 씨의 산재사고는 회사의 산재 은폐 정황이 적나라하게 드러난 사례다.

2021년 6월 19일, 경남 거제 이수도 둘레길 공사에 투입된 굴착기 운전자 치목 씨는 작업을 마치고 무거운 자재를 굴착기

에 실은 뒤 운전석에 탑승했다. 그때 자재 무게를 이기지 못한 굴착기가 뒤로 전복되며 치목 씨가 그 밑에 깔렸다. 사고 전날 비가 와 땅이 질고 미끄러운 상태였고 회사가 치목 씨에게 빌려준 굴착기는 바퀴가 심하게 닳아 있었다. 당시 현장엔 굴착기 밖에서 위험을 확인하고 운전자에게 알리는 '작업 유도자'도 따로 배치돼 있지 않았다.

그런데 유족이 확보한 119 신고 녹취록과 노동청 수사결과 보고서를 보면, 치목 씨를 고용한 ○건설 관계자들은 치목 씨를 신고하면서 출동대원에게 처음부터 거짓 정보를 줬다. 산재라는 사실을 숨긴 채 "(치목 씨가) 산에서 굴렀다"고 말하는가 하면 사고 현장도 공사 현장이 아닌 "섬 전망대 입구 쪽"이라고 말했다. 굴착기가 전복됐다거나 공사 현장이라는 얘기는 아예 하지 않았다.

처음부터 산재라고 이야기했으면 상황이 달랐을까. ○건설 관계자가 119에 신고할 당시 치목 씨는 의식이 있었다고 한다. 만약 굴착기 깔림 사고로 신고가 접수됐다면 대처가 달랐겠느냐는 유족의 질의에 경남소방본부는 "굴착기에 깔린 시간과 경위를 파악한 뒤 (치목 씨를) 중증응급환자로 분류"했을 것이라고 답변했다. 또 소방 쪽은 '상황이 정확히 전달됐다면 소방헬기가 출동 가능했겠느냐'는 유족 질의에도 "포크레인에 사람이 깔렸다고 신고했다면 섬이라는 점을 감안해 소방헬기 출동이 가능했을 것"이라고 답했다.[75] 건설사 관계자들은 병원에서 만난 경찰에게 "펜션에 머물렀는데 (치목 씨가) 산책하다 굴렀다"고 거짓 진술하기도 했다.

그러나 ○건설 관계자들은 산재 은폐로 처벌되지 않았다. 산재를 은폐하려 한 정황은 있었지만 건설사 관계자들이 뒤늦게나마 노동부에 산재를 신고했고 수사를 받을 때도 산재였음을 알렸다는 이유다. 산업안전보건법이 정하는 산재 은폐는 산재가 발생한 사실을 기록으로 남기지 않거나 노동부에 보고하지 않은 경우이고 119 늑장 신고 등 초동 대처가 미흡한 것까지 문제 삼지는 않는다. 한때 산재 발생 시 119 즉시 신고 의무를 법에 신설하자는 논의가 국회에서 이뤄지기도 했으나, 법 개정으로 이어지진 못했다.

산재 은폐는 법적으로는 1년 이하의 징역 또는 1000만 원 이하의 벌금이 부과되는 중범죄다. 그러나 실상은 노치목 씨 사고처럼 늑장 대응을 한 사례도 결과적으로 보고를 하기만 하면 의무를 준수한 것으로 본다. 또 산재를 보고하지 않아 뒤늦게 적발되더라도 일부러 은폐했다는 정황이 없으면 단순 누락으로 여겨져 500만 원가량 과태료를 받는 데 그친다. 2020년 산재를 보고하지 않거나 은폐했다가 적발된 사업장은 850곳인데, 이들 기업은 평균 667만 원의 과태료를 받는 데 그쳤다. 노조도 없는 영세한 하청기업이라면 당사자만 입막음해도 산재를 손쉽게 은폐할 수 있다.

현장에선 아예 산재 보상 처리를 하지 않고 당사자들끼리

사적으로 보상하는, '공상'이라는 이름의 관행도 자리 잡았다. 본디 공상은 '공무로 인한 상처'의 준말이지만, 노동자와 사용자만 그 상처의 존재를 알고 정부는 모르기 때문에 산재라고는 부르지 않는다. 비공식적 산재 혹은 '비밀 산재'인 셈이다.

한국의 산재 통계는 매우 기형적인 구조를 갖고 있다. 경증의 산재 건수는 낮은데 사망 재해 건수는 높다. 2021년 한국의 임금노동자(산재보험 적용 노동자) 중 산재 사망자 비중은 1만 명 중 43명이다. 그런데 부상 등 모든 재해가 총망라된 재해자 비중은 1만 명 중 63명(산재율 0.63퍼센트)밖에 안 된다. 1:29:300이라는 '하인리히의 법칙'(1번의 중대사고가 있기 전 29번의 경상 사고와 300건의 아차사고가 있다는 법칙)에선 사고 경상자가 사망자의 29배에 달한다. 그런데도 우리나라는 다친 사람이 사망한 사람의 1.4배밖에 되지 않는 것이다. 부상을 포함한 각종 산재가 제대로 보고되지 않다가 사망사고로 119와 경찰이 출동할 때만 겉으로 드러난다고 볼 수 있다.

사망사고마저 은폐하려는 경우도 있다. 2014년 12월, 롯데건설이 산재를 당한 현장 노동자를 119에 신고해 가장 가까운 병원으로 이송하는 대신 차로 20분가량 걸리는 다른 병원으로 직접 옮긴 사실이 드러났다.[76] 다친 노동자를 수송 받은 병원은 '중증 외상 수술을 할 수 없다'며 돌려보냈고 그 노동자는 인근 병원으로 다시 옮겨지는 과정에서 구급차 안에서 숨졌다. 이런 사실이 국회의원 질의 과정에서 드러나자 '회사가 임의로 다친 노동자를 후송하려다 치료의 적기를 놓쳤다'는 비판 여론이 불거졌다. 롯데건설 쪽은 '실무자의 단순한 판단 착오였다'고 해명했으나, 노동단체들은 '119에 연락하면 기록이 남을 여지가 크니 자의적으로 병원 이송을 하려던 것'이라고 비판했다.

사실 기업 입장에선 매달 산재보험료를 내기 때문에 공상 처리를 하는 것보다 산재보험 처리를 하는 것이 비용 면에서 이득이다. 그러나 실상은 기업들이 보상금을 더 챙겨주는 한이 있어도 산재 신고를 하지 않고 공상 처리하려는 경향이 강하다. 관공서에 보고하는 산재 건수가 늘면 산재보험요율이 올라가고 갖가지 번거로운 행정 감독을 받을뿐더러 일감을 따내는 데도 불리해질 수 있어서다. 이렇듯 눈에 보이지 않는 산재 신고 비용이 더 크다고 판단하기 때문에 많은 기업이 공상 처리를 선택한다.

문제는 공상 처리가 국가 통계를 왜곡할 뿐 아니라 기업 스스로 안전문화를 개선하는 데도 도움이 안 된다는 것이다. 노동부에 보고가 되지 않은 사고를 기업이 스스로 자세히 분석해 결론을 내릴 가능성은 작다. 여러 번 누적된 경미한 사고를 치열하게 분석하지 않고 그대로 흘려보내면 대형 사고를 막기 어렵다.

이 때문에 산재 보고 의무에 경중을 달리해 경미한 산재는 제재의 수위를 낮추는 대신 적극적으로 보고하게 하고 심각한 산재는 처벌하도록 하자는 제안도 있다. 노동부는 2015년 공공기관의 시공사 선정 기준을 개편해 입찰에 참여하는 기업들의 산재 현황을 제출받을 때 경미한 사고를 제외하고 사망사고만 파악하도록 했다. 반면 산재 은폐가 확인된 사건에 대해서는 기존 과태료 조항에 더해 형사처벌이 가능하다는 조항도 2017년 신설했다.

산재 미보고 및 은폐 건수(2021년 10월 임종성 의원실)는 2017년 1315건에서 2018년 801건으로 대폭 떨어졌다.[77] 이후 2019년 911건, 2020년 850건, 2021년 821건으로 조금씩 줄고는 있으나, 여전히 산재 은폐 기업이 적지는 않다.

정부 기관, 예방과 처벌이 혼재된

"노동부 감독관 오는 날요? '창과 방패' 준비해야죠. 실질적인 재해 예방 조치(창)를 아무리 잘해도 서류를 제대로 갖춰놓지 않으면(방패) 과태료 폭탄 받거든요."
-건설업 안전관리자 K씨, 기자와의 대화에서

산재 예방을 담당하는 정부 부처인 고용노동부는 어떨까. 기업 관계자들이 주로 노동부를 향해 쏟아내는 비판은 '법 위반 행위를 찾는 데만 초점을 맞추고 재해의 근본 원인 파악엔 무관심하다'는 것이다.

대한민국의 산재 예방 정책은 2010년도 들어 기업의 안전관리 역량 강화에 초점을 맞추기 시작했다. 그전까지는 엄격한 사업주 처벌과 영세 기업 지원 등 정부의 직접적 개입이 주를 이뤘다. 그러나 '3차 산재 예방 5개년 계획'이 시작된 2010년부터 노동자와 기업이 스스로 자기 일터의 안전관리를 하도록 돕는 것을 정책 목표로 세웠다. 정부가 매번 기업을 찾아가 잘못을 지적하기 어려우니 기업 노사가 각 공정의 위험 요소를 스스로 찾도록 방법을 알려주고 안전관리 실태를 주기적으로 점검·개선하는 체계도 갖추도록 컨설팅하는 것이다.

제삼자인 근로감독관이 회사 내부에서 일어나는 다양한 공정과 작업 관행을 매번 감독하고 문제점을 찾아내는 덴 한계가 있다. 만약 그 기업의 공정을 가장 잘 아는 사업주와 노동자가 스스로 개선점을 찾고 고쳐나갈 수 있다면 감독관이 방문하지 않을 때도 안전관리를 훌륭하게 수행할 수 있다. 정부가 기업에 매번 물고기(안전)를 잡아주기보다 기업이 스스로 잡을 수 있도록 도와주는 것이다.

그러나 산업현장에선 정부가 이런 역할을 한다고 긍정하는 이를 찾기 쉽지 않다. 안전관리자들은 안전 감독을 나온 노동부 감독관이 법 위반 사항을 적발해 과태료를 매기는 데만 급급하고 그 기업의 안전관리가 실제로 어떻게 이뤄지는지는 무관심하다고 불만을 토로한다. 현장 안전관리를 아무리 잘해도 실수로 서류를 빠뜨리면 낙제점을 주니 본질과 거리가 먼 서류 작업에 매달리게 된단 하소연이다.

기업 안전관리자들이 현장에서 가장 자주 만나는 정부 관계자는 노동부의 산업안전보건감독관(산업안전감독관)이다. 임금체불 등 노동 관계 법령 위반을 수사하는 것이 일반 근로감독관이라면 산업안전감독관은 기업의 산업안전관계법령 위반을 수사하는, 산업안전에 특화된 근로감독관이다. 산업안전감독관들은 산재가 자주 발생하는 기업들을 주기적으로 감독해 법 위반 사항을 적발하고 잘못된 관행에 대해 시정 지시도 내린다.

시험의 순기능은 평소 안다고 생각했던 지식을 검증해 보고 미처 몰랐던 점을 깨닫는 것이다. 산업안전감독관이 감독을 하러 방문할 때도 그런 순기능을 기대할 수 있다. 하지만 기업 실무자들은 도리어 시험이 요식행위로 전락했다고 비판한다. 이유가 뭘까?

'처벌 위주' 비판에 숨겨진 것

핵심은 정부가 새롭게 설정한 감독관의 역할과 감독관이 스스로 인식하는 역할이 서로 다르다는 점이다. 노동부 본부는 산업안전감독관의 역할이 기업의 재해 위험을 함께 찾고 개선하도록 돕는 역할로 변모했다고 본다.[78] 잘못을 지적하는 수사관에 그치지 않고 잘못의 이유를 찾아 더 나아지도록 계도하는 행정가가 되란 취지다. '정부가 재해 예방을 도와주진 않고 처벌만 한다'고 볼멘소리하는 기업 관계자들도 비슷한 인식을 공유하고 있다. 반면 일선 산업안전감독관들은 스스로가 법을 준수하도록 강제하는 수사관이라고 본다. 정책의 방향성은 노사 자율로 바뀌었지만 현장 감독관들의 정체성은 여전히 처벌과 적발에 맞춰져 있다는 뜻이다.

"감독관은 형사법 조치를 하는 사람들이지 기술지도나 예방 컨설팅을 하는 사람이 아녜요. 그런 건 (사업주 지원 기관인) 안전보건공단이 하는 거죠. 감독관들은 기업이 법을 위반해 사고 발생 위험이 커지면 그것을 적발하는 역할을 합니다. 그런데 어느 순간부터 컨설팅 업무까지 감독관들이 하기를 기업들이 바라니까 감독관들이 당혹스러워하는 거죠."

전직 산업안전감독관 L 씨의 말이다. 그는 '서류 중심의 형식적 감독'을 지적하는 기업의 문제 제기도 그다지 동의하지 않는다.

"서류는 기업의 안전관리 여부를 따져보는 가장 기본적인 결과물이기 때문에 챙겨보는 겁니다. 예를 들어 안전관리책임자 임명에 관한 서류가 없다고 치면 그건 안전관리책임자가 불분명한 거잖아요. 안전교육을 받았는데 서명이 없으면 입증이 안 되는 거고요. 그리고 기업의 안전관리 서류가 나중에 다 수사자료로 쓰이는데 감독관이 서류 누락을 자꾸 용인해 주면 증거를 확보할 수가 없게 되잖아요."

그에 따르면 일선 산업안전감독관이 인식하는 본인의 최우선 순위 업무는 현장 적발-증거 확보-처벌이라는 '수사관'의 업무다. 법을 어기는 사업주에게 엄격하게 법을 집행해 범죄를 줄이는 특별사법경찰관리의 역할 말이다. 감독관들이 기업의 안전보건관리체계를 감독할 때 활용하는 서류 양식인 '감독점검표'도 조직의 핵심 문제를 폭넓게 파악하도록 작성됐다기보다는 '법 위반 사항'이라고 적힌 빈칸을 주로 채우도록 만들어져 있다. 이런 상황에서 산업안전감독관이 기업의 안전관리 체계를 진단하는 것은 후순위로 밀리기 쉽다.[79]

한 기관이 처벌과 예방을 동시에 수행한다는 건 분명 까다로운 일이다. 잘못을 적발하는 기관이 예방에 도움을 주겠다며 방문한들 기업이 신뢰를 갖고 자기 잘못을 적극적으로 보여주진 않기 때문이다. 이 때문에 처벌과 수사 업무는 주로 노동부 감독관이, 예방과 컨설팅은 안전보건공단이 나눠 맡곤 했다. 하지만 현실에선 두 가지가 긴밀하게 연결돼 있다. 잘못을 지적만 하고 어떻게 해야 할지 알려주지 않으면 같은 사고가 반복될 가능성이 크다. 반대로 그 기업의 평소 문제점을 모르는 채 컨설팅만 하면 피상적인 처방에 그치기 쉽다. 처벌과 원인 분석, 대안 제시가 한 몸처럼 가야 하는 이유다.

단순 적발 위주의 행정이 자리잡은 덴 산업안전감독관의 수가 절대적으로 부족한 탓도 있다. 산업안전감독(재해가 발생한 기업의 안전관리 실태를 파악하는 감독) 전담 인력인 '산업안전감독관' 정원은 2019년 681명, 2020년 705명, 2021년 815명으로 점차 늘고는 있다. 그러나 임금체불 등 노동관계법령을 주로 다루는 일반 근로감독관이 2307명(2021년, 정원 기준)으로 여전히 3배 가까이 많다. 일반 근로감독관들은 재해조사와 산업안전감독을 맡지 않는다.

일본은 모든 감독관이 전공 구분 없이 산재조사를 실시하지만 한국은 산업안전감독관만 산업안전 감독을 맡는다. 이 때문에 산업안전감독관 한 사람의 업무 부담이 더 과중하다. 산술적으로 산업안전감독관 한 사람이 감독해야 할 사업장은 아무리 적게 잡아도 2000개(직원을 고용한 전국 약 184만 개 사업체 기준)가 넘는다. 특정 업종의 재해가 사회적으로 문제가 되면 새롭게 할당되는 '특별 감독'은 물론 따로다.

업무가 과다하면 감독 물량을 '쳐 내는' 식으로 접근할 공산이 크다. 법령 위반은 가장 확실한 증표다. 반면 그 기업이 법을 왜 어기게 됐고 그 안에 뿌리내린 구조적 관행이 무엇인지 진단하는 것은 시간이 오래 걸리고 문제 풀이도 까다롭다. 예를 들어 기업이 법에 따라 안전보건관리책임자를 선임했는지 확인하는 것은 쉽지만 그가 실제로 법에 정해진 업무를 종합적으로 수행하는지 확인하는 덴 품이 많이 들고 노련한 접근도 필요하다. 2년마다 순환보직의 대상이 되고 역량을 개발할 시간도, 맞춤형 수업도 부족한 현재의 산업안전감독관 육성 방식으론 도달하기 어려운 목표다.

"한 기업의 고유한 위험 요인을 감독관이 발견하고 지도까지 하려면 그 기업 공정과 기술을 이해해야 하고요, 사업주와 대화하며 관계도 계속 쌓아야 합니다. 일회성으로 방문할 게 아니라 그 기업에 주기적으로 출입하면서 문제점을 같이 고민하고 대안도 시도해 봐야 하는데 그러려면 감독관이 몇 명 필요할까요?" L 씨가 반문했다.

안전관리 돕는 대신 원칙론만

재해의 근본 원인을 찾기보다 사업주 잘못을 지적하는 데 치중하는 건 지방노동청만의 문제는 아니다. 산재예방정책을 수립하고 실행하는 '두뇌' 역할을 하는 노동부 본부도 산재의 조직적·관리적 원인을 분석하려는 시도를 찾아보기 어렵다. 대외적으로는 기업의 안전관리 애로사항을 해소하고 역량을 키우도록 돕겠다고 하지만, 실제로 행정을 할 때는 사업주의 법 위반 행위를 나열하며 '어겨서는 안 된다'는 훈계를 하는 데 그치는 경우가 많다.

2022년 5월 30일, 언론사 메일함으로 노동부 보도자료가 첨부된 메일 한 통이 도착했다. '10년간 밀폐공간 질식 사고로 348명 죽거나 다쳐'라는 제목의 보도자료였다.

폐수처리작업과 정화조 작업, 축산분뇨처리 작업에서는 날씨가 따뜻한 봄과 여름에 노동자 질식사고가 자주 발생한다. 기온이 오르고 폐수가 썩으면서 강력한 황화가스가 분출되기 때문이다. 황화가스는 유해성 가스로 그 농도가 허용치 이상인 공간에 출입하면 사람이 질식해 숨질 수 있다. 이 때문에 폐기물업체는 작업자 안전을 위해 가스 측정기를 미리 구비해 뒀다가 허용치를 넘으면 일을 시켜서는 안 된다. 그러나 실상은 현장에서 작업을 강행하다 사고로 이어지는 경우가 많다.

빈번하게 발생하는 오·폐수 처리시설 질식 사고에 대해 노동부는 자료에 이렇게 썼다.

"사업주는 밀폐공간의 위험성을 명확히 인식하고 이를 근로자가 잘 알도록 하여야 한다. 관리감독자는 밀폐공간에서 작업을 할 때 안전한 상태인지 확인해야 한다. 근로자는 밀폐공간 내부의 공기 상태가 안전한지 확인되지 않았다면 절대 들어가지 말아야 한다."

이 자료는 사업주가 해야 할 원칙을 선언할 뿐 왜 원칙이 지켜지지 않는지에 대해서는 설명하지 않는다. 밀폐 작업 안전수칙에 무지한 사업주들에겐 자료가 도움이 될 것이다. 하지만 위험을 알면서도 비용 편익 때문에 작업을 강행하는 사업주들에겐 이 자료가 아무런 역할을 하지 못할 것이다.

황화가스 농도 측정기는 싼 것은 50만 원이면 산다. 사업주들은 왜 그것을 사업장에 갖춰두지 않을까. 노동부는 보도자료 끝에 '전화 한 통으로 가스 측정기를 배달해 주는 원 콜One Call 서비스'를 홍보했다. 사업주들이 측정기 대여를 귀찮게 여겨 기계를 갖춰두지 않는다고 추정한 것이다.

그러나 안전관리 기술발표회에서 만난 한 측정기 제작업체 대표는 '하청 고용의 틈새 때문'이라는 새로운 주장을 폈다.

"대다수 폐기물업체가 폐기물 처리만 자기 직원을 시키고 시설 유지보수나 청소는 하청업체에 따로 맡기는 경우가 많은데요, 하청업체들이 워낙 영세하다 보니 비용 아낀다고 측정기를 따로 안 갖고 다니는 경우가 많습니다. 그러면 원청인 폐기물업체가 그걸 챙겨서 줘야 하는데 원청은 하청한테 일을 맡겨놨으니까 하청 직원 안전은 안 챙기는 거예요. 원청도 측정기 다 갖고 있습니다. 다만 그걸 줄 생각을 안 할 뿐이죠."

정부의 판단과 측정기 회사 대표의 말 중 어느 것이 현실에 더 가까울지는 알 수 없다. 다만 측정기 회사 대표의 주장대로 하청업체에 일만 맡겨놓고 측정기를 줘야 한다는 필요성은 인식하지 못하는 폐기물 처리 업체가 있다면, 그 업체엔 '원 콜 서비스'가 아니라 원청의 사내하청 직원 보호 의무를 일깨워 주는 편이 더 산재 예방에 도움이 될 것이다. 사고 원인이 무엇인지 깊이 분석하는 만큼 뒤따르는 정부 정책도 달라지는 것이다.

이 자료만이 아니라 노동부가 작성하는 대다수의 산재사고 분석 자료가 피상적인 사건 분석을 벗어나지 못한다. 예를 들어 "철강 수요 회복에 따른 생산량 증가로 무리한 작업이 이뤄지고 현장 관리 감독이 소홀해진다"(2022년 6월 '철강업종 안전보건리더회의 개최')거나 "지붕 추락 사고는 소규모 초단기공사 현장에서 주로 발생하므로 교육·지도를 통해 안전의식 제고를 유도함이 효과적이다"(2023년 3월 '지붕수리 추락주의보')고 분석하는 식이다. 가능한 설명이지만, 충분치 않다. 업종의 활황과 사업체의 규모는 항상 존재하는 변수다. 그것만으론 빈발하는 사고를 합리적으로 설명할 수 없다.

이런 경향은 노동부 본부가 주된 분석 대상으로 삼는 자료가 일선 산업안전감독관들의 수사 결과물인 데서 기인한다. 산업안전감독관이 본부에 보고하는 자료부터가 사업주의 법 위반 행위를 주로 다루고 왜 법을 어겼는지에 관한 정보는 충분히 담겨 있지 않다. 또 일선 기업을 처벌하는 수사기관 특성상 기업들과 신뢰 관계 형성이 안 돼 내밀한 속사정을 듣기 어렵다는 한계도 존재한다. 민간 연구자들이 그 틈새를 메워줘야 하지만 관련된 연구도 빈약한 실정이다.

재해조사도 '법 위반' 위주로

"2020년 7월 28일 새벽 3시 30분께였다. 해가 뜨기 전이라 주변이 어두웠다. 아버지 소유의 낙농가 농장에서 일하던 56살의 농부는 경운기 뒤에 비료 펌프를 매달아 밭에 거름을 주고 있었다. 1971년에 만들어진 그 경운기엔 미끄럼 방지 장치와 안전벨트가 없었다. 길은 움푹 패여 있었고 울퉁불퉁했다. 앞으로 나가던 경운기가 목적지 근처에서 급회전할 때 왼쪽 앞바퀴가 흙길의 바퀴 자국에 걸렸다. 곧 경운기가 둑 바깥쪽으로 굴러떨어졌다. 농부가 먼저 땅에 떨어졌고 곧이어 그의 몸 위를 경운기가 덮쳤다. 그는 4시간 뒤에야 그의 아내와 아들에게 숨진 채 발견됐다."

이는 미국의 재해조사기관인 '산업안전보건연구원'NIOSH이 2023년 2월 16일에 작성해 배포한 사고 보고서의 일부다. NIOSH는 사고가 났을 때 기업의 책임자를 수사하고 처벌토록 하는 미국산업안전보건청OSHA과는 별도로, 재해 원인 규명과 교훈 도출을 목적으로 재해조사를 시행하는 기관이다. 노동자 안전과 건강에 특화된 조사 기관으로서 미국 산업안전보건법에 따라 재해조사를 진행하며 이들의 업무는 노동부 장관이 아닌 보건복지부 장관의 일로 분류된다.

겉으로 볼 땐 단순해 보이는 경운기 전복 사고를 NIOSH는 16쪽 분량의 보고서로 자세히 분석한다. "농장에 가족 외에도 여러 직원이 근무하고 있었으나 안전관리 프로그램이 없었고" "재해자는 경운기 및 기계 작동, 비료 관리 등에서 수십 년의 경험이 있었으나" "평소 쓰던 경운기가 고장 나자 사고 이틀 전부터 아들 훈련용으로 경매장에서 산 경운기를 썼다가" 사고가 났다는 것이다. 농부가 대체용으로 쓴 경운기엔 안전띠도 전도 방지 장치(사람이나 물체가 뒤집히는 막는 장치)도 없었다.

재해를 촉발한 전후 사정을 구체적으로 탐색하면 해결책도 자연스럽게 나온다. 위 사고도 독자가 머릿속으로 장면을 그려보며 문제점을 찾을 수 있다. 작업을 시작한 시간대가 한밤중

이어서 농부는 울퉁불퉁한 땅의 상태를 제대로 못 봤을 것이다. 경운기도 평소 몰던 것과 달라 기계의 결함을 미처 파악하지 못했다. 그는 숙련된 베테랑이었지만 위험을 쉽게 간과하고 늦은 밤 혼자 작업했다. 그가 불시에 경운기에 깔렸을 때 도움을 구할 사람도, 그를 발견할 수 있는 사람도 없었다. 독자가 보고서를 읽고 이런 몇몇 장면을 인상적으로 기억하면 야간작업을 단독으로 수행할 때나 평소 쓰던 기계를 갑자기 바꿔서 사용해야 할 때 각별히 주의를 기울일 수 있다.

미국의 NIOSH는 수개월마다 이런 보고서를 내서 산업 현장 일선에 배포하고 있다. 사진자료와 재해에 대한 설명을 빼곡히 담은 보고서다.

그렇다면 한국에도 이런 보고서가 있을까? 안전보건공단이 작성하는 재해조사의견서가 비공개라는 점은 앞서 짚었다. 그런데 공단이 개인정보를 삭제한 뒤 요약, 가공해 공개하는 '재해 사례' 보고서도 사고를 야기한 원인을 자세하게 보여주기보다는 사업주의 의무만을 단순 나열한다는 지적이 많다. 아래는 유사한 사고에 대해 안전보건공단이 홈페이지에 게시한 2쪽짜리 '재해 사례' 보고서를 그대로 옮겨온 것이다.

〈재해 개요 및 발생 상황〉

-2017년 4월 인천광역시 소재 황동봉 생산 작업장에서 원재료가 들어있는 마대(황동가루, 1.2ton)를 지게차 왼쪽 포크

에 걸고 운반하던 중 지게차가 무게중심을 잃고 전복되면서 운전자가 지게차의 헤드가드와 작업장 바닥 사이에 머리가 끼어 사망.

-원재료 적재 장소에 약간의 경사(약 10°)가 있었으며, 지게차의 왼쪽 포크에 황동설을 건 상태로 오른쪽 바퀴로 황동설이 쌓인 경사로를 타고 올라가면서 지게차가 무게중심을 잃고 왼쪽으로 넘어짐

〈재해 발생 원인〉

✷ 지게차 포크에 화물 적재 시 편하중 발생

✷ 지게차에 부착된 좌석안전띠 미착용

✷ 지게차 전도방지를 위한 유도자 배치 등 미실시

〈동종재해 예방대책〉

*지게차에 화물 적재 시 하중이 한쪽으로 치우치지 않도록 조치

*지게차 운전자 좌석 안전띠 착용

*지게차 전도방지를 위한 유도자 배치 등 조치

*전도 등의 위험 예방대책이 포함된 작업계획서 작성 및 근로자 교육

*호이스트를 이용해 마대를 들어 올린 후 황동설을 쏟아내거나 원재료 보관장소와 적재장소 사이에 지브크레인을

설치하여 운반작업을 실시하는 등 작업방법 개선

〈관련 법규〉

▶산업안전보건기준에 관한 규칙 제38조(사전조사 및 작업계획서의 작성 등)

▶산업안전보건기준에 관한 규칙 제171조(전도 등의 방지)

▶산업안전보건기준에 관한 규칙 제173조(화물적재 시의 조치)

▶산업안전보건기준에 관한 규칙 제183조(좌석 안전띠의 착용 등)

이 자료를 읽으면 무엇이 사고를 촉발했고 재발 방지를 위해 어떤 조치가 필요한지가 머릿속에 명확히 그려지지 않는다. 작성자가 '황동설' '편하중' 등 생소한 용어를 쓴 탓도 있지만 상황-원인-대책이 서로 유기적으로 연결되지 않고 파편적으로 나열돼 있다는 인상을 준다. 재해 상황만 보면 작업장이 경사진 것이 문제인 듯한데 재해 원인과 예방대책을 보면 안전띠 미착용과 유도자 배치 미실시가 문제였다며 이를 개선해야 한다고 적혀 있다. 사고의 핵심 원인이 작업 현장의 지형인지, 아니면 작업방식이나 작업 도구였는지 헷갈리기만 하다.

공단의 보고서가 생생한 상황 전달에 실패한 이유가 뭘까? 사고의 구체적인 이야기로부터 시작한 것이 아니라 법이라는 틀에 맞춰 사고를 역으로 해석했기 때문이다. 독자가 위 사고를 이해하려면 사고 현장의 지면이 얼마나 울퉁불퉁했고 왜 그런 곳에서 작업이 이뤄졌으며 지게차가 얼마나 노후화됐는지 등을 세세하게 알아야 한다. 사고 당시 지게차 기사가 안전띠를 매고 있었는가 혹은 지게차 밖에서 수신호를 주는 '작업 유도자'가 있었는가는 그 후에 살펴볼 문제다. 그러나 전자는 폭넓은 조사가 필요하고 후자는 법에 정해져 있어 명확하다. 이 때문에 사고를 촉발한 원인을 깊이 들여다보기보다 법령상의 미비점을 지적하는 경향이 강하다.

재해 원인으로 지적된 작업 유도자 미배치나 안전띠 착용 위반, 작업계획서 작성 위반은 2009년 진동 로울러 경사면 전복 사고나 2014년 지게차 전복 사고 때도 공단이 사고 보고서에 그대로 썼던 문구다. 세 사고의 양상이 제각기 다른데도 원인과 대책은 법에 맞춰 똑같이 정리한 것이다.

이런 보고서는 깔끔한 요약정리는 됐을지언정 사업주와 노동자에게 사고의 심각성을 전달하는 덴 곧잘 실패한다. 독자가 보고서를 읽고 사고의 내용이 눈에 그려지지 않으면 그 상황에 자기를 대입해 보려 하지도 않기 때문이다. 또 서로 제각기 다른 사고인데도 추상적인 문구로 요약하고 유형화하는 과정에서 '다 비슷비슷한 사고'라고 환원할 위험도 있다.

이 자료가 재해조사의견서 원문이 아니라 요약된 자료라는 한계도 있다. 그러나 재해조사의견서도 재해의 조직 관리 실패 등을 다방면으로 짚은 보고서보다 기술적 조사나 사업주의 법 위반을 관행적으로 지적하는 보고서가 더 많다.

기계적·관성적 보고서의 탄생

공단의 보고서가 관행적이라고 비판받는 이유가 뭘까. 정부 산하기관 특유의 경직적인 태도 탓도 있겠지만, "공단의 재해조사 자체에 힘이 실리지 않기 때문"이라는 분석도 있다.

우선 재해조사의견서는 법적 조사 권한이 보장되거나 반드시 써야 한다는 강제력이 없는, 근로감독관을 위한 단순 참고자료에 불과하다. 재해조사의견서의 근거 조항은 법이 아닌 노동부 훈령이다. 근로감독관이 재해조사를 할 때 관계전문가에게 '재해 발생의 기술적 원인 등에 대한 의견'을 요청할 수 있다는 '근로감독관 집무규정' 제28조 2항에 조사 근거를 두고 있다.

이 때문에 구설에 오르지 않으려면 조사 단계부터 논쟁이 없을 만한 기술적 요인 위주로 조사하는 편이 조사관 입장에선 안전하다. 또 수사기관에 참고자료로 건네는 것이니 사법적 부담을 우려해 민간에 공개하지도 않는다. 김태구 인제대학교 보건안전공학과 교수팀이 2020년 741개 의견서를 분석한 결과, 안전보건 조직의 실태 등 관리적 요인에 대한 판단 없이 단순한 방호장치 등 기술적 관리 대책만을 기술한 보고서가 80.3퍼센트(595개)로 가장 큰 비중을 차지했다.[80]

최근에는 안전보건공단도 동영상 자료를 만드는 등 사업주를 이해시킬 수 있는 자료를 만들려 노력하고 있다. 재해조사 경험이 많은 직원들로 구성된 '중앙사고조사단'을 따로 꾸려 대형 재해조사를 도맡기도 한다. 중앙사고조사단은 2021년부터 이천 화재 참사 등 인명피해가 컸거나 자주 발생하는 사고를 한데 묶어 매달 '이슈 리포트'를 내고 있다. 이 역시 사고를 여러 방면에서 깊이 분석하기보다는 기술적 분석에 치우친다는 지적이 많지만, 공사기한 단축 등 재해에 영향을 준 구조적 원인을 수록했다는 점에서 기존의 보고서에선 한 발 나아간 시도다.

다만 재해조사 및 분석 기관으로서 안전보건공단의 법적, 제도적 기반이 약한 탓에 그 역할을 확대하는 데는 제약이 있다. 2023년 기준 안전보건공단에 배정되는 연간 전체 예산 9900억여 원 가운데 8500억여 원은 사업장 노후시설 교체 등 산재 예방 비용을 지원하거나 빌려주는 '클린사업장'과 '산재예방시설융자' 지원사업에 쓰인다. 재해조사를 위해 단독으로 투입되는 예산은 조사 장비 구입비 등 7억 5000여만 원이 전부다. 조사 인원도 총 2000여 명 가운데 재해조사 전담 인력이 65명에 불과해, 사고가 발생하면 일선 기관 700여 명 직원들이 그때그때 대응한다. 물론 이들은 재해조사만을 전문적으로 하는 인력이 아니라 공단의 다른 업무를 맡다가 사고가 났을 때 투입되는 인력이다.

이 때문에 본질적으로 수사와는 분리된, 독립적 재해조사 주체가 필요하다는 지적이 나온다. 김태구 교수 연구팀은 공단 직원들을 인터뷰한 결과 이들이 인력과 조사 기한(규정상 7일 이내)의 부족으로 재해조사의견서를 쓰는 데 업무 부담이 크다고 판단했다. 또 공단 직원들이 나름대로 분석 의견을 담아 재해조사의견서를 제출하더라도 수사기관인 노동부가 재판에서 다툼이 될 만한 내용은 생략하고 보내달라고 다시 요청하기도 한다고 설명했다. 수사 과정에선 다 활용하지 못하는 정보라도 재해예방에는 도움이 될 수 있는 정보가 있을 텐데, 이런 정보가 수사자료로 넘겨지는 과정에서 삭제된다는 말이다.

연구팀은 공단의 조사 인력을 확충하는 한편 공단 조사자의 의견을 수사가 아닌 산재 예방 용도로 따로 기록하는 시스템을 만들자고 제안했다. 미국의 OSHA는 별도 조사 기구를 따로 두어 재해를 조사하며, 영국의 HSE와 일본의 후생노동성은 수사와 재해조사를 겸하지만 재해를 조사할 때 기술적 원인뿐만 아니라 관리적, 조직적 원인까지 모두 아울러 조사한다. 한국의 노동 당국도 본부의 재해조사 기능을 강화하거나 공단의 독립 조사 기능을 강화하자는 의견이 나오고 있다.

노조, 체계적으로 대응하지 못한

현장의 위험 요소를 누구보다 잘 아는 주체인 노조도 그간 작업장의 위험을 적극적으로 문제 제기하고 관련 자료를 축적하는 역량이 부족했다는 지적을 받는다.

기업이 산업안전을 경영활동의 핵심 사안으로 간주한 것이 비교적 최근이듯, 노조도 오랜 기간 산업안전을 고용이나 임금 협상보다 후순위로 뒀다가 최근에야 조금씩 관심을 갖기 시작했다.

"예전에는 민주노총에 노동안전국 인원이 1명인 적이 있었습니다. 조합원이 70만 명씩 되는 큰 조직임에도 불구하고요. 노동안전국은 기피 부서였습니다. 실무자가 산업안전보건법을 잘 알고 있어야 하는 전문적인 영역이거니와 산재사고 현장 대응에 급급하다 보니 인력이 늘 부족했습니다. 쉽게 말해 막노동이었지요. 이런 점들로 인해 정책 생산 능력이 떨어졌었어요. 내부적으로 개선하려고 애를 썼습니다. 그래서 노동안전국이 노동안전실로 격상되고 상근자도 3명으로 충원했습니다. 앞으로도 더 인력을 확충할 계획입니다. 더 나아지겠지요."

2021년 3월 이상진 전 민주노총 부위원장이 한국노동사회보건연구소의 노동안전보건 관련 월간지 〈일터〉와 인터뷰하며 한 말이다.[81]

노조 안에서도 노동안전 활동의 당위를 공감하는 이들은 많지만 그 활동을 짊어지는 사람은 여전히 소수다. 동료들의 고충을 늘 가까이서 보고 듣고 사측과도 날 세우며 대립해야 해서다. 조합마다 후임자를 찾지 못해 어려움을 겪는 분야가 노동안전이다. 임금, 고용, 조직화 등 다른 분야와 견줘 활동가의 '재생산'이 특히 어렵다. 노조 집행부가 노동안전 담당자 자리를 그저 수많은 노조 간부 자리 중 하나로 인식해 노동안전 활동에 전혀 관심이 없는 이를 담당자로 앉히기도 한다.

안전관리를 실무자에게만 맡겨놓는 관행 역시 노조라고 예외가 아니다. 기업의 생산 부서들이 안전관리를 번거롭고 어려운 일이라 여겨 안전관리부서에 떠넘기듯, 노조 조직 안에서도 비슷한 이유로 노동안전 문제를 담당자에게만 맡겨두는 경우가 적잖다. "감독관이 현장을 방문했는데 노조 위원장이 동행하지 않기도 하고요. 감독관이 현장을 쭉 돌아보다가 특정 공정에 위험 요소가 눈에 띄니까 물어보는데 (노안 담당이) 그걸 전혀 모르기도 해요." 전직 산업안전감독관 L 씨의 말이다.

사정이 이러니 노사갈등이 심한 기업에선 노동안전이 그저 임금협상 등의 지렛대로 전락하기도 한다. 노조가 작업장의 부실한 안전 실태를 사진으로 찍어뒀다가 사측과 조합원 채용이나 임금 인상 등을 협상할 때 '고발하겠다'며 사측을 압박하는 수단으로 제시하는 것이다. 이는 당장 사측의 합의를 이끌어내는 덴 도움이 될지 모르지만, 장기적으로 안전한 노동 환경을 만드는 데는 오히려 독이 된다. 노조가 진정으로 안전에 관심을 갖는 게 아니라 임금이나 처우 개선에만 관심을 갖는다고 여겨지면 그 이후엔 노조가 안전 관련 문제 제기를 해도 사업주가 귀담아듣지 않기 때문이다.

안전한 일터를 구축하는 데 노조의 역할이 중요한 이유는 이들이 현장의 업무 위험을 누구보다 잘 알기 때문이다. 공정에 직접 참여하는 노동자들만큼 해당 공정의 위험을 정확하게 설명하고 개선을 요구할 수 있는 이는 없다. 특히 개별 공정의 위험을 작업 전에 노사가 스스로 파악해 그에 맞게 작업계획을 짜는 '위험성 평가'는 노조가 가장 잘 할 수 있는 분야다.

산재사건 전문 노무법인인 '일과사람'의 권동희 노무사는 2016년 《매일노동뉴스》에 기고한 칼럼에서 노조가 갖춰야 할 노동안전 역량을 5가지로 정리했다. △'아차사고'(사고로 이어질 뻔했으나 가까스로 비껴간 사고)를 비롯한 현장의 모든 사고를 수집, 분석해 조사보고서를 남길 것 △산재가 승인된 사건의 자료를 축적하고 불승인된 사건은 그 원인을 분석할 것 △사업주가 안전교육 등 관련 법 의무를 형식적으로 이행하지 않는지 감시할 것 △조합원들이 생산 속도를 높인단 이유로 안전 보호 조치를 게을리하지 않도록 설득할 것 △노동안전 전문성을 키울 것 등이다.

물론 대한민국이 '노조하기 힘든 나라'인 만큼 노조가 노동안전 문제에 깊이 개입하기 어려운 구조적 문제도 있다. 노사 합의로 보장된 전임자의 연간 노조 활동 보장 시간은 300인 이상 사업장 기준 5000시간으로, 전임자 두 명의 활동 시간이면 거의 바닥난다. 이마저도 해마다 돌아오는 임금과 고용 안정 협상을 하면서 노동안전에도 시간을 쪼개어 써야 하는 처지다.

또한 현장의 산업안전에 대해 이야기할 수 있는 창구인 '산업안전보건위원회'(산보위)는 하청노조나 소수노조가 참석할 수 없다. 조합원을 더 많이 가진 노조만 독점적인 교섭 권한을 갖고 조합원이 소수인 노조는 회의 참석은커녕 사후 회의록 열람조차 불가한 구조다. 2022년 10월 청년 여성 노동자 산재 사망 사건을 여론화한 SPC 자회사 SPL의 민주노총 노조는 소수노조라는 이유로 산보위 참석은 물론 산보위 회의록도 본 적이 없다고 했다.

노조 없는 기업을 위해 산업별 노조가 지원을 나가려 해도 제약이 많다. 노조가 없는 소규모 기업의 경우 민주노총, 한국노총 지역본부가 위촉한 '명예산업안전감독관'이 노동안전 담당자로 현장에 출동할 수 있다. 그러나 실제로는 제도 운영규정상

사업주가 허락하지 않으면 사업장에 아예 출입할 수 없다. 노조 없는 기업의 노동자를 위해 지역 단위 노조가 나서더라도 사업주가 허가하는 선에서만 활동하도록 제한을 두는 것이다.

언론,
깊이 탐색하기보다 단신 보도에 바빴던

언론도 산재 사망사고에 오랫동안 무관심했다. 2003년 삼성 반도체 공장 사고와 2015년 남영전구 수은 사고 등 여러 직업병 산재는 간간이 소식이 알려졌지만 상대적으로 사고 산재에 대한 보도는 많지 않았다.

그러다 2016년 구의역 김군 사고를 계기로 언론사들이 후진적 산재사고에 눈 뜨면서 현장의 부실한 안전관리 실태를 드러내는 보도를 잇달아 내기 시작했다. 2018년 《한겨레》의 김용균 씨 사망사고 연속 보도와 2019년 《경향신문》의 '매일 김용균이 있었다' 보도, 2020년 《매일노동뉴스》의 김재순 씨 사망사고 보도, 2021년 《MBC》의 한전 하청 노동자 김다운 씨 사망사고 등 한 해에 한 번씩 산재 사망사고 소식을 뭍으로 끌어올리는 보도가 나오고 있다.

그러나 이 역시도 산재사고 발생 당시에만 크게 보도하고 정작 재판이 시작된 뒤로는 추적보도에 소홀하다는 지적이 있다. 여론의 관심이 집중되면 앞다퉈 문제를 제기했다가 여론의 관심이 식으면 재판에서 어떻게 결론이 났는지 따로 파악하지 않는다는 것이다. 2부에서 다룬 화물기사 장창우 씨 사망사고도 노조의 기자회견 당시에는 많은 언론사가 떠들썩하게 보도했지만 추후 사업주 수사가 이뤄지지 않았다는 사실은 전혀 보도되지 않았다. 산재사고에 대한 사법적 결과가 나오는 데까지 6개월~1년의 시일이 소요되는 데다 재판 일정도 노조 등에 공유되지 않다 보니 언론이 따로 챙겨서 알아보지 않는 한 후속보도가 이어지기 어렵다.

언론의 취재 범위가 소위 '노조 있는 대기업'에 한정돼 영세한 기업의 사망사고가 비중 있게 다뤄지지 못한다는 지적도 있다. 사람 목숨은 어디나 똑같이 소중한데 중소기업 산재는 거의 다뤄지지 않거나 한두 줄의 속보 소식으로 끝난다는 것이다.

언론사가 크게 품 들이지 않고 사안을 빠르게 취재할 수 있는 주된 창구는 노조나 시민사회단체다. 따라서 이들이 모르는 사건은 언론사도 추가로 확보할 수 있는 정보가 없어 취재를 종료하는 경우가 많다. 게다가 산재 취재는 공정을 이해하는 데 품이 많이 들고 노사의 공방이 치열해 당장 또렷한 결론을 내기도 어렵다. 시간은 많이 쓰는데 당장 눈에 띄는 뉴스 가치는 낮다 보니 다른 사건 사고에 밀려 산재 취재가 더 뻗어나가지 못하는 것이다.

중대재해처벌법이 시행된 직후 약 2개월간 현장에서 발생한 50인 이상 기업의 산재 대부분을 취재한 적이 있다. 휴대폰에 산재사고 알림 문자가 오면 퇴근길이라도 노트북을 켜서 취재하던 때였다. 하나라도 더 자세히 쓰려 노력했으나 원고지 3매를 넘기지 못하는 기사가 많았다. 수사 사안이라는 이유로 언론사 취재가 제한됐고 이를 넘어설 만한 별도의 취재 경로도 마땅치 않았던 탓이다. 그나마도 제대로 알아보고 쓰려면 반나절을 꼬박 써야 했다. 종일 취재해 쓴 기사가 전날 쓴 기사와 별반 다르지 않았다. 사람이 어디에서 무엇을 하다 죽었고 무엇이 논란이 되는지를 다룬, 단출한 기사를 쓰고 나면 해가 졌다. 다른 수많은 기자회견 일정을 제치고 그런 방식의 취재를 매번 선택하기란 쉽지 않았다.

경영자단체나 안전 공학자들이 부정적으로 보는 또 다른 언론보도 유형은 사고의 모든 원인을 특정인한테서만 찾는 기사다. 기사의 주제 의식을 선명하게 드러내려다 보니 그 자리에 부재했던 안전관리자 등을 강도 높게 비난하는 것인데, 그런 보도가 정작 산재 예방 인식 개선에 크게 도움이 되진 않는다는 지적이 있다.

산재 예방이 기본적으로 노동자에게 일을 시키는 사업주의 책임인 만큼, 사업주가 그 책임을 다하지 않은 정황이 있다면 이를 보도하는 것이 당연하다. 산재 수사 특성상 사고의 핵심 원인이 드러나는 데까지는 시일이 소요되므로 이미 드러난 잘못이라도 갈무리해 시민들에게 알리고 관심을 환기하는 것 역시 언론의 역할일 것이다. 기업의 안전 관계 법령 위반 사실을 보도하면 기업들이 사회적 평판을 위해 안전에 더욱 신경을 쓰는 효과도 있다.

다만 그 시도가 지나쳐 특정인의 '잘못'에만 초점을 맞추게 되면 앞서 노동부와 안전보건공단이 했던 실수를 언론도 똑같이 되풀이하게 된다. 즉 '사고가 어떻게 났느냐'보다 '누가, 얼마나 큰 잘못을 했느냐'에 초점이 맞춰지는 것이다. 재해를 이해하고 재발을 방지하는 첫걸음은 어떤 위험이 왜 사고로 이어졌는가를 자세히 분석하는 것이다. 그런데 안전관리자나 사업주 등의 특정인을 도덕적으로 비난하는 데만 치중하면 더 중요한 과제가 뒤로 밀리게 된다.

물론 이윤을 위해 안전을 등한시한 사업주는 법적·윤리적 책임을 져야 한다. 다만, 사업주를 도덕적으로 비난하는 데서 멈추면 진상규명과 재발 방지라는 더 중요한 과제를 놓칠 수 있다는 점도 생각해 볼 필요가 있다.

언론이 산재를 시스템의 실패로 다루면 사고 소식을 접한 다른 기업들이 자사에 유사한 위험이 없는지 돌아보는 계기로 삼을 수 있다. 그런데 산재를 특정인의 의지 부족이나 도덕적 해이로만 다루면 그를 비난하는 것 이상으로 논의가 진전되지 않는다. 그때부터 산재사고는 '우리 모두의 문제'가 아니라 '그 악덕 사업주의 문제'로 축소된다. 또한 구체적인 재발 방지책을 고민하는 대신 사업주의 도덕적 결단만으로 문제를 해결할 수 있다는 잘못된 인식을 굳건히 할 소지도 있다. 이는 나 역시도 기사를 쓰며 겪었던 시행착오다.

앞서 노동자의 과실을 도덕적으로 비난하는 것만으로는 유사 사고의 재발을 막기 어렵다고 설명했다. 노동자 역시 작업 환경에 종속되는 행위자이므로 그의 의지에 기대기보다 그가 속한 환경을 바꾸는 것이 빠르다고 말이다. 사업주에 대해서도 그런 거리감을 둘 필요가 있다. 사업주가 노동자보다 훨씬 더 많은 의무와 책임을 져야 하지만, 사업주를 비난하는 것만으론 다 해결할 수 없는 문제들이 있을 수 있다. 그 산재사고가 날 수밖에 없었던 이유가 뭔지, 사업주가 어떤 면에서 법적 의무를 다하지 않거나 못했는지 알 수 있다면 유사 사고를 막기 위한 더 효과적인 대책을 마련할 수 있을 것이다.

눈물로 진실을 밝힌 사람들

그렇다면 열악한 여건 가운데서도 그 전말이 아주 자세하게 언론에 보도되는 소수의 사건들은 어떻게 알려진 것일까? 매년 800여 명이 사망하는 사고 가운데 10여 건 내외의 사건이 비교적 구체적으로 언론에 보도된다. 이런 사건들이 사건화될 수 있었던 이유는 뭘까. 핵심 요건은 숨진 재해자를 대신해 용기를 낸 동료가 있었다는 것, 그리고 그를 돕고 보호하는 노조와 시민사회단체가 있었다는 점이다.

"네 잘못 아냐"
용기 낸 동료들

서부발전 하청 노동자 김용균 씨 사고가 세상에 널리 알려진 덴 용균 씨 동료들의 역할이 컸다. 용균 씨 사고 이전에도 서부발전에서 여러 노동자가 숨졌지만, 매번 짧은 단신 보도 외에는 알려진 것이 없었다. 그러나 비정규직 노조인 '민주노총 공공운수노조 한국발전기술지부'와 용균 씨의 동료들이 기자회견을 열어 사고를 대대적으로 알리면서 상황이 반전됐다. 서부발전 하청 노동자 이태성 씨는 2018년 12월 11일 서울 중구 프레스센터에서 열린 기자회견에서 취재진에게 눈물로 호소했다.

"20년째 전기를 만드는 노동자입니다. 오늘 동료를 잃었습니다. 24살 꽃다운 청년이 석탄 이송하는 기계에 끼여 머리가 절단 났습니다. 지난 10월 18일 국회 국정감사장에서 '정규직 안 해도 좋다. 더 이상 죽지만 않게 해달라'고 했는데, 오늘 또 동료를 잃었습니다. 이제 더는 내 옆에서 죽는 동료를 보고 싶지 않습니다. 하청 노동자이지만 국민입니다. 제발 더 죽지 않게 해주세요. 그 길은 '위험의 외주화' '죽음의 외주화'를 중단하는 것입니다."[82]

그날 대중 앞에 얼굴을 드러낸 태성 씨는 위험한 작업 현장의 민낯을 고발하고 대책을 촉구했다. 취재진이 발전소 공정을 제대로 이해하지 못하면 태성 씨가 공정을 일일이 설명하기도 했다.

사실 태성 씨는 용균 씨와 생전에 알거나 만나본 사이가 아니었다. 그러나 용균 씨처럼 회사에서 친하게 지내던 후배가 있었다. 그 후배는 다른 발전소로 일터를 옮겼다가 산재 사고로 숨졌다. 그 사고도 '노동자 과실'로 결론이 났다. 당시 후배의 명예가 훼손당한 것 같아 괴로웠다는 그는 용균 씨 사고 소식을 듣고 그 일을 떠올렸다. '그때와는 달라야 한다'는 일념이 태성 씨를 움직이게 했다.[83] 태성 씨는 지금도 '발전비정규직연대회의'라는 발전소 비정규직 노동자 협의체에서 간사로 일하며 발전소 현장의 안전 문제를 시민들에게 알리고 있다.

용균 씨의 사수 이인구 씨도 용균 씨 죽음을 적극적으로 알린 동료들 중 하나다. 동료들의 상경 투쟁에 동참해 용균 씨 빈소를 지키고 상주를 지냈다. 그는 용균 씨를 최초로 발견한 사람이기도 하다. 사고 후 트라우마를 겪고 있지만 용균 씨 사고를 알리려 해마다 분향소를 찾았고 언론 인터뷰에도 응했다. 인구 씨는 군산터미널 인근에 산재 사망자 추모 공간을 만들어 현재까지 그 공간을 가꾸고 있다. 또 용균 씨의 성실했던 업무 태도를 증언하고 그를 추모하는 편지를 대중 앞에서 읽은 동료 장근만 씨도 있다.[84] 용균 씨의 동료들은 광장에 집회하러 모일 때마다 이마에 '내가 김용균이다'라고 적힌 머리띠를 두르곤 했다.

산재 사고를 어떻게든 숨기고 축소하려는 사내 분위기 속에서 직원이 공개적으로 목소리를 내는 것은 매우 큰 용기가 필요한 일이다. 보통은 그저 고인의 죽음을 추모하는 말조차도 실명으로 밝히길 꺼린다. 회사 쪽에서 언론과 인터뷰한 직원을 골라내 인사상 불이익을 주거나 강하게 문책하기 때문이다. 산재 사고 직후 부정적 보도를 막으려는 기업의 노력은 상상을 초월한다. 전 직원에게 함구령을 내려 언론 인터뷰는 물론 유족과도 접촉하지 못하게 한다. 혹여 퇴근한 직원이 공장 밖에서 누군가와 이야기를 나누고 있으면 관리자가 달려가 신원을 확인하고 대화를 중단시킬 정도다. 한 번 기업의 집요함을 경험해 본 사람들은 퇴직한 뒤에도 회사 이름을 언급하지 않는다. 그런 상황에서 현직 직원들이 자신의 실명을 걸고 '고인의 과실이 아니다'라고 증언한 것은 엄청난 용기가 필요한 일이었다.

다만 직장에 생계가 달린 이들에게 매번 이런 용기를 요구하기란 쉽지 않다. 노동자가 회사에 맞서 실명을 드러내고 활동할 수 있으려면 경영진으로부터 독립된 노조의 보호를 받아야 하는데 그런 조건을 갖춘 기업도 많지 않다. 용균 씨의 경우도 하청 노동자들이 민주노총 공공운수노조에 가입돼 있어 오랜 기간 싸울 수 있었다.

모욕에 맞서 싸운 노조

노조도 산재사고의 구체적인 위험을 드러낸 핵심 주체였다. 사건을 외부로 알리는 데 큰 역할을 한 사례를 살펴보면, 경영진에 종속되지 않는 독립적, 자주적 노조가 참여했던 경우가 많다.

2022년 10월 소비자 불매 운동까지 번졌던 SPL 공장의 청년 여성 노동자 사망사고도 민주노총 노조가 여론에 불을 지핀 경우다. 23살 박 아무개 씨는 새벽 6시께 야간근무로 혼자 일하다 샌드위치 소스를 섞는 기계에 몸에 끼어 숨졌다. 당시 회사는 사고 당시 2인 1조가 지켜지지 않은 데 대해 "재해자가 동료에게 '나가 있으라'고 했다"(평택공장장이 공장을 방문한 강은미 의원에게)거나 사고 현장에 덮개가 열려있었던 데 대해 "규정은 덮개를 덮고 일하는 것"(강동석 대표이사, 10월 24일 국정감사에서)이라고 설명했다. 그렇게 박 씨 사고는 재해자의 과실에 의한 사고로 끝나는 듯했다.

그러나 SPL 공장의 민주노총 소속 노조인 강규형 민주노총 전국화학섬유식품산업노동조합 SPL지회장이 라디오에 나와 실명으로 사측 주장을 반박하며 분위기가 달라졌다. "여러 가지 재료를 잘 섞이게 하려면 회사가 말하는 대로 덮개를 매번 여닫으며 일할 수 없다. 재료를 하나씩 넣으면서 제대로 섞이는지 봐야 하고, 또 작업량을 맞추려면 덮개를 매번 여닫아서는 일을 제때 끝낼 수 없다."[85] 그는 사고 직후 SPL 공장의 박 씨가 숨진 공정을 흰 천으로 덮어놓고 계속 일을 시키자 이에 반발해 해당 영상을 외부에 공개하기도 했다. 이는 소비자 불매 운동에 기름을 붓는 계기가 됐다.

이외에도 강 지회장과 노조 간부들은 해당 공정에서 일한 경험이 있는 직원들을 만나 그 공정이 평소 얼마나 위험한지, 2인 1조가 지켜진 적이 있는지 등을 자세히 파악한 뒤 언론에 알렸다. 당시 회사가 이미 관련 공정의 직원들 입단속을 시켜놓은 터라 취재가 거의 불가능한 상황이었다. 그러나 강 지회장 및 그와 힘을 합쳐온 노조 간부들의 활약으로 적나라한 공장 실태가 속속 드러났다. 조합원 10명에 활동 시간도 제대로 보장받지 못하는 노조였지만, 그는 박 씨 잘못으로 결론 날 뻔했던 사고의 여론을 바꾸는 결정적 계기를 제공했다.

"나도 그렇게 노조 활동하고 나면 내가 위험해질 수 있다는 것 잘 알았어요. 주변에서 말리기도 했죠. 하지만 이 사고가 그렇게 돌아가신 분 잘못으로 끝나는 것을 그냥 지켜보고 있을 수만은 없었어요." 강 지회장의 말이다.

그는 자신의 일터를 안전하게 바꾸는 것이 다른 일터도 안전하게 만드는 길이라고 믿는다. "누군가는 이런 사고가 나면 '우리 딸은 대학 보내서 공장 못 오게 해야지'라고 말하기도 해요. 하지만 우리 딸들도 공장 올 수 있습니다. 그렇기 때문에 안전하게 바꾸어야 하는 거예요. 저는 SPL처럼 큰 공장이 철저히 반성하고 안전해질 때 다른 공장도 안전해진다고 믿습니다."

시민단체가 직접 모은 피해자들

일부 산재사고의 공론화엔 시민단체의 몫도 컸다. 앞서 소개한 2016년 메탄올 사고의 경우, 실명된 노동자들이 제각기 다른 회사를 다녔고 소속 3개 업체 모두 노조가 없었다. 자칫 노동자의 질병과 작업 환경의 연관성이 드러나지 않고 개별적인 질병으로 끝날 수도 있는 사건이었지만 시민사회의 도움으로 수면 위로 올라왔다.

메탄올 중독 사건의 피해자들은 모두 제각기 병원을 다녔지만 직업병 여부를 의심하진 못했다. 이들을 진료한 의사들은 직업병과의 연관성을 의심하지도, 노동 환경과 관련된 질문을 하지도 않았기 때문이다. 한 의사는 '직업병일 수도 있지 않겠느냐'는 피해자의 질문에 도리어 "그런 거 아니에요"라고 잘라 말했다고 한다.[86]

그러다 2016년 1월 18일, 실명에 뇌 손상 증상까지 보인 피해자 한 명이 이대목동병원을 방문했다가 직업병을 최초로 진단받았다. 당시 이대목동병원은 직업환경의학과가 신설되어 직업병으로 의심되는 질병을 발견하면 여러 부서에 협진을 의뢰할 수 있는 분위기였다고 한다. 환자를 진료한 김현주 이대목동병원 교수가 신경과, 안과 등 관련 임상과 교수들과 협진해 메탄올 중독을 진단했다. 이후 노동부는 해당 작업장에 대한 근로감독에 착수해 3명의 환자를 추가로 발견했다.

그 뒤로 2명의 피해자가 추가로 드러난 것은 2016년 10월로, 관련 사고가 세상에 알려지고도 8개월이 넘는 시간이 걸렸다. 추가 피해자들은 이미 메탄올 중독 사실이 적발된 업체에 다니고 있었으나 노동부가 대대적으로 벌인 실태조사에선 발견되지 않았다. 피해자들은 안전보건시민단체 '노동건강연대'의 활동 소식을 우연히 접하고 해당 단체로 연락을 취했다. 당시 노동건강연대는 메탄올 중독 사고가 사건화된 지 수개월이 지나서도 계속해서 각종 기자회견을 개최하고 성명서를 발표하는 등 적극적으로 사건을 알리고 있었다. 특히 노동건강연대 박혜영 활동가가 수시로 피해자들과 소통하고 언론에 설명하며 공론화에 기여했다. 그 결과 자신의 질병이 직업병인지 인지하지 못했던 2명의 노동자가 추가로 사안을 접하고 노동건강연대에 먼저 연락해 왔다.

2017년 삼성중공업 하청 노동자 사망사고 역시 '마창거제 산재추방연합'이라는 노동 건강 관련 시민단체에서 일하던 이은주 활동가가 적극적으로 현장의 안전관리 실태를 외부에 알렸다. 이 활동가는 노동자들의 민사소송을 지원하며 직접 수사기록을 모으는가 하면 사고 트라우마를 겪은 노동자들을 직접 인터뷰해 그들의 피해 증언을 담은 구술집 《나, 조선소 노동자》라는 책을 펴내기도 했다. 2019년엔 삼성중공업 사망사고가 경제협력개발기구OECD 다국적기업 가이드라인을 위반한 것이라는 취지로 국내 연락사무소NCP에 진정도 제기했다.

산재사건은 복잡한 생산 공정 특성상 독자들이 이해하는 데에 오랜 시간이 걸리고 여론의 관심도 쉽게 휘발된다. 게다가 노동부와 기업은 수사를 이유로 기초적인 정보조차 제공하지 않는다. 그런 상황에서 사건을 적극적으로 외부에 알리고 설명한 시민사회단체의 역할은 매우 컸다.

'사건일지' 만드는 유족

비어있는 서사의 공백을 메우기 위해 고군분투하는 이들은 노조와 시민사회만이 아니다. 사건의 진행 과정을 파악하는 데 가장 목마른 사람, 즉 유족이 나서는 경우도 적지 않다.

아버지가 세상을 떠난 2019년 10월 31일 이후 정석채 씨는 하루에 5시간 이상 자는 날이 많지 않다. 아침 8시 30분에 눈을 뜨면 컴퓨터 앞에 앉아 '경동건설' '건설 추락사' 등을 검색해 관련 기사를 찾아 읽는다. 점심이 되면 거의 매일 열리는 다른 산재 유가족의 기자회견과 중대재해 관련 모임에 참석하거나 법원 앞에서 1인시위를 한다. 식사는 거른다. 성명서 자료를 만들어 기자들에게 메일을 보내고 나면 해가 진다. 저녁 방송 뉴스와 인터넷 기사를 확인하고 이튿날 있을 기자회견 발언문까지 준비하면 어느새 새벽 3시 30분, 한참 뒤척이다 잠들면 다시 아침이다.

하루 종일 분주히 뛰어다니는 석채 씨의 머릿속은 한 가지 질문으로 꽉 차 있다. "내가 지금 대응해야 할 게 있을 텐데, 뭘 놓치고 있지?" 그는 한때 15년 경력 의상 스타일리스트였지만, 건설업 하청 노동자인 아버지 정순규(사망 당시 57살) 씨가 숨진 이후 생업을 내려놓고 재판과 각종 산재사고 대응에 온 삶을 쏟고 있다. 중대재해가 발생한 날이면 석채 씨의 이름으로 된 이메

일이 어김없이 기자 메일함으로 날아든다. 매일 쌓여가는 그의 메일을 읽다 보면 묻게 된다. 무엇이 그를 이렇게 쓰고 말하게 만드는가.

"한 번은 새벽 1시에 경동건설의 부실한 안전조처를 지적하는 인터넷 기사가 떴는데요, 제가 그걸 보자마자 바로 1시간 거리인 현장으로 달려가서 사진이랑 동영상을 다 찍었어요. 혹시라도 회사가 기사 뜬 거 보고 수습할까 봐서요."

아버지 순규 씨는 국제통화기금IMF 외환위기 이후 25년 이상 건설업 하청 노동자로 일하며 어머니와 석채 씨, 누나, 막냇동생을 부양했다. 지난 2017년엔 경동건설로부터 '우수 안전인' 표창장도 받았다.

"아버지가 엄청 유쾌하시고 유머러스해서 제가 참 부러워하고 존경했고요. 저의 가장 친한 술친구이기도 하셔서 사회생활하는 법 여쭤보면 바로 명쾌한 답을 주셨어요. 또 낚시랑 목욕탕도 같이 다니고요. 코가 자주 막히셔서 맨날 호주머니에 이쑤시개를 넣고 다니셨는데 그 버릇이 얼마나 재밌는지…."

아버지가 사고를 당한 2019년 10월 30일, 석채 씨는 방송국에서 의상 준비를 하고 있었다. 갑자기 전화를 걸어 온 친누나가 울먹이더니 "아버지가 다치셨다"고 했다. 그는 하던 일을 팽개치고 비행기를 탔다. 활주로에 내리는 순간 부재중 전화와 문자 수십 통이 날아들었다. 그것을 열어볼 틈도 없이 다시 누나의 전화가 걸려 왔다. "빨리 와라. 아버지가 돌아가실 것 같다." 그는

"순간 세상이 까맣고 멍했다." 병원에 달려가 아버지 모습을 보고도 '왜 여기 누워계실까' 하는 생각뿐이었다.

석채 씨는 사고 이튿날 닥친 아버지 죽음을 받아들일 겨를도 없이 '투사'가 돼야 했다. 사고 책임을 둘러싸고 회사와 진실공방이 시작됐기 때문이다.

"아버지 머리에서 피가 많이 나고 온몸은 골절상과 피멍이 들어 있었어요. 그런데 병원에 온 회사 사람들이 입을 모아서 '2미터(추후 2.15미터로 측정) 높이에서 떨어졌다'고 하는 거예요. (상처를 보면) 고작 그 높이에서 떨어져서 그렇게 될 수가 없는데…."

안전보건공단 재해조사의견서와 1심 판결문 등을 종합하면, 순규 씨는 그날 오후 1시께 아파트 신축공사 현장의 옹벽 고르는 일을 하러 4.2미터 높이의 비계(건설공사를 위해 만든 임시 구조물) 위로 올라갔다가 바닥으로 추락했다. 작업장엔 노동자가 사용할 안전 통로와 작업 발판이 제대로 갖춰져 있지 않았고 안전난간과 추락 방지용 덮개도 여러 군데 빠져있었다. 회사 쪽은 미흡했던 안전조치를 사고 발생 사흘 만에 보완했다. "회사가 현장에 들어가 증거를 은폐할까 불안하면서도 한편으론 '이렇게 할 수 있었던 걸 왜 이제껏 안 했나' 하는 분노도 일었습니다." 석채 씨가 말했다.

석채 씨가 확보한 산업재해조사표를 보면 경동건설은 "(순규 씨가) 2미터 높이 사다리에서 내려오다 떨어진 것으로 추정된다"고 노동청에 보고했다. 그러나 현장을 조사한 안전보건공단과 경찰은 추락 높이를 그보다 높은 3.8미터~4.2미터로 봤다. 1심 재판부 역시 "피해자의 상처를 봤을 때 상당한 높이에서 추락했을 가능성이 매우 높다"며 회사 쪽 주장을 인정하지 않았고, '2.15미터 이상'으로 봤다. 목격자도 CCTV도 없는 사건이라, 검토하는 기관마다 추측이 달랐다.

석채 씨는 아버지가 철제구조물 위에서 작업하다 안전조치 미비로 추락해 사망한 것으로 본다. 반면 회사 쪽은 안전한 계단 대신 추락방지 장치가 없는 수직 사다리를 이용해 무리하게 내려오다 사고가 났다는 입장이다. 수사 대응의 필요성을 느낀 석채 씨는 직접 증거를 모으기 시작했다. 수사기관은 수사 사안이란 이유로 유족에게 진척 상황을 거의 알려주지 않았다. 석채 씨는 알음알음 알게 된 변호사와 교수들에게 조언을 구해 산재 관련 자료를 정보공개 청구하고 형사 재판 기록을 신청해 받아봤다.

"법원에 하도 자주 가서 나중엔 직원이 제 얼굴을 알아볼 정도가 됐죠. 혹여나 놓치는 게 있을까 봐 수천 장 재판 기록을 차에서도 읽고 집에서도 읽고 그랬어요." 이리저리 발로 뛴 결과 그는 원·하청이 대리 서명으로 현장 노동자인 순규 씨를 관리감독자로 꾸민 사실도 찾아냈다.

그럼에도 사고 현장이 사라지고 수사가 끝난 상황에서 유족이 추가로 찾을 수 있는 증거는 많지 않았다. 순규 씨 사고와 관련해 경동건설 관리소장과 하청 JM건설 이사는 1심에서 징역 6개월에 집행유예 1년을, 경동건설 안전관리책임자는 금고

4개월에 집행유예 1년을 선고받았다. 경동건설과 JM건설 법인은 각각 벌금 1000만 원을 선고받았다. 검찰과 피고인이 항소했으나 2심 재판부는 2022년 6월 양쪽 항소를 모두 기각하고 1심을 그대로 유지했다.

석채 씨가 보기에 아버지를 죽음에 이르게 한 대가로는 너무 가벼웠으므로, 그는 스스로 이들의 '가중 형벌'이 되기로 했다. "어차피 실형도 안 나온 마당에 차라리 내가 기자회견 때마다 회사 이름 거론하면서 죽을 때까지 평생 눈엣가시가 돼야겠다, 그렇게 마음먹었습니다."

석채 씨에겐 그간의 사건을 스스로 추적하고 정리해 만든 커다란 파일 더미가 있다. 그는 기자들을 만날 때마다 그 파일을 펼쳐 보이며 순규 씨가 숨진 경위와 쟁점을 조목조목 설명한다. 아버지의 갑작스러운 죽음 뒤에도 세상이 너무나 평온하자, 그는 오직 아버지의 죽음을 알리는 데에 자기 삶을 바치기로 결심한 것이다.

석채 씨의 사례는 한 노동자의 사고를 시민들에게 알리려는 유가족들이 얼마나 많은 땀과 눈물을 흘려야 하는지 보여준다. 자기 생업을 포기한 채 사고 관련 자료를 찾아내고 기자회견을 열어 산재의 위험성을 알리는 유가족의 일상에 다른 삶이 끼어들 여지는 거의 없다. 그렇게 하지 않으면 가족의 죽음이 쉬이 잊히고 다른 사람에게 똑같은 비극이 일어날까 두려워한다. 석채 씨처럼 안전한 사회를 만들기 위해 가족의 이름과 사진을 기꺼이 공개하고 진상규명과 재발 방지를 요구하는 이들이 있었다.

가족들이 눈물로 만든 안내집

> "가족의 사망을 확인하면 죄책감이 몰려오기도 합니다. '마지막으로 전화했을 때 화내지 말걸' '아침에 따뜻한 밥 먹여서 보낼걸' '회사 가기 싫다고 할 때 그만두라고 할걸' 등 온갖 후회가 닥쳐옵니다. 그러나 여러분 잘못이 아닙니다. 고인도 여러분이 죄책감을 갖기 원하지 않을 것입니다. 우리가 용기를 내야 고인도 명예를 지킬 수 있습니다."
> -산재 사망사고 유가족을 위한 안내서, 〈수많은 우리들이 함께 찾는 길〉[87]

산재 소식을 처음 접한 가족들은 엄청난 충격과 혼란에 빠진다. 죽음을 받아들일 준비가 전혀 안 된 상태에서 갑자기 장례를 치르고 수사당국의 조사에 임해야 한다. 원·하청 관리자들은 장례식장에 합의서를 들고 찾아와 마음을 더 힘들게 만들고 함께 연대하겠다는 노조와 시민단체는 쉽사리 믿지 못한다. 그러다 장례가 끝나고 뒤늦게 진실규명을 요구하려고 보면 아무도 곁에 없는 듯하다.

어둡고 깜깜한 그 길을 먼저 걸어간 이들이 길잡이를 만들었다. 사단법인 김용균재단이 산재 사망사고 유가족을 위해 만든 안내서 〈수많은 우리들이 함께 찾는 길〉이다.

인터넷에서 누구나 다운로드 받을 수 있는 이 전자 책자는 산재로 가족을 떠나보낸 이들의 경험이 담긴 종합 안내서다. 사고 첫날 대응 방침부터 유가족으로서 수사기관에 요구할 수 있는 것들, 죽음의 이유를 밝히기 위해 챙겨야 할 것들을 한데 총망라했다. 아래에 내용을 일부 가져왔다.

> "회사에 비해 유가족은 정보가 별로 없습니다. 그러니 만나는 사람들의 이야기를 녹음하고 사진을 남겨두는 등 증거를 확보해야 합니다. 정신도 없고 마음도 아픈데 일일이 질문하고, 녹음하고, 사진을 찍는 일이 스스로에게 잘 용납이 안 될 수도 있습니다. 하지만 앞서 이런 일을 겪으셨던 분들은, 초기에 증거를 남기지 못한 것이 후회가 된다고 합니다. 증거를 남기는 일에 대해 조력자에게 도움을 청하셔도 됩니다.
> …(중략)… 장례는 '빨리'가 아니라 '제대로' 치러야 합니다. 고인을 두고 협상을 하는 일은 매우 힘듭니다. 고인을 편하게 보내드리고 싶은 것은 유가족 모두의 마음이니까요. …(중략)… 그러나 장례가 끝나면 회사는 압박을 받을 일이 없으니 협상에 제대로 임하지 않습니다. 장례식을 하지 않아도 빈소를 차릴 수 있습니다. 빈소를 차려서 고인의 동료

들이 조문을 할 수 있도록 하시고, 유가족이 머물 수 있는 공간을 만드세요."[88]

읽는 이의 마음을 헤아리며 친절하게 쓴 안내서를 읽다 보면, 유가족이 가족의 죽음 후 어떤 경험을 했는지가 눈에 그려진다. 그 자체로 사랑하는 이를 황망히 떠나보낸 산재 유가족들의 생생한 증언 기록이다. 안내서를 보면 "장례식장에서 원청 관계자들이 자기들 힘들다고 하소연할 때 화를 못 낸 게 두고두고 마음에 남았다" "형사 말만 듣고 장례를 치른 게 1년 지나고 가장 아쉬웠다" 등 그들의 뼈아픈 경험들이 자세하게 적혀 있다.

안내서는 김용균 씨 어머니인 김미숙 씨를 비롯해 여러 산재 유가족을 도운 권미정 김용균재단 사무처장이 주도적으로 기획해 만들었다. 가족들을 돕는 과정에서 관련 정보를 찾다 보니 "당연히 있을 줄 알았던 정보가 어디에도 없어서" 팔을 걷어붙이고 팀을 꾸렸다. 그리고 팀원들과 함께 가족들의 경험과 조언을 한데 모은 안내서를 집필했다고 한다.

산재가 발생하면 유가족들은 재해자에게 어떤 일이 발생했는지를 가장 먼저 알고 싶어 한다. 이는 재해자의 죽음을 받아들이는 데 꼭 필요한 정보다. 산재에 관해 오래 연구한 린다 매튜 시드니대학교 교수는 자신의 논문에서 이렇게 썼다.

"산재 유가족들은 그들이 사랑하는 가족에게 무슨 일이 일어났고 그들이 어떻게 죽었는지 알기를 원한다. 가족이 고통을 받았는지, 혹은 뭔가가 조치돼 있었다면 살 수도 있었던 문제인지, 앞으로 재발 방지를 위해 무엇을 해야 하는지 등을 알기 위해서다. 이들이 원하는 것은 그저 '무슨 일이 일어났으며' '같은 사고가 다른 사람에게도 발생하지 않으려면 무슨 조치가 취해졌어야만 하는지'에 대한 답일 뿐이다."[89]

하지만 현실에선 유가족의 질문에 답하는 이가 드물다. 많은 기업이 수사에 미칠 부정적 영향을 우려해 유족들의 질문에 소극적으로 응하며, 수사기관은 '수사 정보 유출'을 이유로 유족들이 알고 싶어 하는 것을 제대로 알려주지 않는다. 결국 진실규명에 가장 목마른 가족들이 스스로 이리 뛰고 저리 뛰며 정보를 모으는 모양새가 된다. 그렇게 힘들게 정보를 모아서 가져가도 경찰이나 노동부가 유족을 귀찮은 민원인처럼 취급할 때도 많다. 석채 씨도 여러 차례 부실 수사에 항의하는 과정에서 "영화를 많이 보신 모양"이라는 비아냥을 들었다.

사실 유가족에게 설명하는 절차는 지금처럼 사법 조치가 유가족 기대에 미치지 못할 때 더욱 필요하다. 영국 기업살인법 연구자인 빅토리아 로퍼 영국 노섬브리아대학교 교수는 2022년 7월 안전보건공단이 주관한 '산업안전보건강조주간' 세미나에서 이런 말을 했다.

"영국도 기업살인법으로 기소되는 사례가 14년간 33건밖에 안 됩니다. 죄 형량이 워낙 무겁다 보니 유죄 입증이 어렵거든요. 당연히 기소가 될 줄 알았던 유족 입장에서는 큰 충격을 받고 힘들어합니다. (그래서) 유족들에게 진행 상황을 자세히 설명하고, 유죄가 내려지지 않는 이유에 대해 충분히 설명해야 하는 것이죠."[90]

모든 산재사건이 책임자 엄벌로 이어지는 것이 아니다. 뒤에서 설명하겠지만 안전조치를 게을리함으로써 발생하는 사망사고는 유죄 입증이 까다롭다. 기소될 줄 알았던 간부가 책임 범위에서 벗어나는 경우도 드물지 않다. 법으로 형량을 강화해도 이를 벗어나는 사례가 언제든 생길 수 있다. 그럴 때 사건 담당 수사관이 껄끄럽더라도 피하지 않고 그 이유를 차근히 설명해 준다면 그것만으로도 유족이 가진 울분과 의문이 조금은 누그러질 수 있다.

영국의 경우 한국처럼 민간 단체에만 유가족 소통을 맡겨 두지 않는다. 행정기관인 안전보건청HSE이 산재 유가족을 위한 안내서를 만들어 배포한다. HSE가 만든 '유가족을 위한 안전보건청의 정보Information for bereaved families from HSE'라는 자료를 보면, HSE는 산재로 가족을 잃은 이들에게 앞으로의 수사 절차와 지원 가능한 서비스를 자세히 안내한다. 특히 경황이 없고 힘들 유가족을 위해 경찰이 '가족 연락관'(FLO·가족과 1:1 매칭된 공무원)을 별도로 지정할 수 있다. 안내자료에 적힌 내용을 잠시 살펴보자.

"사고 후 수사가 곧바로 시작될 것입니다. 그 힘든 시기를 당신이 잘 이겨낼 수 있도록 이 설명 자료로 돕겠습니다.

…(중략)… 산재 유가족이 수사 진행 상황을 알고 싶어 하고 혹시나 정보에서 소외될까 염려도 한다는 것을 수사관들도 잘 압니다. 이를 위해 경찰이 가족 연락관을 지정할 수 있습니다. HSE도 그 사람을 통하거나 별도로 당신에게 연락하겠습니다. 당신이 만날 준비가 됐을 때 당신의 집이나 당신이 편하게 느끼는 곳으로 당신을 만나러 가겠습니다. 거리가 멀다면 전화로 설명해 드릴 수도 있습니다. 저희를 만나기 원치 않으신다고 해도 물론 이해합니다만, 혹시 마음이 바뀐다면 부디 연락 주세요. 혹시 사고조사에 도움이 될 만한 정보를 저희에게 알려주신다면 그것도 매우 감사하겠습니다."

이 안내서는 유가족을 귀찮은 민원인이나 수사 정보를 유출하는 사람으로 간주하지 않는다. 오히려 국가가 적극적으로 보호하고 설명할 대상, 나아가 수사의 조력자로 본다. 이 안내서는 유가족이 언제든 손을 내밀고 무언가를 알고자 하면 언제든 알려줄 준비가 돼 있다는 인상을 준다. 비록 자료상의 말뿐일지라도 가족들은 권위 있는 정부 기관이 자신들을 맞이할 준비가 돼 있단 사실에 훨씬 안도할 것이다.

수사도 판결도 결국 피해자의 아픔을 덜어주고 사회 정의를 바로 세우려는 국가의 노력이다. 그런데 그 과정에서 피해자들의 황망함을 알아주지도, 최소한의 설명을 하지도 않으면 유족들은 자신에게 닥친 상황을 홀로 이해하려 애쓰다가 수사기관을 불신하거나 더 큰 상처를 받게 된다. 재해를 담당하는 정부가 소통을 어떻게 하느냐에 따라 '국가로부터 버려졌다' 혹은 '국가가 나를 재난 속에도 돌보고 있다'는 상반된 메시지를 받을 수 있는 것이다.

부록

'남편, 살아만 있어 줘'…이루어지지 않은 부탁: 김영희 씨 의견서(정순규 씨 사고)

경동건설 하청 노동자 정순규 씨는 2019년 10월 30일 아파트 공사 현장에서 추락해 숨졌다. 사고 당시 목격자도, CCTV도 없어 진상규명에 한계가 있었다. 아들 정석채 씨가 아버지 죽음과 관련해 방대한 자료를 모은 결과 정순규 씨 사인死因에 대한 노동부와 경찰, 안전보건공단의 판단이 제각기 달랐고 특히 노동부가 사인에 대한 경동건설 쪽 주장을 그대로 반영한 것을 확인했다. 수사에 반영되지 않은 현장의 안전의무 위반 행위가 더 있다거나 아버지의 안전교육 서명 필체가 다른 사람의 것이었다는 점 등도 석채 씨가 새롭게 밝혀낸 사실들이다.

정순규 씨 사건은 노동부 수사가 얼마나 관행적으로 이뤄지는지, 유족이 거기에 맞서 사고 내용을 추가로 더 알고자 할 때 얼마나 많은 노력이 필요한지 보여준다.

정순규 씨의 아내 김영희 씨는 2019년 남편 죽음의 책임자인 경동건설 관계자들의 결심공판에 출석해 피해자 의견서를 읽었다. 정 씨의 죽음과 관련해 경동건설 관계자들은 1심과 2심에서 모두 집행유예를 선고받았다. 김영희 씨의 의견서를 요약해 싣는다.

존경하는 재판장님.

저는 지난 2019년 10월 30일 문현동 경동건설 리인아파트 신축공사 현장에서 추락사한 고 정순규 님의 아내 김영희라고 합니다.

산재사고로 한 해에 2000명 정도의 노동자가 목숨을 잃는 사실[91]도 남편이 산재사고로 돌아가시고 나서 알게 되었습니다. (그전까지는) 내 일이 아니니까 관심 갖지 않았습니다.

…(중략)… 사고 나는 2019년 10월 30일 그날도 남편은 새벽 5시 45분쯤 "갔다 올게" 짧은 인사를 하고 출근하였고 지금까지 퇴근하지 못하고 있습니다. 점심시간이 지날 쯤 큰 딸아이가 울면서 전화를 했습니다. "아빠가 머리를 크게 다쳐 의식이 없다고" 저는 그 말을 듣는 순간 머리가 하얘지며 정신없이 택시를 타고 병원으로 달려갔습니다.

택시 타고 가는 도중 "여보, 제발 살아만 있어 줘" "지금까지 고생만 하고 일만 한 우리 남편 제발 좀 살려달라고" "당신은 그렇게 쉽게 죽을 사람이 아니라고" 믿으며 병원에 도착했을 때 남편은 응급실 침대에 누워 병원에 있는 응급기구는 온몸에 다 차고 있었습니다. 불러도 대답도 없고 미동도 없었습니다. 응급실 의사 선생님이 남편이 경추 1번이 손상되어 뇌에 산소 공급이 안 되어 뇌사상태이며 힘들다고 하였습니다. 하늘이 무너졌습니다.

저는 남편을 살리기 위해 실낱같은 희망을 갖고 좀 더 큰 대학병원 외상센터로 옮겨달라고 하였습니다. 대학병원 외상센터에 옮겨 입원 수속을 할 때 병원에서 어떻게 사고가 났는지 물어보길래 제가 알고 있는 게 없어 같이 따라온 회사 직원에게 사고 경위를 설명해 달라고 부탁했습니다.

직원은 남편이 일하다가 2미터에서 추락했다고 병원 직원에게 설명했습니다. 저는 경황이 없다 보니 남편이 정확하게 몇 미터에서 추락했고 어떻게 사고가 났는지 알 수가 없는 상황이었습니다.

사고 당시 119 신고 기록 내용을 보면 최초 신고자는 1미터라고 했다가 2미터라고 했다가 자기들도 정확하게 대답을 못하고 있는 상황이었습니다. 원·하청 모두 사고 현장에 CCTV, 차량용 블랙박스, 목격자도 없다고 했습니다.

…(중략)… 남편을 처음 발견한 회사 직원이 저희 유족들에게 남편을 "벽 안쪽에서 끄집어냈다"고 얘기했습니다. 그렇게 말한 직원은 지금은 그런 말 한 적이 없다고 합니다. 검찰 측에서 최초 발견자를 거짓말 탐지기를 동원하여 재조사로 보강 수사해 주시길 간곡히 요청드립니다.

남편의 뇌는 고무풍선처럼 부풀어 있었고 심장은 인위적인 방법으로 힘들게 뛰고 있는데 언제든지 심정지가 올 수 있다고, 오늘 밤을 넘기기 힘들다고 했습니다. 말 한 마디 못하고 미동도 없는 남편에게 늦둥이 딸이 "아빠, 이제 중학교 1학년인데 이렇게 가는 건 아니잖아. 아빠 눈 한 번 떠 봐", 성인이 된 아이들도 "아빠, 아빠"라고 부를 때 남편의 양쪽 눈에서 흘러내리던 눈물을 잊을 수가 없습니다.

저는 남편의 거친 손을 붙잡고 "당신 앞으로 일하지 마, 내가 먹여 살릴게. 살아만 있어 줘, 당신 오줌똥 내가 다 받아내고 밥도 떠먹여 줄게" 제발 살아만 달라고 애원했습니다. 하지만 남편은 사랑하는 가족을 남겨두고 인사 한마디 못 하고 10월 31일 세상을 떠났습니다.

남편은 가족을 정성스럽게 사랑했고 성인이 된 아들딸한테 매일 안부 전화를 하는 자상한 아빠였습니다. 결혼기념일에는 꽃을 선물할 줄 아는 멋있고 진실한 남편이었습니다. 남편은 경동건설 하청업체인 JM건설과는 2017년 3월부터 일을 하게 되었습니다. 회사 경영이 어려울 때 남편은 회사 걱정을 많이 하였고 진심으로 회사를 아꼈습니다.

…(중략)… 리인아파트 신축공사 현장 하청 노동자로 일하면서부터 남편은 스트레스가 너무 많았고 현장 일이 많이 위험하다고 말하기도 했습니다. 경동건설은 공사기간을 맞추기 위해 남편을 일요일도 없이 쉬는 날 없이 기계처럼 일을 시켰습니다. 제가 "사람이 기계도 아니고 쉬는 날도 없이 일을 시키냐"고 하니 (남편이) '이번 고비만 잘 넘기면 된다'고, 괜찮다고 하였습니다.

남편이 사고 나기 3일 전 무척 피곤한 얼굴로 집에 와서 "여보, 나 일만 하다가 죽겠다"라고 말한 적이 있습니다. 그 말을 듣는 순간 너무나 미안하고 가슴이 아팠습니다.

남편 사고 후 11월 1일 유족들이 현장을 방문했을 때 허술한 비계 설치와 안전난간대, 그물망 하나 없이 옹벽과 비계 사이가 45센티미터 떨어져 있어 사람이 안쪽으로 떨어질 수 있는 위험하기 짝이 없는 현장이었습니다. 안전장치 하나 없이 위험한 이런 곳에서 가족을 위해 일했다는 생각에 너무나 미안하고 가슴이 아려왔습니다.

…(중략)… 11월 3일 유족들이 다시 사고 현장을 방문했을 때는 경동건설 측에서 사고 현장을 다 바꾸어 놓았습니다. 45센티미터 떨어져 있는 비계를 옹벽 쪽으로 바짝 붙이고 안전난간대도 설치하고 없던 그물망도 쳐 놓고 나사들도 새것으로 다 교체해 놓았습니다. 한국방송공사 KBS 시사직격 11회 방송 나간 내용입니다. 누가 봐도 사고 현장을 은폐하고 조작하기 위해 현장을 훼손하였습니다.

지난 2020년 10월 15일 국정감사가 열렸습니다. …(중략)… 강은미 국회의원님께서 그날 국정감사에 출석한 부산노동지청장에게 질의를 하십니다. '노동부 조사 내용이 왜 (추락 높이가) 2.15미터인지' '사고 직후 벗겨진 (정순규 씨의) 안전모의 혈흔과 안전모를 썼음에도 5~6센티미터, 12~14센티미터의 뇌가 보일 정도로 두 군데 자상이 있었는데 2.15미터에서 떨어져도 이렇게 큰 상처가 날 수 있냐'고 물으니 부산지청장은 '알 수 없다'고 얘기합니다.

산재사건을 전문으로 대리해 온 법무법인 마중의 김용준 대표변호사는 "대부분의 산재사건은 사업주가 모든 정보를 갖고 있고 사업주에 종속되어 있는 근로자와 유족은 그 어떤 정보도 갖지 못한다"고 합니다. (기업이 노동부에 제출하는) 산업재해조사표는 사측에서 말하는 내용만 반영되어 모든 정보가 은폐되고 조작될 수밖에 없다는 것이 산재사건의 특징이라고 지적하였습니다.

…(중략)… 지금 아들은 3년 가까이 아버지 억울한 죽음을 밝히고자 결혼도 생업도 포기한 채 수많은 증거들을 수집하며 경동건설과 맞서 싸우고 있습니다. 저들의 거짓말과 뻔뻔함에 마음에 울분 덩어리가 생겨 정신과 치료와 정신과 약을 먹고 있습니다. 하청 노동자의 아들이기 전에 국민의 한 사람으로서 노동 현장의 열악함과 노동자의 목숨을 파리 목숨 취급하며 사람의 목숨보다 기업의 이윤이 더 소중한 사회가 되어가는 것이 안타까워 제2의 아버지 같은 노동자가 생기지 않기 위해 싸우고 있습니다.

존경하는 재판장님, 법원의 로고에 저울을 들고 있는 모습을 자세히 보게 되었습니다. 로고의 저울이 무슨 의미를 담고 있는지 존경하는 재판장님께서는 잘 아실 것입니다. 부디 2심 재판부에서는 가해자 중심 판결이 아닌 피해자 중심에서 공정하고 현명한 판결을 내려주시길 간절히 바랍니다.

기업의 이윤을 먼저 챙기기보다는 사람의 생명과 안전이 더 중요하다는 근본적인 생각이 우리 사회 곳곳에 뿌리내리길 간절히 바랍니다.

존경하는 재판장님 저의 남편은 경동건설에 의해 은폐되고 조작된 기업살인입니다. 남편의 철저한 진상규명과 원하청 안전관리 책임자들에게 정의로운 판결 내려주시길 제발 간곡히 바랍니다.

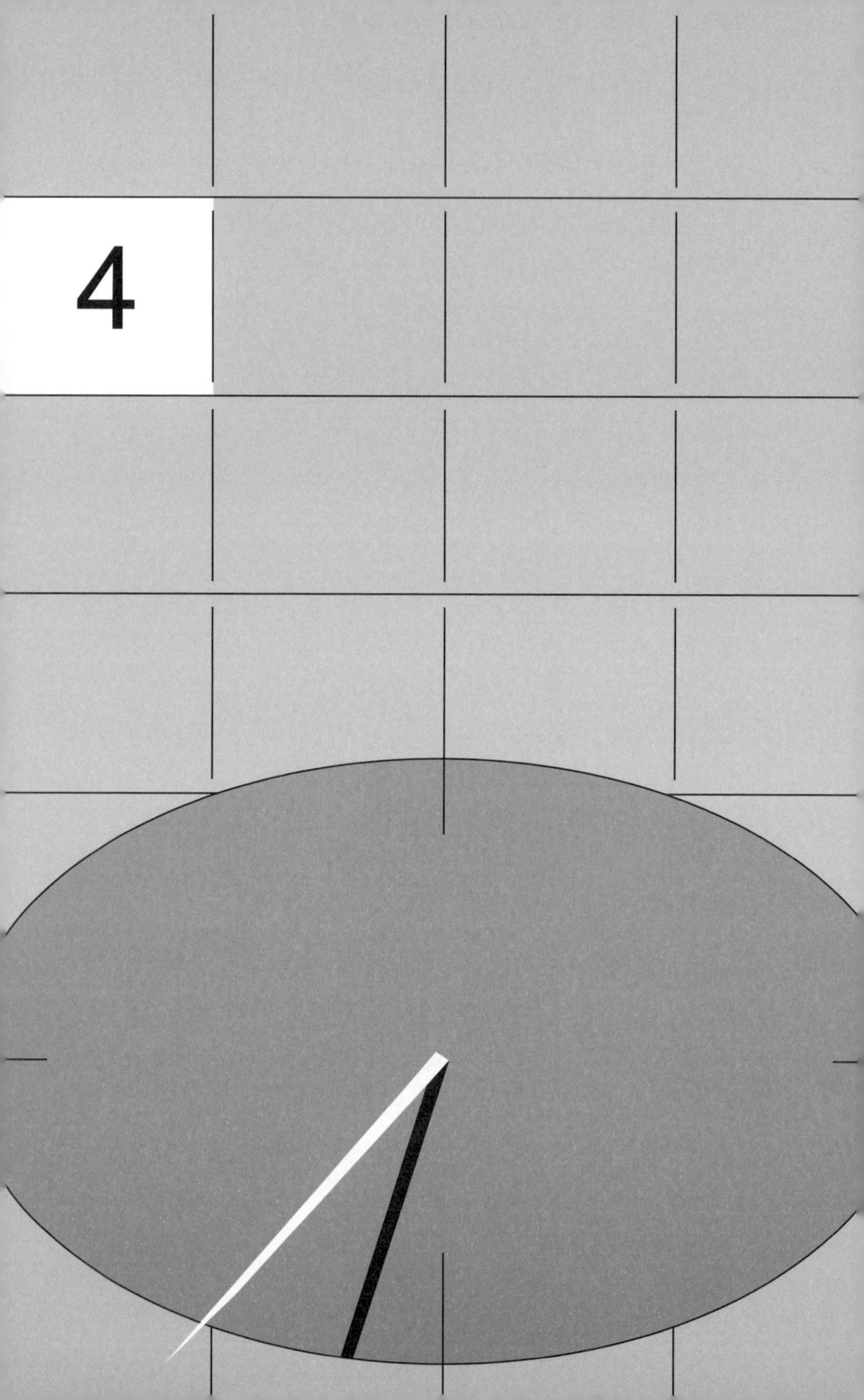
4

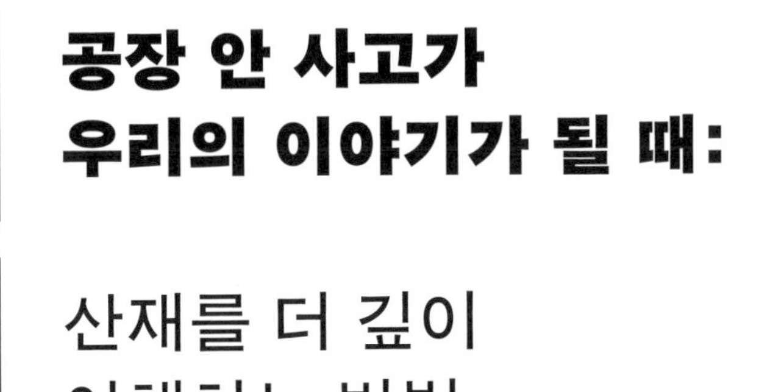

공장 안 사고가 우리의 이야기가 될 때:

산재를 더 깊이 이해하는 방법

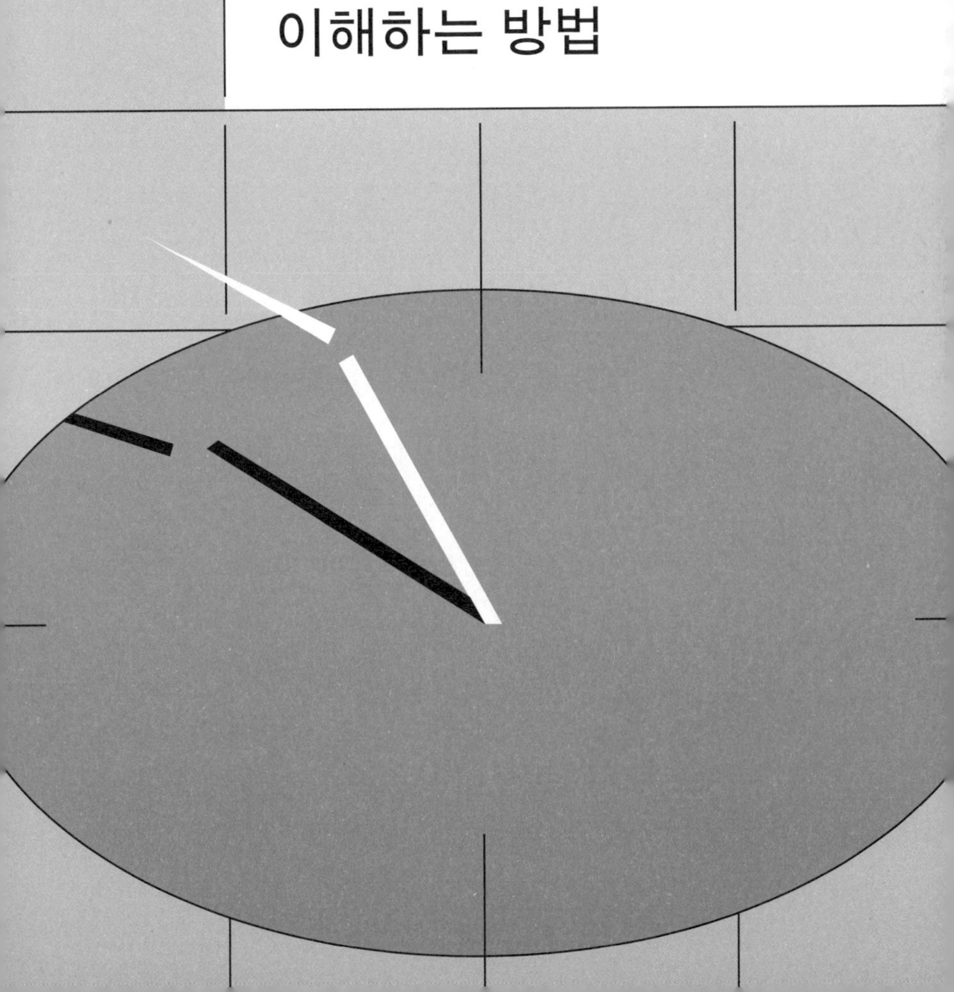

처벌을 넘어 사회적 기억으로

"재난조사의 국제 기준은 사법적 조사와 기술적·구조적 조사를 분리하고 있고, 여기에는 논리적·현실적 이유가 있다. 책임 추궁을 당하는 사람이 사실의 증언을 피하게 되면 재발 방지 대책을 추진하기가 어렵고, 개인 책임을 묻더라도 시스템이 변하지 않으면 역시 유사한 사고가 반복될 수 있기 때문이다. 그러나 2014년 당시 사회운동은 재난에서의 사법적 조사와 구조적 조사를 동시에 추구하는 일의 어려움에 대해 깊이 생각하지 못했다."[92]

4·16 세월호 참사를 진상조사한 '세월호특별조사위원회' 전 조사관 박상은 씨는 자신의 저서 《세월호, 우리가 묻지 못한 것》에서 세월호 참사 조사의 실패 원인을 이렇게 분석했다. 사회적 참사가 일어날 때마다 한국 사회가 책임자를 찾고 그들을 엄벌

하는 데 집중하느라 정작 구조적 원인을 파헤치는 데는 상대적으로 소홀했다는 취지다.

산재 사망사고의 진상규명도 이와 크게 다르지 않다. 한국에서 산재 조사는 곧 경찰 수사와 동의어다. 산재가 발생하면 시민사회단체는 '철저한 수사'를 통해 재해의 원인을 규명하고 책임자를 처벌해 달라고 요구한다. 그러나 과연 경찰 수사만으로 이런 목표를 달성할 수 있을까?

수사의 목적은 사고의 구조적 원인을 짚는 것이 아니라 사고와 관련해 잘못을 저지른 개인을 찾아내는 것이다. 앞서 들었던 비유를 다시 가져오면, 사과 상자 속 사과가 썩으면 썩은 사과를 찾아내는 것이 수사기관의 일이며 사과 보관법이나 보관 온도를 살피는 것은 주된 업무가 아니다. 수사의 성패는 재해를 일으킨 구조적 원인을 찾아내느냐가 아니라 개인의 법 위반 행위를 명확히 특정할 수 있느냐에 달려 있다. 대다수의 산재 관련 수사에서 재해 원인 조사가 아주 피상적으로 이뤄지는 이유다.

진상규명과 책임자 처벌이라는 두 가지 목표는 때때로 서로 충돌하기도 한다. 재해를 일으킨 다양한 원인을 성역 없이 탐색하려면 사안을 잘 아는 핵심 관계자들의 협조가 필요하다. 이를 이끌어내려면 개인의 잘못은 일정 수준 면책해야 할 때도 있다. 책임자의 잘못을 끝까지 묻고 처벌로 엄히 다스리려는 이들의 눈에는 이런 시도가 '책임자 봐주기'처럼 비칠 여지가 있다.

게다가 산재 수사는 그 특성상 책임자 처벌이라는 절반의 목표도 달성하기가 쉽지 않다. 사업주가 노동자의 죽음에 대해 책임지고 처벌받으려면 단순히 안전을 뒷전에 둔 정도가 아니라 구체적으로 법령에 있는 의무사항을 어겨야 하고, 그 사실이 증거로도 입증돼야 한다. 대부분의 재해 사건은 적극적인 행동을 취한 결과라기보다 투자 등을 하지 않고 소극적으로 내버려 둬 사고가 나는 경우다. 이를 유죄로 입증하기란 대단히 까다롭다.

재해조사를 수사기관이 독점하면 사회적 소통이 실종된다는 문제도 있다. 피의자 보호 차원에서 피의사실이 새어 나가지 않도록 수사기관이 각종 정보공개를 차단하기 때문이다. 한 사람의 목숨이 왜 일터에서 끊어져야 했느냐는 시민사회단체와 노조, 유족의 물음은 '수사 중이므로 자세히 밝힐 수 없다'는 수사기관의 답변 앞에서 멈출 수밖에 없다. 이는 산재를 시민들이 함께 기억하고 조사하고 감시하는, 사회적 서사의 축적을 막는다.

노동자들의 부고가 흘러가듯 잊히는 것을 두고 볼 수 없어 누군가는 매일 기록을 남기기도 했다. 트위터에는 산재사고로 죽는 사람의 소식을 전하는, '오늘 일하다 죽은 노동자들'이라는 계정이 있다. 이 계정을 운영하는 이현(가명) 씨는 주간지 《시사IN》과의 인터뷰에서 자신이 계정을 운영하게 된 이유를 이렇게 설명했다.

"일하다 죽는 사람들이 선한지 악한지를 떠나 다 누군가의 자식이고 부모이며 형제다. 우리가 상상할 수도 없을 만큼 개개인이 하나의 우주다. 그 우주가 매일 같이 무너지고 있는데, 어떻게 아무 일 없다는 듯이 멀쩡하게 사회가 돌아갈 수 있는지 의아했다. 일하다 죽는 사람들에게는 사회가 너무 무관심한 것 아닌가."[93]

그의 말은 우리 사회가 단지 검찰에 모든 조사를 맡기는 것을 넘어 산재에 대한 사회적 소통이 필요함을, 산재로 인한 죽음의 시작과 끝을 보존하고 기록하는 데에 목말라하는 이들이 있음을 보여준다.

우리는 앞서 산재의 구조적 원인이 왜 드러나지 못하는지를 살펴봤다. 마지막 부에서는 산재사고에 대한 보다 투명하고 깊이 있는 조사를 위해 무엇을 해야 하는지 살펴보도록 한다.

산재는 서사의 싸움이다

본격적으로 들어가기에 앞서, 산재의 구조적 원인을 파악하는 것이 중요한 또 다른 이유를 박상은 씨의 책에서 마저 살펴보려 한다. 저자는 같은 저서에서 사회적 참사 조사를 억누르려는 국가의 행동을 이렇게 분석했다.

"2015년 5월 2일 새벽 안국역 사거리에서 경찰이 (세월호 유가족을 향해) 최루액 물대포를 쏘았을 때, 나는 국가가 자식 잃은 이들을 향해 이렇게까지 하는 이유를 짐작하기 어려웠다. 오랜 시간이 지나 재난에 책임 있는 이들이 책임을 회피하려는 시도가 여러 사례에서 관찰된다는 점을 알게 되었을 때, 재난조사가 객관적 과학이 아니라 체제를 뒤흔들 수도 있는 정치의 속성을 지닌다는 점을 알게 되었을 때, 그제서야 나는 기존 체제를 유지하려는 국가의 공통적 특징과 박근혜 정부의 특수성을 구분할 수 있었다. 책임자에 대한 강력한 처벌이 가장 좋은 재발 방지대책이라는 한 치의 의심도 없던 믿음에 대해서도 나는 이제 신중하고 복잡하게 생각한다. 우리는 왜 재난을 조사하는가?"[94]

저자는 국가재난에 대해 국가가 그토록 적극적으로 재난의 의미를 축소하려는 까닭을 분석한 것이지만, 산재사고에도 그대로 적용될 수 있는 대목이다. 어느 조직이든 구성원이 동요할 만한 사건이 발생하면 체제 유지를 위해 사고의 의미를 축소하려는 유혹에 직면한다. 노동자의 죽음이 회사의 관리 부실로 인한 것이라는 사실이 알려지면 유가족과 동료 노동자들이 동요하며 강하게 반발할 수 있으니 재해조사를 가급적 축소하려는 유인이 커지는 것이다. 자연히 재해를 분석할 때도 구조적 원인과는 무관한 개인적 실수로 분류하려는 경향이 나타나게 된다.

이런 면에서 한 기업이 재난을 어떻게 기억하느냐의 문제는 서사의 싸움이나 다름없다. 개별 산재사건을 어떻게 기억하고 기록하느냐가 유족에겐 망인의 명예를 지킬 수 있느냐를 결정짓는다. 반대로 회사 입장에선 회사 책임자가 문책받거나 형사처벌을 받을 수도 있는 일이다. 개별 산재사고가 구조적 요인에 의한 것이냐, 한두 사람의 단순한 과실이냐를 두고 양쪽이 치열하게 싸울 수밖에 없는 '기억의 전쟁터'인 셈이다.

다만 이 싸움은 노동자 쪽에 좀 더 불리한 것이 사실이다. 죽은 자는 말이 없으며 유가족은 현장의 작업 공정을 자세히 모른다. 사고가 난 순간 함께 일한 동료들도 과중한 업무량을 달성하느라 분주해 동료가 위험에 처한 순간을 목격하지 못하는 경우가 많다. 혹시나 사고 장면을 목격하거나 구조를 도왔더라도 사고 트라우마나 회사의 보복을 우려해 말을 꺼내지 못할 가능성이 크다.

이런 상황에서 죽음의 이면을 파헤치고 그 전말을 자세히 기록하는 것은 유족이 망자의 명예를 지키는 것 이상의 의미를 갖는다. 산재사고를 얼마나 구체적으로 이해하느냐에 따라 그간 드러나지 않았던 위험한 노동 환경이 수면 위로 올라오기도 하고 사측의 대대적인 안전 투자를 이끌어내기도 한다. 개인의 부주의로만 치부됐던 사고의 서사가 조직 모두가 성찰해야 할 사고로 바뀌기도 하고 경찰의 부실한 수사 의지를 드러내기도 한다.

산재의 구조적 원인을 파헤쳐 서사를 전복시킨 가장 극적인 사례는 2014년 경찰이 자살로 규정한 울산 현대중공업 하청 노동자의 사망사고가 법원에서 산재로 인정된 사건이다.

2014년 4월 26일 울산 현대중공업 블록에서 샌딩 작업(철판 블록에 페인트를 칠하기 전 철판에 붙은 이물질을 제거하는 작업)을 하던 하청 노동자 정범식 씨가 공기 주입용 호스에 목이 감긴 채 발견됐다. 동료들이 공기호스를 끊고 그를 내려 인공호흡 했으나 범식 씨는 끝내 숨졌다.

경찰은 이를 단순 자살로 규정하고 사건을 종결했다. 유족 쪽 대리를 맡은 변호사가 확보한 경찰 수사 기록에 따르면, 당시 경찰은 "자살인지 사고사인지 판단하기 어렵다"면서도 난간에 매인 호스의 매듭 형태가 자연적으로 형성되기 어려운 점, 범식 씨의 핸드폰 요금이 연체된 점 등을 들어 범식 씨가 자살한 것이라고 결론지었다.[95] 경찰 수사 결과를 토대로 근로복지공단도 그의 죽음을 산재로 인정하지 않았다.

하지만 몇 가지 이상한 점이 있었다. 우선 범식 씨가 발견될 당시 그의 눈과 목에는 분사된 쇳가루를 맞은 흔적이 있었다. 또 범식 씨가 쓰고 있던 마스크가 훼손돼 벗겨져 있었으며 옷 안에서도 상당한 양의 쇳가루가 나왔다. 유서는 발견되지 않았고, 범식 씨가 어떻게 호스에 목이 감기게 됐는지 그 상황을 목격한 사람도 없었다.[96] 그는 사망 전 휴식 시간에 동료가 "점심 먹으러 가기 싫다"고 하자 "컵라면 사 왔으니 같이 먹자"고 말하기도 했다. 자살할 사람이 할 법한 행동으로 보기는 어려운 모습이었다.

동료들의 증언에 따르면 범식 씨는 사고가 나기 전 쉬는 시간에 "작업용 리모컨이 자꾸 말썽이다"라고 이야기했다고 한다. 동료가 범식 씨에게 "리모컨을 통째로 바꾸라"고 하니 그는 "한 타임 더 해 보겠다"고 말했다. 범식 씨는 블록의 벤치 위를 건너가 작업을 재개했다. 그리고 5~10분 뒤 호스에 목이 감긴 채 동료에 의해 발견됐다.

노조는 범식 씨의 죽음이 산재라고 주장했다. 범식 씨가 기계의 리모컨 오작동을 점검하고 있었는데 갑자기 리모컨 스위치가 켜지며 쇳가루가 발사되자 눈에 맞아 추락하면서 호스에 걸려 목이 졸렸다는 것이다. 유족과 노동건강연대, 울산산재추방운동연합 등 여러 시민사회단체도 범식 씨의 죽음이 자살이 아닌 산재라고 주장했다. 김동현 희망을만드는법 변호사 등도 법률 대리인단을 꾸려 유족을 돕기 시작했다. 대리인단은 사고 현장에 있던 범식 씨 동료들의 증언과 현장을 대조하고 사고 재현 실험을 수차례 진행해 결국 사고 사망의 시나리오를 증명해냈다.

범식 씨 죽음에 대해 1심 재판부는 대리인단의 주장을 받아들이지 않았지만 2심은 받아들였다. 항소심 재판부는 △범식 씨가 쓰던 리모컨이 전선 접촉으로 의도치 않게 작동할 수 있었고 △범식 씨가 착용하고 있었던 방진 마스크 필터가 훼손됐으며 △범식 씨의 얼굴과 목 부위에 쇳가루가 묻어 있었던 점을 들어 사고사의 가능성을 인정했다.

항소심 재판부가 추론한 사고 당시 상황은 이랬다. 범식 씨는 리모컨을 수리하는 과정에서 의도치 않게 리모컨에서 분사되는 쇳가루에 맞았다. 그는 눈에 들어간 쇳가루 때문에 앞이 보이지 않자 작업장 밖으로 나가 응급처치를 하려고 했다. 그런데 외부 비계를 이용해 이동하는 과정에서 넘어지며 한쪽에 둥글게 말아놓은 공기호스가 몸에 감겼고, 시야 확보가 안 되는 상태에서 사다리 아래로 내려가려다 발을 헛디뎌 추락했다. 이때 몸에 감겨 있던 호스가 위쪽으로 당겨지며 범식 씨의 목을 감아 질식시켰다.[97] 이는 모두 대리인단이 자료를 바탕으로 주장하고 여러 실험으로 증명한 내용이다.

당시 근로복지공단은 경찰의 수사를 바탕으로 범식 씨의 죽음이 자살이라고 주장했다. 그러나 항소심 재판부는 1) 자살을 시도하려는 사람이 굳이 쇳가루를 스스로의 얼굴에 분사하거나 타인의 작업구역까지 이동할 이유가 없고 2) 범식 씨가 사고 발생 전날까지도 배우자와 통화하고 동료들과 일상적인 대화를 하는 등 자살의 동기가 확인되지 않았으며 3) 눈에 쇳가루가 들어간 사람이 높이를 가늠하여 목을 매기는 어렵다는 점 등에 비추어 범식 씨가 자살했다고 합리적으로 보기 어렵다고 판단했다. 이 사건은 근로복지공단이 상고를 포기함으로써 사고 발생 5년 만인 2019년 9월에야 산재로 인정받았다.

위 사례에서 보듯 산재의 원인을 규명한다는 것은 유족에게는 고인의 죽음을 이해하는 것을 넘어 고인의 명예를 회복하는 일이며, 시민단체와 사회에 있어서는 산재의 구조적 원인을 밝혀 유사 사고의 재발을 막는 일이다. 범식 씨 유족의 지난한 싸움은 '어떠한 산재사고도 쉽게 단정 짓고 흘려보내서는 안 된다'는 사회적 교훈을 우리 사회에 남겼다. 여전히 수많은 사건·사고가 짧은 기사로만 다뤄지는 듯 보이지만, 이 가운데 일부라도 구조적으로 규명해 보려는 시민사회와 유족들의 노력이 있었던 것이다.

중대재해처벌법이 녹인 빙하

최근 산업안전에 대한 관심이 높아지면서 중대재해도 수사 대상과 조사 범위가 넓어지고 처벌의 평균 형량도 늘었다. 특히 산재 유가족이 단식 농성하고 시민 10만 명이 서명해 2022년 1월 27일 시행된 중대재해처벌법은 산업현장을 보다 안전하게 만들어 줄 것이라는 시민사회의 기대를 한 몸에 받았다. 중대재해처벌법의 등장 이후 우리 사회는 어떻게 달라졌을까?

가장 큰 변화는 안전이 기업 경영의 중요한 고려사항으로 부상했다는 점이다. 중대재해처벌법이 만들어지기 전 산업 현장을 주로 규율한 법은 산업안전보건법이었다. 산업안전보건법은 기업의 안전관리 책임을 특정한 담당자(일명 '안전관리자' 등)에게 지우고 산재가 발생하면 그 관리자에게만 책임을 묻는다. 즉 안전을 직접 챙기는 실무자가 아니면 사고에 대한 책임 자체를 물을 수 없다는 것이 이 법의 치명적인 결함이었다. 실질적으로 노동자 안전에 큰 영향을 미치는 것은 예산과 인력을 배정하는 경영진인데 정작 그들은 번번이 사고의 책임을 면했다. 이미 잘 알려진 예로 서부발전 하청 노동자 김용균 씨 사망사고와 관련해 서부발전 대표이사는 13명 자연인 피고 중 유일하게 무죄를 선고받았다(1, 2심 기준).

이와 달리 중대재해처벌법은 경영진에게 종사자 보호의 책임이 있음을 명확히 한 법이다. 경영진이 직접 안전관리 실무를 하는 것은 아니지만, 경영 과정에서 안전이 누락되지 않도록 체계를 만들고 그 이행을 점검할 의무를 부여한 것이다. 예를 들어 경영책임자는 △안전관리자가 제대로 안전관리 실무를 하는지 업무 평가 기준을 만들어 평가해야 하고 △안전에 관한 목표를 전사적으로 공유해야 하고 △재해 예방에 필요한 인력과 예산을 배정하며 △재해가 발생하면 재발 방지책이 수립, 이행되도록 해야 한다. 경영책임자는 경영 성과만 책임지는 사람이 아니라 그 성과를 내려고 고용한 노동자들의 목숨까지 책임지는 사람이기 때문이다.

중대재해처벌법은 산업안전보건법과 달리 수사기관이 재해의 원인을 보다 구조적으로 파악하도록 만들었다는 의미도 있다. 기존 산업안전보건법 체제에서는 600여 개의 상세한 규칙을 토대로 기업들이 조명의 밝기를 기준치 이상 유지했는지, 환풍기를 제대로 틀었는지 등을 따졌다. 이런 체제에선 법 위반 행위를 적발만 하면 수사가 쉽게 끝난다. 그러나 그 기업에서 비슷한 사고가 왜 반복적으로 나는지는 수사에서 잘 다뤄지지 않는다.

반면 중대재해처벌법 체제에서는 경영진이 안전관리체계를 제대로 세우고 이행 여부를 점검했는지도 수사 범위에 포함되므로 그 과정에서 기업의 평소 안전관리 실태와 미비점을 알 수 있다. 기업 입장에선 중대재해처벌법 처벌을 피하려면 이제 법을 형식적으로 지키기만 해서는 안 된다. 최소한의 안전관리체계를 갖추고 재해 감축 노력도 기울여야 한다. 즉 중대재해처벌법의 등장은 법이 시키는 것을 소극적으로 따라 하기만 하던 '지시적 규제'에서 스스로 위험을 찾고 산재 감축 달성을 위해 능동적으로 대응하는 '목표 기반 규제'로 나아갔다는 의미를 갖는다. 실제로 중대재해처벌법 시행 이후 노동자들의 의견을 적극적으로 수렴하거나 미뤄뒀던 설비 개선을 이행하는 기업들이 적지 않다.[98]

이런 이유 때문에 원진재단 부설 노동환경건강연구소의 박미진 안전보건정책실장은 중대재해처벌법의 등장이 '꽁꽁 얼었던 안전 의식의 해빙기Unfreezing'를 가져왔다고 평가했다.[99] 그간 기술자들에만 맡겨뒀던 안전을 이제 사업주가 챙겨야 할 경영계획의 일부로 편입했다는 것이다. "안전관리가 잘 되려면 결국 경영자가 안전관리부서에 권한을 부여해야 한다. 권한을 주지 않으면 산재 위기가 발생해도 생산을 중단시키거나 인력을 늘려달라고 요구하기 어렵다. 중대재해처벌법은 그것을 해냈다."

2023년 4월 7일 중대재해처벌법 1호 판결이 나왔다. 80억

규모 병원 증축 공사 도중 노동자가 추락해 숨진 사고였다. 원·하청 관리자 4명이 그 당시 할 수 있었던 모든 안전조치 중 단 하나도 하지 않아 사고가 났다. 전원 집행유예긴 하나 원청 대표이사까지 유죄 판결을 받았다. 기존의 산업안전보건법 체제에선 흔치 않은 판결이다. 2호 사건에선 340명 규모 제강 대기업인 원청의 대표이사가 집행유예 없는 실형까지 받았다. 사고 이전에도 사고 위험이 여러 차례 반복적으로 적발됐고 동종 전과까지 있었는데 여전히 안전조치에 소홀했던 점이 가중 처벌 사유로 작용했다. 법원이 사고 당시 사업주의 범법 행위에만 초점을 맞추지 않고 사업주가 평소 일터를 어떻게 운영했고 얼마만큼 안전에 관심을 쏟았는지까지 함께 고려한 것이다.

물론 논란도 있다. 법이 구체적인 안전관리 예산의 기준을 정해두지 않고 '적정한 예산을 책정할 것' '재해 예방 대책을 마련할 것' 등 추상적인 문구만 적어두고 있어 법 해석이 모호하다는 지적이다. 법 문구를 추상적으로 적은 까닭은 수많은 사업장의 적정한 예산 규모를 일일이 법에 적는 것이 불가능해 사후적으로 사고가 난 뒤 적정성을 판단하기 위함인데, 법을 지켜야 하는 기업 입장에선 예산을 얼마만큼 책정해야 처벌을 피할 수 있는지 명확하지 않아 답답하다는 입장이다. 수사관들도 기존에는 산업안전보건법이 정한 조명 밝기나 산소포화도를 지켰는지 확인만 하면 됐는데 중대재해처벌법 도입 이후론 기업의 법 위반 여부를 보다 종합적으로 입증해야 해 수사의 어려움을 호소하곤 한다.

이런 연유로 중대재해처벌법의 모태가 된 영국의 기업살인법도 연간 평균 기소 건수가 3건이 안 된다. 2007년에 법이 제정된 이래 개별 기업에 부과된 벌금의 최고 수준은 200만 파운드(한화 약 31억 원)로 형벌이 무거운 편이었지만, 유죄 판결이 나온 것은 2021년까지 14년간 33건에 그쳤다. 유죄 판결을 받은 기업은 대부분 중소기업이었다. 대기업은 대형 로펌의 자문을 받아 명분을 갖춰놓는 반면 중소기업들은 법률 대응 자원이 부족하다 보니 법망에 쉽게 걸린다는 해석이 있다.

책임자 처벌을 목표로 하는 수사 특성상 정보가 대부분 차단된다는 한계도 있다. 산업안전보건법 체제에서도 근로감독관이 쓴 중대재해보고서나 기업의 재해 분석 보고서 등이 수사자료라는 이유로 외부에 전혀 공개되지 않았다. CEO의 거취가 걸린 중대재해처벌법 수사라면 수사자료가 공개될 가능성은 더욱 작다.

위 2건의 판결문도 산재를 유발한 구조적인 원인을 짚기보다는 매뉴얼이 누락됐다거나 작업계획서를 쓰지 않았다는 등 피고인의 법 위반 사항을 피상적으로 나열하는 데 그쳤다. 책임자를 처벌하는 것이 곧 재해를 이해하는 것과 동의어가 될 수 없다는 사실을 재확인시켜 준 셈이다.

결국 중대재해처벌법 시행 이후에도 각 사고에 영향을 미친 위험 요소들을 찾아내고 그 결과를 사회 구성원들이 공유하는 작업은 여전히 필요하다. 산재 조사에 관한 더 많은 정보가 공개돼야 하는 이유다. 적어도 두 가지는 반드시 대외적으로 공개해야 한다. 바로 안전보건공단이 작성하는 재해조사의견서와 법원의 판결문이다.

산재를 이해하기 위한 최소한의 조건 1: 재해조사의견서

잘 모르는 길을 갈 때는 길잡이가 필요하다. 이정표를 찾거나 먼저 다녀온 사람들의 안내를 잘 따라가야 길을 헤매지 않는다. 산재 조사도 마찬가지다. 사고의 실체를 종합적으로 파악하는 데 도움을 주는 길잡이가 있다. 재해가 발생했을 때 근로감독관과 안전보건공단 직원이 함께 작성하는 '재해조사의견서', 그리고 각종 수사자료를 토대로 해당 사고에 대해 사법적 결론을 낸 법원의 판결문이다. 이 두 자료는 산재가 왜 발생했으며 거기에 회사나 노동자의 책임이 있는지를 간접적으로 파악하는 길잡이 역할을 한다.

우선 재해조사의견서부터 살펴보자. 재해조사의견서는 재해자의 구체적인 고용형태를 비롯해 사고의 기초적인 사실관계와 기술적, 관리적 원인까지 담고 있어 사건 파악의 핵심 자료로 꼽힌다. 아래 사례를 보면 의견서가 산재사고의 전말을 구체적으로 파악하는 데 어떤 도움을 주는지 알 수 있다. 2016년 4월 18일에 울산에서 발생한 한 노동자의 사망사고를 요약한 안전보건공단의 속보다.

> "2016.4.18(월) 08:50경 울산광역시 동구 소재 □□중공업(주) 건설장비 조립2공장에서 사내 협력사인 △△△△ 소속 재해자가 굴삭기 엔진후드와 붐 사이에서 유압호스 설치 변경 작업을 하던 중 ○○○○(주) 소속 근로자가 굴삭기 이동을 하기 위해 붐을 상승시켜 엔진후드와 붐 사이에 재해자가 끼어 사망한 재해임."
> -안전보건공단, 중대재해 속보

사고가 난 기업이 어디인지는 물론 사고를 당한 노동자가 비정규직인지 정규직인지, 무슨 일이 어떻게 일어나서 죽음에 이른 것인지도 전혀 갈피를 잡을 수 없다.

반면 재해조사의견서를 읽으면 사고가 일어난 배경을 대략 유추할 수 있다. 사고 당시 노동자가 하던 공정과 목격자 여부 등 기본 정보가 의견서에 담겨 있기 때문이다. 다음은 재해조사의견서에 기록된 내용을 토대로 당일의 사고를 재구성한 것이다.

2016년 4월 18일, 울산 동구 현대중공업의 '건설장비 조립

2공장'은 굴착기를 제작하는 공정이 한창이었다. 당시 현대중공업은 굴착기 생산 공정을 잘게 쪼개어 여러 하청회사에 나누어 맡겼는데, 한 하청업체가 부품을 조립하고 다른 하청업체가 조립된 설비의 이상 유무를 확인하는 식이었다. 정비공 노 아무개(37) 씨도 현대중공업의 하청업체인 Y회사에 소속돼 현장에 잘못 조립된 굴착기가 없는지 파악하고 수리하는 역할을 맡았다.

그날도 노 씨는 굴착기에 잘못 달린 부품을 해체해 재조립하고 있었다. 부품을 해체하려면 굴착기 몸체를 등지고 붐(굴착기의 팔 역할을 하는 기다란 축) 뒤에 있는 좁은 공간에 쪼그려 앉아야 했다. 가로 78센티미터 세로 68센티미터 높이 1.7미터 수준의, 아주 작은 공간이었다. 굴착기 몸체 너머 굴착기 운전석에선 노 씨가 있는지 없는지도 제대로 보이지 않았다.

노 씨가 한창 일하던 아침 8시 30분께, 같은 공간에 있던 C기업 직원도 작업을 시작했다. C기업 직원이 맡은 역할은 정비를 마친 굴착기를 다른 쪽으로 이동시킨 뒤 몸체 바닥 커버를 붙이는 일이었다. 굴착기 한 대를 둘이 시간 차를 두고 작업해야 했으므로, C기업 직원은 노 씨가 정비를 마칠 때까지 기다렸다가 아침 8시 50분께 굴착기로 되돌아왔다. 운전석 안에 탄 C기업 직원은 노 씨가 보이지 않자 그가 작업을 마쳤을 것으로 여기고 굴착기에 시동을 걸었

> 다. 굴착기에 시동을 걸 때까지도, C기업 직원은 "그날 노 씨가 정확히 무슨 일을 맡았는지 전달받지 못했다."
>
> C기업 직원이 굴착기를 이동시키려 붐을 들어 올린 순간 창문 너머로 황급히 손짓하는 무리가 보였다. 노 씨가 붐 너머에서 아직 작업을 하고 있음을 알리는 뒤늦은 신호였다. 붐이 번쩍 하늘로 올려지는 데 걸린 시간은 3초. 미처 빠져나오지 못한 노 씨는 붐에 끼여 그 자리에서 목숨을 잃었다.

위 내용은 재해조사의견서에 수록된 정황을 글로 풀어 쓴 것이다. 의견서를 보면 조사관은 두 하청기업 직원들의 진술을 소상히 듣고 혼재작업이 어떻게 이뤄졌는지 의견서에 자세히 적었다. 유기적으로 이뤄져야 할 굴착기 제조 공정을 두 하청업체가 제각기 나눠서 작업했고 그 과정에서 소통이 제대로 이뤄지지 않았다는 사실이 의견서에 그대로 담겼다. 의견서의 분석은 추후 1심 법원에서 그대로 받아들여졌다.

이처럼 재해조사의견서는 사건의 기본적인 얼개를 파악할 수 있는 핵심 자료지만 현재는 비공개다. 노동부와 안전보건공단은 자료 제출 의무가 있는 국회의원실을 제외하고는 재해조사의견서를 일반에 공개하지 않으며, 정보공개 청구를 해도 거절한다.[100] 재해조사의견서가 "수사에 쓰이는 자료"라는 게 주된 이유다. 앞서 짚었듯 수사기관의 수사가 재해에 관한 사회적 소통을 통째로 잠식하는 예다.

노동부는 2022년 12월 '중대재해 감축 로드맵'을 발표해 재해조사의견서를 공개하겠다는 계획을 밝혔다. 다만 시기나 방법, 공개의 범위 등은 아직 구체적으로 밝히지 않은 상태다.

산재를 이해하기 위한 최소한의 조건 2: 법원 판결문

산재사고의 진상을 파악할 수 있는 또 다른 길잡이는 법원의 판단이 담긴 판결문이다. 사고 직후에는 노조도, 회사도 제각기 자신의 입장에 근거한 주장을 펼치기 때문에 입체적으로 진실을 파악하기 어렵다. 이때 법원의 판단은 제한적이나마 그 주장의 적절성을 사후적으로 검증하는 역할을 한다. 물론 법원이 채택하는 주장이 모두 진실 그 자체라고 단정할 수는 없지만, 최소한 노사의 의견을 검증해 사법적으로 판단한 결과가 판결문에 남는다. 또 수사기관이 따로 공개하지 않은 자료도 간혹 판결문에 함께 담기는 경우가 있다.

2016년 열차 스크린도어를 수리하다 마주 오던 열차에 치여 숨진 구의역 김군 사고의 판결문은 회사가 인원을 필요 인원보다 적게 배치해 노동자 안전을 사실상 방치한 정황을 자세히 짚었다. 아래는 판결문의 일부다.

"서울메트로는 용역계약상의 인력산정을 수정하는 설계 변경을 통해 2인 1조 작업 실시에 필요한 정비원 인력을 충분히 증원시킬 수 있었음에도, '장애물검지센서와 슬라이딩도어 동작상태 점검주기를 월 1회에서 2회로 늘리는 방식 등'으로만 인력을 재산출하여 28명보다 적은 수인 17명의 정비원만 증원되게 하였다. 이 과정에서 스크린도어 센서 점검 횟수를 매월 1회에서 매월 2회로 증가시키고 은성PSD 내에 센서 점검을 전담하는 '센서점검팀'을 신설하도록 계약 내용을 변경한 결과, 증원된 위 17명 중 8명은 신설된 센서점검팀에 배치하게 되어 결국 실제 스크린도어 장애발생 현장에 출동하는 정비원은 9명 증원됨에 그쳤다."

재판부는 2016년 김군 사고가 있기 전에 발생한 2013년, 2015년 정비원 사망사고와 그 이후 서울메트로의 대응을 도표까지 그려가며 원청이 사고를 막지 못한 과정을 자세하게 설명한다. 판결문에는 서울메트로의 반박 주장과 그에 대한 재판부의 판단도 실려 있다.

판결문은 재판이라는 사회 공공 인프라와 비용을 들여 대한민국 재판부가 특정 사건에 대해 결론을 낸 결과물이다. 그 결과를 사후적으로라도 일반 시민에게 공개하는 것이 맞지만, 현실은 사회적으로 논란이 된 극히 일부 사건을 제외하면 판결문 원문이나 재판 경과를 알 수 있는 사건번호(재판 시 부여되는 사건

일련번호)조차 구하기 어렵다. 사건번호가 없으면 사건 당사자를 제외한 제삼자는 판결문을 찾을 수 없다. 동료의 죽음을 알고자 하는 노조나 지역의 산재활동가들이 사건 내용을 알 수 없다는 뜻이다.

게다가 많은 노동부 수사관들은 자신들이 수사한 사건에 대해 사건번호를 따로 적어두지 않는다. 검찰에 사건을 송치한 뒤로는 따로 재판 결과를 추적하지 않다 보니, 자신이 수사한 사건에 대해 법원이 추후 어떤 판단을 내렸는지 알지 못한다. 세간을 떠들썩하게 한 사건도 송치하고 나면 수사관이 최종 재판 결과를 모르는 경우가 태반이다. 경찰이 여론의 관심이 집중된 사건에 대해 재판 결과를 자주 파악해 두는 것과는 대비된다.

"수사를 했으면 자신이 수사한 내용이 추후 법원에서 받아들여졌는지, 만약 그렇지 않다면 이유가 뭔지 파악해서 자기 수사에 반영하고 복기하는 작업이 있어야 하는 것 아닌가. 노동부 감독관들은 그런 것이 없다. 손에서 (사건을) 털어버리고 나면 그 사건의 최종 결과를 더는 알아보지 않는다."

산재 사망사고 유족을 여럿 대리한 박다혜 금속노조 법률원 변호사의 쓴소리다.

개별 사고의 사건번호가 모든 이들에게 공개되지 않아도 좋다. 숨진 이의 동료나 그를 대신해 싸운 노조, 시민단체 활동가 등 관련 정보를 알고 싶어 하는 이들이 사건번호를 요청할 때 언제든 얻을 수 있는 체계면 된다. 열람 요청을 받은 건에 한해 산업안전감독관이 검찰에 문의해 알려줄 수도 있고 내부적으로 검색 서비스를 구축할 수도 있을 것이다. 핵심은 누구나 특정 사건에 대한 판결문이나 사건번호를 알고자 하면 알 수 있게 보장하는 것이다.

또한 판결이 확정된 과거 산재사건에 대해선 누구나 쉽게 찾아볼 수 있도록 공개할 수도 있다. 근로복지공단은 2021년 3월 산재 보상과 관련된 판결문을 누구나 온라인으로 조회할 수 있는 '산재판례정보 웹서비스'를 열었다. 노동자의 산재보험 적용 여부를 다루는 산재보험법 관련 판례 2만 9000여 건이 축적돼 있다. 만약 산업안전보건법 관련 형사사건 판결문도 이렇게 공개된다면 시민들이 산재사고 판결문을 접하기 한결 수월할 것이다. 현재는 메탄올 실명 사건 등 사회적으로 관심이 컸던 사건들도 검색 엔진에서 찾기 어려운 형편이다. 이 때문에 개인이 특정 사건의 판결문을 구하려면 사건번호를 밝힌 기사가 있는지 찾아보거나 담당 변호사를 수소문해 알음알음 구해야 한다. 최소한 이런 사고만이라도 정부가 판결문들을 한데 모아 공개한다면 정보의 불투명성은 한층 해소될 것이다.

'사람 많이 죽는 기업' 공개합시다

구직자들이 기업의 채용 공고를 볼 때 주로 확인하는 정보는 그 기업의 직원 규모와 연봉, 노동 처우 등이다. 이런 정보는 구직 사이트는 물론 포털 검색으로도 쉽게 확인할 수 있다. 그런데 잘 알려지진 않았지만 구직자들에게 아주 중요한 정보가 또 있다. 바로 그 기업의 산재 현황이다.

현재는 각 기업에서 산재가 얼마나 발생하고 그 가운데 유죄 판결이 난 사건은 얼마나 되는지, 각 사건에서 사고가 어떻게 발생했고 위험 요소는 무엇이었는지 등 개별 기업의 재해 관련 기록을 제삼자가 찾는 것이 거의 불가능하다. 구직자에게 임금이나 복지만큼 중요한 정보가 바로 산재 정보인데, 이런 정보는 완전히 깜깜이 상태다.

우선 공공기관이 아닌 민간기업의 산재 발생 현황이 공개되지 않는다. 노동부가 연말마다 산재가 자주 발생하는 기업의 명단을 수십 장짜리 자료로 내놓긴 하지만, 이 자료는 원청이 같아도 재해가 발생한 현장과 하청업체가 다른 사고는 따로 표기하는 등 일목요연하지 못하다.

예를 들어 2022년 12월에 발표된 노동부의 산재 발생 사업장 명단에서 '태영건설'을 검색하면 과천지식정보타운 'S5BL' 구역에서 발생한 사망사고(1명)와 'S3BL' 구역에서 발생한 사망사고(2명)를 따로 표기하고 있다.[101] 두 사고의 시공사와 발주처가 같지만 시공하는 구역과 하청업체가 달라 별개로 표기한 것인데, 이렇다 보니 과천지식정보타운 공사와 관련된 태영건설의 총 사망자 수는 이 둘을 더해야 알 수 있다. 723개 사업장의 산재가 전부 이런 식으로 분류돼 있다. 수요자가 원하는 것은 '최근 5년간 OO기업에서 발생한 산재사고 현황'과 같은 자료일 텐데 이런 식으로 재가공하는 노력이 없는 셈이다.

삼표산업, 현대건설 등 간혹 여론의 관심이 집중되는 대형 산재사고가 발생하면 노동부가 그 기업의 5년간 산재 발생 통계 자료를 내기도 한다. 그러나 이는 어디까지나 여론의 관심이 큰 사안에 국한된다. 노동부가 주기적으로 내는 업종별 산재 현황 자료는 업종만 공개된다. 개별 기업의 이름은 나오지도 않고 취재진에게 알려주지도 않는다. 산재사고 발생 속보를 가장 먼저 파악해 홈페이지에 게시하는 안전보건공단도 기업 이름은 아예 생략한 채 속보를 올린다. "사망사고가 발생한 사업체의 정보가 조금이라도 외부로 공개될까 봐 노동부, 안전보건공단이 철저

하게 주의를 기울이고, 또 내부 단속을 하고 있다"는 평가가 나오는 이유다.[102]

산재에 관한 정보가 제대로 드러나지 않는 탓에 기자들은 특정 기업의 산재사고가 사회적 문제로 부상하면 곧장 경기도 고양시 일산에 있는 법원도서관으로 달려가곤 했다. 기업의 실명 판례 검색이 유일하게 가능한 곳이라서다. 기업들의 산재 발생 기록이 대외적으로 공개되지 않다 보니 발품을 팔지 않으면 같은 기업의 과거 법 위반 내용도 찾기가 어렵다. 수도권이 아닌 지역에 사는 노동자라면 사실상 자기 회사의 과거 판결을 찾아볼 방법도 없는 셈이다.

현재는 공공기관에 한해 최근 5년 내 산재 현황 정보를 볼 수 있도록 공개하고 있다. 예를 들어 2021년 10월 하청 노동자 김다운 씨가 전신주에 올랐다가 고압전선에 전신화상을 입고 숨진 사고가 있었던 한국전력의 경우, 공공기관 공시시스템인 '알리오'를 보면 최근 5년 내 원청과 하청 노동자의 사망사고 현황을 일목요연하게 표로 공개하고 있다. 물론 이 역시 하청 노동자 사고로 볼 여지가 있는 사건을 '발주처' 사고에 포함한다는 비판을 받지만, 적어도 숨진 인원의 숫자만큼은 시민들에게 일목요연하게 공개하고 있다. 이런 정보가 민간으로도 확대돼야 하지만 현재는 그렇지 못하다.

정부가 부담스러워하는 정보를 대신 가공하는 것은 노동단체다. 민주노총은 매년 4월께 노동부 자료를 토대로 기업별로 재해자 수를 전부 계산해 '최악의 살인기업 선정식'을 연다. 지난 한 해 가장 많은 노동자가 숨진 기업이 어디인지 원청을 기준으로 전부 다시 분류해 1~5위를 매기는 것이다. 이 자료가 실질적인 산재 기업 현황을 보여주는 유일한 정보였다. 그러나 2023년엔 캠페인을 주최한 지 17년 만에 처음으로 살인기업 선정을 하지 못했다. 정부가 산재 빈발 기업을 콕 집는 민주노총 캠페인에 부담을 느껴 법인 명예훼손 등을 이유로 자료 제출을 거부했기 때문이다.

시민단체 '투명사회를 위한 정보공개센터'도 2022년 12월 기업의 과거 중대재해 이력을 찾아볼 수 있는 웹사이트 '일하다 죽지 않을 직장 찾기'를 만들어 산재 관련 정보를 시민들이 쉽게 이해할 수 있게 가공해서 제공한다. 이 사이트에서는 특정 기업의 이름을 검색해 산재 현황을 확인할 수 있다. 다만 이 역시 노동부의 자료 제출 거부로 자료 업데이트가 2021년 기준 자료에서 멈춘 상황이다.

이와 달리 미국과 영국, 프랑스 등은 모두 형이 확정된 기업의 과거 사고 이력과 확정된 형의 내용을 홈페이지에 공개한다. 예를 들어 미국 노동부 산하 안전보건청 홈페이지의 '기관 검색 Establishment Search' 페이지에서 테슬라Tesla. Incorp를 검색하면 테슬라에서 발생한 과거 산재 내역이 모두 검색되고 각 사건의 법 위반 여부와 최종 벌금 액수도 나온다. 영국도 안전보건청HSE의 '유죄 현황Conviction History'란에서 기업명에 '영국항공British Airways'을 검색하면 형이 확정된 9년 이내의 법 위반 사실 3건이 차례로 나온다. 이들 국가에선 기업의 산재 발생 현황이 국가가 숨겨줘야 할 정보가 아닌 것이다.

어두운 소통 구조는 누구에게 유리한가

산재 관련 자료가 공개되지 않고 사회적 소통도 부족한 지금의 현실은 누구에게 유리할까? 산재사고의 문제점을 드러내려는 쪽일까, 숨기려는 쪽일까? 아래의 사례를 보면 어두운 소통 구조는 결국 산재사고를 최대한 문제 삼지 않고 넘어가려는 쪽에게 유리하다. 사고 책임을 회피하려 거짓말을 했다가 설사 법원에서 들통나더라도 판결이 나올 즈음이면 여론의 관심이 식기 때문이다.

삼성SDI의 자회사 STM은 2021년 산재 은폐 혐의로 벌금형을 받아 노동부 공표 명단에 오른 기업이다. 노동부가 이수진 의원실에 제출한 자료를 보면, 2018년 11월께 이 기업 소속 직원이 기계 청소 중 롤러기에 손가락이 끼어 골절을 당했다. 전치 2주짜리 부상이었다. 그런데 회사는 내부적으로 작성한 안전조사보고서에 '퇴근하던 직원이 회사 외부에서 개인 자전거를 수리하다 다쳤다'고 써 산재가 아닌 것처럼 노동청에 제출했다.[103] 또 노동자가 근로복지공단에 산재 신청을 하지 않도록 회사 이름으로 급여와 병원비를 지급했다. 산재가 발생한 사실을 노동 당국에 알리지 않으려고 거짓을 꾸민 것이다.

이 기업의 산재 은폐 범행은 2021년 12월 노동부가 관련 보도자료를 배포하면서 처음 드러났다. 노동부는 매년 산업안전보건법상 재해 예방 의무를 위반한 사업장 1000여 개를 명단으로 만들어 배포하는데, 2021년 선정된 1243개 기업 명단 가운데 STM이 '산재 은폐 기업'으로 이름을 올린 것이다. 앞서 지적했듯 노동부의 재해 의무 위반 기업 명단은 가독성이 심히 떨어지고 내용이 부실하기로 악명 높다. 이번 자료 역시 이름만 줄줄이 적혀 있을 뿐 혐의 내용은 아예 없었다. '산재 은폐'의 4가지 글자로는 그 사업장 안에서 무슨 일이 일어났는지 알 수 없었다.

STM이 어떤 수법으로 산재를 은폐했는지 확인하고자 한두 군데 전화를 돌렸다. 한두 시간이면 끝날 줄 알았던 취재가 하루가 다 가도록 끝이 안 났다. 이미 재판이 끝나 형이 확정된 사건인데도 담당 수사관은 '수사 내용을 이야기할 수 없다'며 모르쇠로 일관했다. 그는 사건의 재판 고유 번호(사건번호)도 따로 파악하지 않는다고 했다. 대다수 지방노동청 근로감독관들은 자신이 수사한 사건이 추후 법원에서 어떤 판결을 받는지 추적하지 않는데, 울산지청도 예외가 아니었다.

울산에 사는 산재활동가들에게 연락을 돌렸지만 내용을 아는 이가 없었다. 수소문 끝에 어렵게 사건번호를 구했으나 대부분의 경미한 산재사건이 그렇듯 약식 기소 사건이라 결정문이 온라인으로 제공되지 않았다. 울산에 사는 법률가에게 판결문 열람을 부탁하려니 법원 휴정기였다. 자료 요구를 위해 국회의원실을 두드리니 '회신 오는 데 며칠 걸릴 테고 자료를 받을지도 알 수 없다'는 말을 들었다.

다행히 이 기업에 대해선 한 건의 언론보도가 있었다.[104] 누가, 어떻게 다쳤는지 흔적조차 없는 다른 산재 은폐 기업보단 상황이 나았다. 당시 보도를 보면 STM은 기자에게 '은폐가 아니라 단순히 신고가 지연된 것뿐'이라고 설명했다. 산재를 조직적으로 은폐한 게 아니라 그저 실수로 신고를 누락했다는 주장이다.

그 뒤로 법원 판결을 다룬 후속 기사가 없었으므로 이 해명이 거짓이었다는 사실은 따로 기록으로 남지 않았다. 만약 고용노동부가 산재 은폐 명단을 내지 않았다면, 그리고 1000여 개 기업 중 STM을 콕 집어서 쓴 기사가 없다면 그 해명은 지금도 사실인 양 알려졌을 것이다.

취재 과정에서 "한참 지나간 일을 왜 다시 묻느냐"는 질문을 여러 번 받았다. 노동부 공무원들과 STM 홍보 담당자가 물었다. 그러나 이 기업을 다니는 노동자와 이 기업에 취업하려는 청년에게는 이 일이 '한참 지나간 일'이 아니다. 자신들이 다니고 있거나 곧 다닐 기업이 산재 은폐를 했다는 사실을 몰랐기 때문이다. 실제로 기사가 나간 뒤 "내가 다니는 직장이 산재 은폐

사업장인지 몰랐다"는 STM 직원의 이메일을 받았다.

산업안전보건법을 위반한 사업장의 명단을 정부가 공개하는 이유는 "사업주의 명예·신용에 심리적 압박을 줘 법 의무 이행을 간접적으로 강제"(2002년 국회 환경노동위원회 산업안전보건법 개정안 심사보고서)하기 위함이다. 그러나 STM 사례를 보면 기업의 잘못이 사회적으로 드러나는 일은 매우 드물며 그런 경우에도 내용이 자세히 알려지지 않는다. 산재에 관한 기업의 정보가 가려질수록 기업은 정보를 왜곡하거나 거짓말을 하기가 쉬워진다. 그렇게 해도 아무런 사회적 비난을 받지 않기 때문이다.

더 많은 '왜'를 물어야 한다

"사람들이 매일 일터에서 죽어 나가는데 공개된 정보만 읽어서는 도저히 그 이유가 뭔지 모르겠습니다."

시민사회 활동가들과 산재에 관해 이야기할 때마다 토로하던 애로사항이다. 한 사람 한 사람의 죽음을 추모하고 사회적으로 문제 제기하려면 그 사고의 자세한 내용부터 알아야 하는데 공개된 정보로는 사고를 이해하기에 턱없이 부족하다는 취지다. 활동가들이 참다못해 각 사건의 핵심 자료를 직접 찾아 나서려 해도 관련 자료가 모두 비공개라 일일이 수소문하기도 어려운 실정이다.

김용균 특조위 보고서 집필진으로 참여한 전주희 서교인문사회연구실 연구원과 강태선 서울산업대학교 교수 등이 2021년 11월 민주노총 금속노조 현대중공업지부의 연구용역으로 〈현대중공업 중대재해 사고 백서〉를 펴낸 것은 그 '노가다'를 실제로 해낸 시도다. 해당 보고서는 개별 사업장의 산재사고에 대해 사측과 노조가 주장하는 각각의 원인과 결과, 재발방지보고서, 산업안전보건위원회 논의 기록 등 방대한 자료를 담은 첫 보고서다. 이 보고서가 만들어지는 과정을 보면 현행 시스템하에서 산재사고의 관련 자료를 모아 분석하고 알기 쉬운 형태로 구성하는 것이 얼마나 어려운 일인지 보여준다.

"연구 기간이 3개월이었는데 이 가운데 2개월을 자료 모으는 데만 보냈어요. 재해조사의견서는 국회의원 4명을 통해도 27개밖에 못 받았고요. 판결문도 시민단체 노동건강연대가 확보해 둔 걸 부탁해 받았어요. 그간 노조가 확보한 각종 자료들을 피디에프PDF 파일로 전환하고 사고 당시 사진자료까지 모으니 30GB가 넘더라고요."[105] 연구진은 이렇게 모은 자료들을 토대로 각 사고의 구체적인 상황과 구조적 원인을 담은 자료집을 구성했다.

사고를 자세히 기록하는 것이 왜 중요할까. 연구진들은 백서를 쓰며 산재에 관심을 갖는 일반 시민뿐만 아니라 '산재를 알아야만 하는 이들', 즉 노동자들을 떠올렸다고 했다. 그들에게 산재사고는 그 자체로 위험을 알리는 뼈아픈 교훈이다. 맥락과 상세한 정황이 삭제된 채 추상적으로 기술된 사고는 남의 일처럼 여겨지지만, 구체적이고 자세한 이야기로 복원된 사고는 내 일처럼 다가온다.

"아침마다 열리는 툴박스미팅(소위 '아침 조회'라고 부르는 작업 전 담화)이나 작업 공간 한쪽에 붙여놓는 작업 지시서 같은 것들이 기계의 위험을 설명하긴 하죠. 그렇지만 실상은 기계도 역동적으로 돌아가고 노동자도 역동적으로 일하기 때문에 절대 사고가 전형적으로 일어나질 않아요. 게다가 노동자들은 회사에서 적어도 10년씩 출퇴근하며 일한 사람들이잖아요. 위험에 무뎌질 수밖에 없죠." 전 연구원의 말이다.

전 연구원은 2018년 김용균 특조위 조사위원으로 활동하며 서부발전 하청 노동자들을 면담한 적이 있다. 노동자들은 '김용균 씨 과실이 사고 원인'이라는 회사 쪽 주장을 그대로 믿고 있었다. 전 연구원이 그들에게 '과거 이 회사에서 일어난 사망사고 중 구체적인 내용을 아는 사고가 있으시냐'고 묻자 그렇다고 대답한 이가 아무도 없었다. 더러는 전 연구원이 과거 산재 사망사고 일부를 설명해 주자 충격을 받기도 했다. "위험을 늘 접하는 노동자들이 정작 위험 관련 정보에 대해선 구조적으로 차단된" 것이다.

노동자들이 위험을 스스로 인지할 수 있으려면 그들에게 건네지는 위험 정보가 더 구체적이어야 한다. 공장 한쪽에 위험물 관련 안내문을 붙여놓거나 공사장 한쪽에 안전수칙 입간판을 세워놓는 수준을 넘어, 안전보건에 관한 정보가 더 적극적으로 유통돼야 한다. 연구진들이 '노가다'로 백서를 만든 덴 그런 문제의식이 있었다.

"사고의 내용들을 풍부하고 상세하게 전달하면 전달할수록 위험에 대한 인식이나 감수성도 굉장히 두터워지거든요. 예를 들면 노동자들이 단독 작업을 하면서 '나 지금 혼자 작업하고 있구나' '이럴 땐 뭘 조심해야 하더라' 하고 인식하는 거죠. 그러려면 개별 사고의 서사를 최대한 복원해서 노동자들이 읽을 수 있게 해야 해요."

연구하다 보니 아쉬움도 컸다고 했다. 당초 연구진의 목표는 관련된 자료를 모두 모아 알기 쉬운 이야기 형태로 사고를 재구성하는 것이었다. 그러나 모든 자료가 그렇게 상세한 정보를 담은 건 아니었다. 어떤 사고의 경우 자료에 담긴 정보가 파편적이거나 충분치 않아 끝내 사고의 본질에 닿을 수 없었다.

2020년 4월 21일에 발생한 '빅 도어' 끼임사고가 그런 예였다. 새벽 4시께 울산 현대중공업 공장에서 야간근무를 하던 현장 노동자 정 아무개 씨가 선박의 블록(배를 구성하는 조각)을 공장 밖으로 내보내려다 움직이는 문과 정지해 있던 문 사이에 끼어 숨졌다. 블록을 공장 밖으로 내보내려면 대형 출입문인 '빅 도어'들을 차례로 열어야 하는데 일부 문들이 제대로 작동하지 않으면서 정 씨가 미처 빠져나오지 못하고 문틈에 몸이 낀 것이다.

그를 죽음에 이르게 한 빅 도어는 본디 끼임 사고가 많아 사람이 손으로 스위치를 눌렀을 때만 작동하도록 돼 있었다. 그러나 사고 당시 정 씨는 빅 도어가 사람 없이도 작동할 수 있도록 임의로 만든 '누름대'를 사용해 빅 도어를 혼자 열었다. 검찰은 사고에 작업자 잘못이 있다며 사건을 불기소했다. 수사와 재판이 이뤄지지 않았으니 사고에 관한 정보도 거기서 멈췄다.

"검찰이 작업자가 누름대를 이용했다는 사실에만 집중했는데 사실 그 사건은 야간에 작업자 혼자 일했던 공정이에요. 누름대를 쓰지 않으면 안 될 만한 사정이 있었는지, 현장 안전관리자가 일의 효율 때문에 관행을 묵인한 건 아닌지 살펴봤어야 하는데 그렇게 하지 않았어요." 전 연구원의 말이다.

사건의 실체를 다루는 방식도 노조와 회사가 확연한 차이를 보였다. 노조는 회사 조직상의 문제를 짧게라도 언급했지만 사측은 재발 방지책을 중점적으로 서술하고 사고의 원인에 대해선 깊이 다루지 않았다. 노사의 이해관계가 엿보이는 대목이다.

이미 수사가 다 끝난 과거 사고에 대해 분석하는 것이라 자료 수집과 서사 복원에 한계가 뚜렷했다. 그러나 〈현대중공업 중대재해 사고 백서〉는 사고의 구조적 원인을 알고 싶다는 갈증을 구체적인 기록물로 남긴 첫 시도이기도 했다.

산재사고에 서사를 부여하는 일은 수많은 산재사고로 한데 뭉뚱그려진 죽음들에 저마다의 고유한 얼굴과 이름을 되찾아 주려는 노력이기도 하다. 사고 개요가 담긴 짧은 기사는 독자에게 사고 소식만 전한다. 하지만 거기에 '왜'와 '어떻게'가 더해지면 스쳐 지나가기 쉬운 '사고'가 노동자 한 사람의 귀한 목숨이 스러진 중대한 '사건'이 된다. 전주희 연구원은 이 과정을 "뒤늦은 부고장 쓰는 일"에 비유했다. 연구진이 끼임, 맞음, 추락 등으로 사고들을 유형화하지 않고 최대한 각 사고의 고유한 이야기를 상세하게 담기로 한 이유다.

산재 조사란 사실 노동자가 일터에서 죽음에 이를 수밖에 없었던 이유를 마음 다해 찾는 일이다. 죽은 이를 추모하는 부고장인 동시에 또 다른 죽음을 막겠다는 산 자의 다짐이다. 산재를 연구하는 이들이, 나아가 평범한 시민들이 노동자 한 사람 한 사람의 죽음을 그토록 알고자 하는 이유일 것이다.

에필로그

이름 없는 죽음들을 추모하기 위하여

희생자의 사연을 시민들이 왜 자세히 알아야 할까요?

나의 물음에 유해정 작가가 아래와 같이 답했다. 그는 세월호 참사 희생자들의 이야기를 모아 《금요일엔 돌아오렴》 등으로 펴낸 '4.16세월호참사작가기록단'의 일원이다.

"희생자 한 사람 한 사람을 알아야 제대로 추모할 수 있으니까요. 사고로 우리 사회가 잃은 사람이 어떤 사람이고 그가 어떤 소중한 꿈을 갖고 있었는지, 그것이 어떻게 허망하게 사라졌는지, 그가 떠나고 남은 이들의 삶은 어떠한지 구체적으로 알아야 그의 죽음을 비로소 추모할 수 있으니까요."

그의 말에 고개를 끄덕였다. 재해를 안다는 것은 그 진상을 규명해 유사 사고의 재발을 막는다는 의미도 있지만 떠나간 이들의 죽음을 가벼이 여기지 않고 마음 깊이 추모한다는 뜻이기도 하다. 일터에서 사람이 죽었다는 소식을 무감각하게 받아들이지 않고 온몸을 쭈뼛 세워 받아들이고 아파하는 것이다.

이 책을 읽는 독자들도 비슷한 갈증을 가지고 여기까지 왔으리라 생각한다. 산재활동가나 관련 연구자가 아니라도 많은 시민들이 노동자의 죽음에 대해 알고 싶어 한다. 그런 마음이 사회 곳곳에 모여 중대재해처벌법을 만들고 산재사고의 면면을 밝혀 왔다. 이들과 유가족에게 사회가 해야 할 최소한의 의무는 각 사람의 죽음의 이유를 충분히 조사해 밝히는 일일 테다. 몇 줄의 속보로만 전해지던 이름 없는 죽음들이 저마다 맥락을 가진 하나의 '이야기'가 될 때 우리는 그들을 추모할 수 있다.

책을 쓰며 여러 얼굴을 떠올렸다. 어떤 이는 두 딸을 둔 아버지였다. 인사도 못 해 보고 아버지를 떠나보낸 딸들은 죽음의 현장에서 목 놓아 울었다. 어떤 이는 약혼자와 결혼을 앞둔 예비신랑이었다. 가족들이 그의 이름을 결혼식장이 아닌 기자회견장에서 불렀다. 어떤 이는 손자를 산재로 잃고 3년 뒤 그 자신도 산재로 목숨을 잃었다. 그의 손녀가 할아버지를 대신해 노동부와 경찰서를 드나들며 억울함을 호소했다. 사고 얼마 전 자녀의 오디션 합격 소식에 뛸 듯이 기뻐한 아버지가 있었고, 애인과 여행을 약속한 젊은이도 있었으며, 딸을 더 풍족하게 키워보려 일터에 발을 디딘 어머니가 있었다.

판사들은 산재로 재판에 넘겨진 피고인들의 형량을 결정할 때 "피고인의 의무 위반으로 피해자의 사망이라는 돌이킬 수 없는 중대한 결과가 발생했다"는 말을 관행적으로 쓰곤 한다. 피고들이 벌금형만 받은 사건에도 이 문장은 예외 없이 등장한다. '복사+붙여넣기'한 것 같은 판결문 속 이 짧은 문장이 현실에선 문구 그대로 비극이다. 사랑하는 이가 고통 속에 생을 마쳤고 남은 가족들이 그것을 미처 막아주지 못했다는 자책감과 상실감은 말 그대로 '돌이킬 수 없는 중대한 결과'다.

사고에 관한 자료도 희생자들에 관한 정보를 조각조각 남겼다. 이력서를 보면 어떤 이는 한 원청 조선소를 위해 10년을 일했으면서도 소속 하청업체는 여섯 번이나 바뀌었다. 어떤 이의 근로계약서상 계약기간은 단 한 달이었으며 그마저도 '원청과 하청의 계약이 해지되면 이 근로계약도 해지된다'는 조항이 붙어있었다. 작업에 쫓겼던 그는 주말인 어버이날에도 출근해 일하다 추락사했다. 어떤 이의 사망진단서엔 그의 몸이 기계에 끼던 순간 빠져나오려 몸부림친 흔적이 고스란히 적혔다. '질식' '골절' 등의 단어에 마지막 순간 희생자가 느꼈을 고통과 두려움이 함축돼 있었다.

그들의 가방에선 식은 도시락과 컵라면, 학교에 가져갈 공책 등이 나왔다. 그 물건들은 주인이 아닌 가족의 손에 들려 집으로 돌아왔다. 소중한 사람들과 놀러 가기로 한 약속과 평소에 하던 사소한 농담, 장난스러운 몸짓도 이제 흔적으로만 남는다. 남은 이들이 그 흔적을 더듬으며 살아가는 동안 죽음의 공장은 오늘도 쉼 없이 돌아간다.

산재를 줄이는 것은 어려운 일이다. 높다란 담으로 둘러쳐진 공장 안에서 무슨 일이 일어나는지 밖에서는 알기 어렵다. 전국의 위험한 현장을 다 멈추게 하거나 일일이 점검할 수 없는 상황에서 죽음의 면면을 자세히 들여다보는 게 무슨 의미가 있을까, 책을 읽으며 생각했을지도 모르겠다.

그러나 일터의 죽음이 어떻게 일어나는지 독자들이 아는 것만으로도 세상은 변한다. 사고 발생 후 여론의 강한 비판을 받은 몇몇 기업들은 조금씩 변화하고 있다. 노동자들의 건의 사항을 받아들이고 선제적으로 설비 개선을 하며 '안전에 돈과 시간을 들여야 한다'는 인식을 조금씩 갖기 시작했다. 시민들이 죽음의 행렬을 멈추라고 기업과 정부에 강하게 요구한 결과다. 노조들도 자신들이 해야 할 의무로서 산업안전을 주목하고 대응책을 찾고 있다. 모두 시민들의 관심이 있어 가능한 일이었다.

일터의 안전에 대한 시민사회의 질문은 더 날카로워지고 있다. 이제 시민들은 한 사람 한 사람의 죽음에 대해 더 구체적으로, 더 자세하게 묻는다. '왜 사고의 순간에 동료가 옆에 없었는지'를 넘어 '왜 사고가 반복되도록 내버려 뒀는지' '경영을 하며 안전을 함께 고려했는지'를 묻는다. 이 책에 소개된 내용도 그러한 질문거리를 더욱 풍성하게 하는 참고자료가 될 수 있을 것이다.

한 사람의 죽음을 그냥 지나치지 않으려는 당신의 연대가 일터의 안전을 조금씩 나아지게 했다. 어떻게 해야 한 명의 삶이라도 더 지킬지 고민하는 이들의 마음이 앞으로도 일터를 더 안전하게 만들어 줄 것이다. 그 긴 여정에 함께하는 독자들에게 감사하다.

찾아보기(이 책에 언급된 산재사건)

*유가족이 재해자 실명을 공개한 사고에 한해 실명을 작성함

주석

1 2022년 한 해 산업재해로 숨진 노동자는 2223명이다. 일터에서 사고로 숨진 노동자(사고 사망자) 874명과 질병으로 숨진 노동자(질병 사망자) 1349명을 합친 숫자다. 다만 이 책은 주로 사고 사망자를 다루고 있어 해당 수치를 주로 쓴다. 오해될 여지를 줄이고 주제를 명확히 하기 위해서다. 유족급여 승인 기준 사고 사망자는 2019년 855명, 2020년 882명, 2021년 828명, 2022년 874명으로 4년째 800명대 수준이다.

2 수원지방법원 평택지원(2021고단1265) 2022년 1월 13일 판결.

3 재해조사의견서상의 표준 작업방식은 지게차로 날개를 받치고 사람이 뒤에서 접는 방식이라고 한다. 그러나 실제 현장에서 일한 재훈 씨는 그 방식이 3세대 설비부터 적용되었고 사고가 발생한 1세대 설비는 지게차로만 접었다고 설명한다. 이 책은 현장에서 직접 일했던 재훈 씨의 설명을 기준으로 한다.

4 신다은, 〈이선호 씨 덮친 컨테이너, 사고 발생 8일 전 검사서 '정상' 판정〉, 《한겨레》, 2021년 5월 7일.

5 해양수산부, 〈해수부는 항만 안전사고 재발 방지를 위해 컨테이너 안전관리를 지속 강화해 나가겠습니다〉, 2021년 6월 1일.

6 신다은, 〈평택항, 현대중…줄잇는 참사 뒤에 '불안정 고용' 있었다〉, 《한겨레》, 2021년 5월 12일.

7 한국산업안전보건공단, 2021년 4월 22일 평택항 사고 재해조사의견서.

8 고용노동부, 〈6.18 ㈜동방 본사 및 전국지사 특별감독 결과 발표〉, 2021년 6월 18일.

9 고 김용균 사망사고 진상규명과 재발 방지를 위한 석탄화력발전소 특별노동안전조사위원회(김용균 특조위), 〈고 김용균 사망사고 진상조사 결과 종합보고서〉, 2019, 178쪽.

10 전종휘, 〈SPC 성토장 된 환노위 국감…"30만 원 아끼려다 사고"〉, 《한겨레》, 2022년 10월 24일.

11 권영국 변호사, 〈SPC계열사 SPL평택공장 산재사망사고에 대한 법률 검토 의견서〉, 2022, 6~9쪽.

12 신다은, 〈"12시간 근무에 빵 10만 개" SPL 공장 현장의 증언〉, 《한겨레21》, 2022년 10월 28일.

13 정은주, 〈김군 어머니 "아들 책임감 있게 키운 게 미칠 듯이 후회됩니다"〉, 《한겨레》, 2016년 5월 31일.

14 구의역 사망재해 시민대책위 진상조사단, 〈진상조사 결과 시민보고회〉, 2016, 294쪽.

15 같은 보고서, 94~95쪽.

16 같은 보고서, 274쪽.

17 서울동부지방법원(2017고단1506) 2018년 6월 8일 판결.

18 구의역 사망재해 시민대책위 진상조사단, 같은 보고서, 260쪽.

19 홍기원, 〈한전 하청노동자 故 김다운 씨 유가족 " '위험의 외주화'가 불러온 조직적 살인이다"〉, 《투데이신문》, 2022년 1월 25일.
20 고재민 외, 〈2만 2천 볼트 고압전류에 타 버렸다··38살 예비신랑 김다운 씨의 비극〉, 《MBC》, 2022년 1월 3일.
21 한국산업안전보건공단, 2021년 11월 5일 한전 하청 노동자 감전사고 재해조사의견서.
22 고재민 외, 같은 기사.
23 김용균 특조위, 같은 보고서, 194쪽.
24 전현진, 〈김용균 씨 사망현장 조사 공개 "3억 때문에… 살인 병기 속에 우리 아들이…"〉, 《경향신문》, 2018년 12월 14일.
25 태안화력발전소 비정규직 인권실태조사단, 〈태안화력발전소 비정규직 인권실태조사 보고서〉, 2019.
26 김용균 특조위, 같은 보고서, 193쪽.
27 마창거제산재추방운동연합, 《나, 조선소 노동자》, 코난북스, 2019, 240쪽.
28 창원지방법원(2019노941) 2020년 2월 21일 판결.
29 조선업 중대산업재해 국민참여조사위원회, 〈조선업 중대산업재해 국민참여 조사위원회 사고조사보고서〉, 2018, 103쪽.
30 이정훈, 〈법원 "2017년 삼성중 크레인 사고 현장직원 잘못"〉, 《연합뉴스》, 2019년 5월 8일. 오태인, 〈"크레인 기사·신호수 신호 혼선으로 충돌 추정"〉, 《YTN》, 2017년 5월 2일.
31 창원지방법원 통영지원(2017고단940) 2019년 5월 7일 판결(1심).창원지방법원(2019노941) 2020년 2월 21일 판결(2심).
대법원(2020도3996) 2021년 9월 30일 판결(3심-파기환송).
창원지방법원(2021노2515) 2022년 6월 23일자 판결(파기환송 후 재판결).
32 허효진, 〈"무전기만 있었어도"…사람이 죽어도 그대로〉, 《KBS》, 2020년 9월 24일.
33 신다은, 〈외주화가 키운 '불통의 늪' 죽어도, 메워지지 않았다〉, 《한겨레》, 2021년 11월 15일.
34 같은 기사.
35 신다은, 〈원청, '불법파견 시비' 핑계로 하청과 '위험소통' 꺼려〉, 《한겨레》, 2021년 11월 15일.
36 신다은, 〈위험한 줄 알았지만…300kg 파지가 그에게 쏟아졌다〉, 《한겨레》, 2021년 5월 28일.
37 고재민, 〈사고난 지 30분도 안 됐는데…현장부터 싹 치웠다〉,《MBC》, 2021년 6월 2일.
38 고용노동부, 〈대우건설 본사 및 전국 현장 감독 결과 발표〉, 2021년 6월 29일.
39 공사 금액 500억 원×직·간접 노무비 등 70%×1.97% 요율×1.1% 비과세=7억 5845만원.
40 고용노동부, 〈건설업 산업안전보건관리비 계상 및 사용기준〉 '별표 3'.
41 마창거제산재추방연합, 같은 책, 77쪽.
42 전주희 외, 〈현대중공업 중대재해 사고 백서〉, 2021, 370~421쪽.
43 신다은, 〈"산재예방 열심히 해도 안 줄어드는 이유가 뭘까요?"〉, 《한겨레》, 2022년 3월 21일.

44 박혜영 외, 〈스마트폰 제조 하청사업장에서의 메탄올 급성중독 직업병 환자군 추적조사 및 사후관리 방안〉, 2016, 77쪽.

45 같은 보고서, 38쪽~44쪽.

46 신다은, 〈"방독마스크 한두개 돌려쓰라해"…독성물질 노출돼 주 76시간 노동〉, 《한겨레》, 2022년 2월 24일.

47 한국산업안전보건공단, 〈관리 대상 유해물질의 종류와 유해성〉, 2012.

48 HSE, 〈Working with substances hazardous to health: A brief guide to COSHH〉, 2012.

49 김명준 산업안전보건연구원 정책제도연구부장, 〈소규모 사업장의 안전보건 실태와 대응 방안〉, 2022, 1쪽.

50 고용노동부, 〈2022.12월말 산업재해현황〉, 2022, 11쪽.

51 산업안전보건법 제17조 2항, 제18조 2항.

52 산업안전보건법 제30조, 같은 법 시행령 제2조 '별표 1'.

53 인제대학교 산학협력단, 〈산재예방서비스 전달체계 실태 및 개선방안 연구〉, 2017, 137쪽.

54 고 김재순 노동시민대책위원회, 〈'故김재순 산재 사망사고 진상조사 중간보고서〉, 2020, 2~3쪽, 9~10쪽.

55 고용노동부, 〈2022년판 고용노동백서〉, 2022, 730쪽.

56 제임스 리즌, 백주현 옮김, 《인재는 이제 그만》, GS인터비전, 2014, 36쪽.

57 김훈, 〈안전의식 혁명 36부- 제임스 리즌의 GEMS 모델〉, 《세이프티닷뉴스》, 2022년 6월 7일.

58 전수경, 〈조막손 산재 상담부장, 산재로 숨지다…그 이름 남현섭〉, 《한겨레21》, 2023년 4월 20일.

59 수원지방법원 안산지원(2016고단1860) 2016년 7월 13일 판결.

60 최윤필, 〈잊지 말아야 할 또 하나의 이름, 남현섭〉, 《한국일보》, 2017년 3월 28일.

61 전지인, 〈스티로폼 파쇄기로 빨려들어간 그의 삶〉, 《오마이뉴스》, 2016년 4월 4일.

62 최윤필, 같은 기사.

63 Nancy G. Leveson, 과학기술정보통신부 번역, 〈CAST 핸드북: 사건과 사고로부터 더 많은 것을 배우는 방법(How to Learn More from Incidents and Accidents)〉, 2019.

64 김상연, 〈인천 공장서 50대 노동자 산업용 세척기에 끼여 사망〉, 《연합뉴스》, 2023년 3월 17일.

65 오상호, 〈산재발생 보고실태 및 활용방안 연구〉, 2017, 115~117쪽.

66 전종휘, 〈타워크레인 사망 사고 2달 전…노동자 "위험해서 일 못해" 중단 요구〉, 《한겨레》, 2014년 5월 26일.
김준, 〈직장인 78.7% 원청의 갑질 경험…"위험 알려도 무시"〉, 《노동과세계》, 2022년 11월 24일.

67 이상휼 외, 〈"바닥 쩍쩍 갈라져" 삼표산업 채석장 현장 경고 '묵살'〉, 《뉴스1》, 2022년 2월 7일.

68 하인혜, 〈조선소를 떠나는 또 다른 이유〉, 《매일노동뉴스》, 2022년 8월 5일.
69 중소기업중앙회, 〈중대재해법 및 산업안전 관련 중소기업 의견 조사〉, 2021, 5쪽.
70 전주희 외, 〈현대중공업 중대재해 사고 백서〉, 2021, 233쪽.
71 같은 백서, 244쪽.
72 사람인, 〈안전관리 직무인터뷰: 사내 직원들의 안전부터 국민들의 환경 안전까지 관리하는 안전관리자 전확재의 이야기〉.
73 제임스 리즌, 같은 책, 9쪽.
74 김진현 외, 〈산업현장 전 조직 부분의 위험성 평가 참여 방안 및 역할 검토〉, 2022, 200쪽.
75 김민욱, 〈산재 은폐에 묻힌 20대 노동자의 죽음〉, 《KNN》, 2022년 11월 11일.
76 김현우, 〈제2롯데월드 사망사고 "119만 불렀어도 살릴 수 있었다"〉, 《뉴스토마토》, 2014년 12월 23일.
77 김진우, 〈임종성 의원 "산재 미보고·은폐 적발 건수 5년간 4천698건"〉, 《국회뉴스》, 2021년 10월 1일.
78 고용노동부, 〈위험성평가 특화점검 등의 본격 실시를 위한 「2023년도 산업안전보건감독 종합계획」 발표〉, 2023년 1월 31일.
79 전형배 외, 〈근로감독제도의 정책적 개선방안〉, 2018, 113~114쪽.
80 김태구 외, 〈재해조사 보고서의 질적 제고를 위한 방안 연구〉, 2020, 91쪽.
81 한국노동안전보건연구소 티스토리 블로그, 〈안전은 비용이 아니라 권리입니다-이상진 전 민주노총 부위원장 인터뷰〉, 2021.
82 정환봉, 〈기계에 끼어 사망한 24살 비정규직 노동자 4시간 방치〉, 《한겨레》, 2018년 12월 11일.
83 권미정 외, 《김용균, 김용균들》, 오월의봄, 2022, 167~173쪽.
84 송윤경, 〈"용균아 미안하다…다시 싸우는 우리를 응원해줘" 고 김용균씨 동료의 편지〉, 《경향신문》, 2019년 12월 7일.
85 CBS 김현정의 뉴스쇼, 〈빵공장 끼임 사망…"남자친구, 그날 같이 여행 가자했는데…"〉, 2022년 10월 18일.
86 박혜영 외, 〈스마트폰 제조 하청사업장에서의 메탄올 급성중독 직업병 환자군 추적조사 및 사후관리 방안〉, 2016, 28쪽.
87 사단법인 김용균재단, 〈산재 사망사고 유가족을 위한 안내서-수많은 우리들이 함께 찾는 길〉, 28쪽, 2020년 11월 11일.
88 같은 보고서, 32~33쪽.
89 Lynda, R. Matthews et al, 〈Death at work: Improving Support for Famililes〉, Final report, 2017.
90 빅토리아 로퍼 영국 노섬브리아대학교 교수, 2022년 7월 5일 경기도 고양시 킨텍스에서 열린 '2022 산업안전보건 강조주간-중대재해처벌법 안착 지원을 위한 국제세미나'에서 발언.
91 사고와 질병으로 인한 산재 사망자를 모두 합친 수치.
92 박상은, 《세월호, 우리가 묻지 못한 것》, 진실의힘, 2022, 49~50쪽.

93 전혜원, 〈그가 일하다 죽은 노동자들의 수를 매일 적는 이유〉, 《시사IN》 758호.

94 박상은, 같은 책, 98~99쪽.

95 김동현, 〈자살로 둔갑한 사고를 산재로 인정받다-조선소 하청노동자 사망사고 산재소송 변론기〉,《희망을만드는법》 홈페이지, 2020년 4월 24일.

96 같은 자료.

97 서울고등법원(2018누30190) 2019년 8월 14일 판결.

98 신다은, 〈"산재 막자" 달라진 기업…위험 줄일 안전선 긋고 CCTV 설치〉, 《한겨레》, 2021년 12월 27일.

99 신다은, 〈"산재예방 열심히 해도 안 줄어드는 이유가 뭘까요?"〉, 《한겨레》, 2022년 3월 21일.

100 이승우, 〈이슈페이퍼-중대재해 조사 관련 정보의 공개 실태와 해외사례 분석〉, 2023, 5~7쪽.

101 고용노동부, 〈2022년도 산업재해 발생 건수 등 공표〉, 9쪽.

102 이승우, 같은 자료, 14쪽.

103 고용노동부 부산지방고용노동청 울산지청, 이수진 더불어민주당 의원실 요구 자료, 2022년 1월 3일.

104 윤윤주, 〈삼성SDI 자회사 STM, 산재은폐로 과태료 700만 원 부과에 검찰 기소…사측 "신고지연으로 마무리된 일"〉, 《뉴스워커》, 2020년 8월 4일.

105 신다은, 〈전주희 연구원, "부고장 쓰는 심정으로 '산재사고 서사' 복원"〉, 《한겨레》, 2021년 11월 22일.